राजमाता मरियम मकानी

हमीदा बानो बेगम

राजमाता मरियम मकानी

हमीदा बानो बेगम

हेरम्ब चतुर्वेदी

वाणी प्रकाशन

प्रकाशन के उत्कृष्टतम 61 वर्ष

vaniprakashan.com

सजिल्द पहला संस्करण : 2024

वाणी प्रकाशन

4695, 21-ए, दरियागंज, नयी दिल्ली-110 002

फ़ोन : + 91 11 23273167, 23275710

शाखाएँ

अशोक राजपथ, पटना-800 004, बिहार

कॉफ़ी हाउस कैम्पस, महात्मा गांधी मार्ग, प्रयागराज-211 001, उत्तर प्रदेश

महात्मा गांधी अन्तरराष्ट्रीय हिन्दी विश्वविद्यालय, वर्धा-442 001, महाराष्ट्र

36/ए, शेक्सपियर सरणी, रानी बिरला गर्ल्स कॉलेज के पास, कोलकाता-700 017, प. बंगाल

sales@vaniprakashan.in

vaniprakashan@gmail.com

Rajmata Mariyam Makani : Hameeda Bano Begum
by Heramb Chaturvedi

ISBN : 978-93-6287-189-3
Novel

मूल्य : ₹ 395

जी.एस. ऑफ़सेट, दिल्ली-110 095 में मुद्रित

वाणी प्रकाशन का लोगो मक़बूल फ़िदा हुसेन की कूची से

अपनी नानी स्व. ब्रजरानी चतुर्वेदी की पुण्य स्मृति को समर्पित

(हम अपने ननिहाल में बड़े हुए थे। अतः किशोरवय तक उन्हीं को माँ समझा-माना, उन्हीं से संस्कार मिले इन्सानियत के)

भूमिका

अब लगभग तैंतालीस वर्षों तक इलाहाबाद विश्वविद्यालय में इतिहास के अध्यापन के दौरान कई अवधारणाएँ स्पष्ट हुई थी, अतः नये सिरे से आमजन को इनसे अवगत कराना अपना कर्तव्य मानते हुए लिखना अपरिहार्य-सा लगने लगा है। पहले भी 'दास्तान मुग़ल महिलाओं की' से शुरू कर 'दो सुल्तान, दो बादशाह', 'मुग़ल शहज़ादा ख़ुसरो', 'दास्तान मुग़ल बादशाहों की' और 'जहाँआरा' के बाद अब सुश्री अदिति माहेश्वरी-गोयल के प्रोत्साहन से 'राजमाता मरियम मकानी : हमीदा बानो बेगम' आपके समक्ष है।

असल में मुग़लों का इतिहास न केवल फ़ारसी में लिखा गया अपितु फ़ारस की राजतन्त्रीय परम्परा के अनुसार वंशीय इतिहास ही लिखा गया। इस इतिहास की यह विशेषता ही थी कि उसने शासकों के वृत्तान्त लिखते हुए सिर्फ़ दरबार-केन्द्रित इतिहास ही लिखा, अतः रनिवास को तो थोड़ा-बहुत महत्त्व मिला भी किन्तु वह भी पूरक भूमिका में और वह भी कभी-कभी ही–बादशाहों या शहज़ादों के सन्दर्भ में ही या उनके चरित्र और भूमिका पर प्रकाश डालने की नियत से! इसीलिए महिलाओं को भी उस इतिहास में वाजिब स्थान दिलाने की कसक शायद इस कसर को पूरा कर सके, दूर हो जाये। वस्तुतः अकबर के सन्दर्भ में तो यह सही ही प्रतीत होता है। इसका सूत्र 'राजपूतों के प्रति नीति' के रूप में उजागर होता है। आख़िर इसका पहला विचार कैसे ईरान शाह तहमास्प ने हुमायूँ को उस समय दिया; जब वह शेरशाह से हारकर अपना निर्वासन काल शाह की शरण में गुज़ार रहा था और इस प्रकरण की इकलौती गवाह हमीदा बानो बेगम ही थी। उसी के माध्यम से हुमायूँ की मृत्यु के बाद यह नीति-निर्धारित करने वाला महत्त्वपूर्ण विचार अकबर को अपनी माँ से सम्प्रेषित हुआ था।

इतिहास लिखने-पढ़ने में क्यों हुआ जैसे सवाल अपरिहार्य होते हैं और इसी के साथ कई प्रकरण समझ में आते हैं। जैसे ही सवाल कीजिए कि अकबर हुमायूँ

की मृत्यु के समय इतना छोटा था कि उसे इस बात को बताया जाना सम्भव ही नहीं था, अत: इस तरह के प्रश्नों के आगे के प्रकरणों से भी पर्दा हटता चला गया और हाशिये में छिपा इतिहास खुलता चला गया। मुग़लों के राजपूतों से सम्बन्ध होने के राजनीतिक सामाजिक लाभ तो थे किन्तु उसके कुछ सामन्ती प्रभाव भी पड़े–जैसे रानियों के नामों का रोज़नामचों में असली नाम का उल्लेख न करना। किन्तु अकबर के इतिहास के प्रति मुहब्बत ने अबुल फ़ज़ल ('अकबरनामा, आईन-ए-अकबरी') बल्कि अब्दुल कादिर बदायूँनी ('मुन्ताकबुत तवारीख़') और निज़ामुद्दीन अहमद ('तबकात-ए-अकबरी') को उसके काल का भी इतिहास लिखने के लिए प्रोत्साहित और प्रेरित किया था। इन्हीं इतिहास की कृतियों में कहीं-न-कहीं कोई-न-कोई इतिहासकार कुछ उल्लेख कर पर्दा हटाने में हमारी मदद करता नज़र आता है!

जहाँ अबुल फ़ज़ल को अकबर का विश्वास प्राप्त था, वह उसकी प्रशंसा ही करता है। बदायूँनी उसका कटु आलोचक है, जबकि निज़ामुद्दीन इन दोनों में से जिसकी भी बात की पुष्टि करता है, हम उसी को अकाट्य तथ्य के रूप में स्वीकार करते हैं। वैसे इस काल में काफी सूचनाएँ हमें गुलबदन बेगम की पुस्तक 'हुमायूँनामा' से; बयाज़िद बयात कृत 'तज़किरा-ए हुमायूँ-वा-अकबर' से और इलियट तथा डाउसन के छठे खण्ड में सम्मिलित 'तकमील-ए-अकबरनामा' से भी मिलती हैं। इसी प्रकार अलाहदाद फैज़ी सरहिन्दी कृत 'अकबरनामा'; कामगार हुसैनी की 'मासीर-ए-जहाँगीरी', नूरुद्दीन क़ाज़ी कृत 'अखलाक़-ए-जहाँगीरी', मुतामिद ख़ाँ की 'इक़बालनामा-ए-जहाँगीरी', आरिफ़ कन्धारी की 'तारीख-ए-अकबरी', अब्बास ख़ाँ सर्वानी की 'तोहफ़ा-ए-अकबरशाही' या 'तारीख-ए-शेरशाही'। इनके अलावा पुर्तगाली या जेसुईट मिशनरी जैसे फ़ादर मोंसेरेट आदि के वृत्तान्तों के साथ-साथ समकालीन जैन स्रोतों; हिन्दी में भक्ति साहित्य और सूफ़ियों के मल्फ़ुज़ात साहित्य से भी बहुत जानकारी मिलती है! इन्हीं के आधार पर राजमाता हमीदा बेगम के विषय में जानकारी एकत्रित करना सम्भव हुआ था। जिसके लिए हम इन सब के हृदय से आभारी हैं।

इसी के साथ आधुनिक ग्रन्थों और इतिहासकारों के भी आभारी हैं जिन्होंने बाबर, हुमायूँ, अकबर एवं जहाँगीर पर खासतौर से काम किया है। सबसे पहले प्रोफ़ेसर रेखा मिश्रा (जोशी) की कृति, 'वीमेन इन मुग़ल इंडिया' और प्रोफ़ेसर हरबंस मुखिया ('हिस्ट्री एंड हिस्टोरियंस इन द रेन ऑफ़ अकबर' तथा 'द मुग़ल्स

ऑफ़ इंडिया') का नामोल्लेख ज़रूरी है। इसके साथ ही रुश्ब्रुक विलियम्स कृत 'एन एंपायर बिल्डर ऑफ़ द सिक्स्टींथ सेंचुरी', रमाशंकर अवस्थी कृत 'मुग़ल एंपरर हुमायूँ', ईश्वरी प्रसाद 'लाइफ़ एंड टाइम्स ऑफ़ हुमायूँ', बेनी प्रसाद की 'हिस्ट्री ऑफ़ जहाँगीर' का उल्लेख समीचीन होगा। इनके साथ ही इरफ़ान हबीब सम्पादित 'अकबर एंड हिज़ इंडिया', इशरत हक़ की 'ग्लिंप्सेस ऑफ़ मुग़ल सोसाइटी एंड कल्चर', अफ़ज़ाल हुसैन कृत 'द नोबिलिटी अंडर अकबर एंड जहाँगी'; इक्तिदार आलम ख़ाँ सम्पादित 'अकबर एंड हिज़ ऐज', रेफाकत अली ख़ाँ की 'द कच्वाहाज़ अंडर अकबर एंड जहाँगीर'; के।एस। लाल कृत 'द मुग़ल हरम', जॉन एफ। रिचड्र्स की 'द मुग़ल एम्पायर' आदि का उल्लेख भी समीचीन होगा।

इन पुस्तकों को चार दशकों तक निरन्तर उलटते-पलटते, पढ़ते-पढ़ाते सारी बातें साफ होती चली गयीं और कक्षा में पढ़ाते हुए स्वयं कई बातें स्पष्ट हो जाती हैं। शेष छात्र-छात्राओं के प्रश्न भी गहराई तक जाने के लिए बाध्य करते रहे, अतः उनका भी शुक्रिया। एक बार पुनः वाणी प्रकाशन के श्री अरुण माहेश्वरी तथा उनकी पुत्री सुश्री अदिति माहेश्वरी-गोयल और वाणी प्रकाशन की पूरी टीम का बहुत-बहुत शुक्रिया अदा करते हुए पाठकों के लिए इसे समर्पित करते हुए हर्ष हो रहा है...

—हेरम्ब चतुर्वेदी

पूर्व-पीठिका

बाबर अपनी आत्मकथा, 'तुज़ुक-ए-बाबरी' में साफ लफ़्ज़ों में 'मंगोलों' से अपनी घृणा छिपाता नहीं है। वे उसके ननिहाल के लोग थे, किन्तु उनके शिविर के जीवन और बर्बर जीवन-शैली से सीखते हुए भी अपनी परिष्कृत तुर्की विरासत की ओर अधिक झुकाव रखता था। वह तैमूर के वंशज होने के अभिमान से फूला नहीं समाता था! इसीलिए मध्य एशिया और समरकन्द विजय उसका सपना रहा, जो विजयोपरान्त भी उज्बेग नेता शैबानी खान के हाथ में दोनों बार चला गया और उसके भारत विजय के बाद तो समरकन्द एक सपना ही हो गया।

बाबर बर्लास नस्ल का तुर्क था और चूँकि, यह पूरा इलाका चंगेज़ की विजय और मृत्यु के बाद उसके पुत्र, चगताई के स्वामित्व का क्षेत्र हो गया था, अत: ये लोग 'चगताई तुर्क' कहलाये। किन्तु बाबर की नापसन्दगी के बावजूद यह इतिहास का विरोधाभास ही माना जायेगा कि औपनिवेशिक अंग्रेज़ इतिहासकारों ने इसे 'मुग़ल' नामकरण से सम्बोधित किया और यही चिपक कर रह गया! उज़्बेग नेता शैबानी खान से दो बार समरकन्द हारने के बाद उज़्बेग दबाव के चलते वह मध्य एशिया छोड़ने को बाध्य हुआ था और काबुल में सत्ता जमायी और अन्तत: हिन्दुस्तान फ़तह करने में कामयाब हुआ! और मध्य एशिया उससे छूट ही गया।

भारत में बाबर ने अन्तत: अपने पाँव जमाने में सफलता प्राप्त कर ली थी। पहले तो 1526 में उसने इब्राहीम लोदी को पानीपत के मैदान में पराजित किया किन्तु इतिहासकार मानते हैं कि स्थायित्व उसे खानवा के मैदान में राणा सांगा को हराने के बाद 1527 में ही मिल पाया था। शेष दो युद्धों, यथा चन्देरी (1528) और घाघरा (1529) राजपूतों और अफ़ग़ानों को क्रमश: पराजित कर बची कसर पूरी कर दी थी। अब उसके पाँव हिन्दुस्तान में जम चुके थे और यहाँ मुग़ल साम्राज्य स्थापित हो गया था। मुग़ल राजनीति की निर्मिति में अगर किसी एक संस्था ने बिल्कुल प्रारम्भ से महत्त्वपूर्ण भूमिका निभायी थी तो वह था 'मुग़ल हरम'।

इसी हरम की सियासत का असर था कि बाबर ने अपनी प्रिय पत्नी के बेटे, हुमायूँ को ही अपना 'वली अहद' (वैध उत्तराधिकारी) बनाया था और उसे सम्भल की जागीर आवंटित की थी जो उत्तराधिकारी के लिए ही निर्धारित थी। जैसी धारण सी बन गयी है इस 'हरम' में सिर्फ़ बादशाह और उसकी बेगमों का शयन-कक्ष ही नहीं, अपितु पूरा रनिवास था, जिसमें बादशाह के खानदान भर की महिलाएँ सुरक्षित और बिल्कुल अपना स्थान पाती थीं! इसका प्रशासन मुग़ल केन्द्रीय प्रशासन का ही प्रति रूप होता था। और इसके प्रबन्धन में राजपरिवार की महिलाओं के अलावा ख़्वाजों का भी योगदान होता था। इसी मुग़ल हरम ने न केवल मुग़ल वंश को श्रेष्ठ शासक ही दिये बल्कि सांस्कृतिक, सामाजिक और राजनीतिक क्षेत्रों में भी हिस्सेदारी से एक समन्वित तहज़ीब के विकास में भी योगदान दिया। हमें नहीं भूलना चाहिए कि मुग़ल शहज़ादों का प्रारम्भिक जीवन-काल भी यहीं बीतता था, अतः यही हरम उन्हें संवेदनशील, मानवीय और सुसंस्कृत बनाने के लिए भी ज़िम्मेदार था।

पूरे मुग़ल काल को हम लोग दो भागों में प्रायः बाँटते हैं। पहला उपकाल महान मुग़लों ('ग्रेट मुग़ल्स') का यथा 1526 से 1707 तक का काल ज़्यादा महत्त्वपूर्ण है, जो बाबर से शुरू होकर औरंगज़ेब के शासन-काल तक चलता है। इसमें भी अकबर सर्वश्रेष्ठ था जिस पर विंसेंट स्मिथ जैसे इतिहासकार ने एक पुस्तक ही लिख कर उसे 'अकबर द ग्रेट' घोषित किया था! अकबर का काल इतिहास निर्माण का काल तो था ही इतिहास लेखन का भी अद्‌भुत काल था। इसी काल में बाबर और हुमायूँ के इतिहास लिखे गये; अफ़ग़ानों के इतिहास, यथा मुग़ल-पूर्व लोदियों के; और हुमायूँ के पलायन के पश्चात सूरों के इतिहास; अकबरकालीन इतिहास तो लिखे ही गये।

प्रायः इतिहासकार बाबर को महान राज्य संस्थापक ('एंपायर बिल्डर') तथा अकबर को अद्वितीय शासक और मुग़ल युग के वास्तविक संस्थापक के रूप में चित्रित करते हैं। शेरशाह के हाथों हुमायूँ की पराजय और भारत से पलायन; पुत्र अकबर का छूट जाना और अन्ततः कामरान के संरक्षण में उसका लालन-पालन; ईरान के शाह के यहाँ शरण और उनकी मदद से वापसी; हिन्दुस्तान की पुनर्विजय में अपने सौतेले भाई कामरान से काबुल विजित करना; बालक अकबर से पुनर्मिलन और हिन्दुस्तान वापसी; शेर मण्डल में सीढ़ियों से गिर कर मृत्यु; पानीपत के द्वितीय युद्ध में हेमू की पराजय और अकबर का औपचारिक शासन-काल का श्रीगणेश।

बाबर ने अपने पिता की अचानक हुई मृत्यु के चलते बारह वर्ष की उम्र में फ़रगना का औपचारिक राजपाट सम्हाला था और शासन की असली कमान उसकी

नानी ईसान दौलत खानम के हाथों थी वैसा ही हश्र अकबर का हुआ! और दोनों को ही राज्य प्राप्ति के बाद भी प्रतिकूल परिस्थितियों का सामना करना पड़ा। एक को नानी के प्रश्रय ने बचाया तो दूसरे को उसकी माँ के सम्बल ने! इसीलिए अकबर की माँ, मरियम मकानी का सही मूल्यांकन समकालीन इतिहास के वृत्तान्तों के शब्दों के मध्य से और मुग़ल हरम की गतिविधियों से ही पता चलता है जो प्राय: समकालीन इतिहासकारों ने इशारों से ही अभिव्यक्त की है। आइए, परदे के पीछे मुग़ल हरम की सियासी चालों को समझने का प्रयास करें जिसने अकबर को प्रतिकूल परिस्थितियों का सामना करने का समझदारी भरा रास्ता दिखाया, धैर्य और साहस का प्रारम्भिक पाठ पढ़ाया!

I

अकबर के जन्म से पूर्व हुमायूँ की पूर्व पत्नियों से केवल पुत्रियों के जन्म हुए थे। इसीलिए बादशाह खुद और पूरा हरम इस इच्छा से लालायित था कि एक पुत्र का जन्म हो जिससे इस वंश को एक 'वली अहद' या वैध उत्तराधिकारी मिल जाये और हिन्दुस्तान में इनका राज्य स्थायित्व और निरन्तरता पा सके? उधर हुमायूँ अपने पिता की अचानक मृत्यु के चलते खुद को प्रतिकूल परिस्थितियों में पा रहा था। उसका सौतेला भाई और उसकी माँ दोनों हुमायूँ के सिंहासनारोहण से दुखी और निराश थे; समय-समय पर अपने तीनों सौतेले भाइयों के साथ चचेरे या खानदानी मिर्ज़ा बन्धुओं के विरोध और विद्रोहों का भी सामना करने को विवश रहा था; जबकि पूरब में शेर शाह और पश्चिम में बहादुर शाह गुजराती जैसे पठान या अफ़ग़ान सरदार उसे सत्ताच्युत करने के लिए निरन्तर प्रयासरत थे!

लोदियों की पराजय से सबक लेते हुए अफ़ग़ान नयी चेतना से संगठित होने लगे थे। बाबर की 'तुलुग्मा' युद्ध तकनीक तथा तोपखाने के साथ ही आलम खान लोदी और दौलत खान लोदी द्वारा बाबर को निमन्त्रित करने की वजह से मुग़लों से हारे अफ़ग़ान, 'अब लौं नसानी/अब न नसेहों!' की भावना से एकजुट होने लगे थे। जैसे-तैसे प्रथम अफ़ग़ान राज्य की हार को बदल कर वे द्वितीय अफ़ग़ान राज्य की स्थापना के ख़्वाब देखने लगे। अपने सपने को साकार करने के लिए वे हुमायूँ की घेराबन्दी करने में भी कोई कोर-कसर रखने को तैयार नहीं थे। वे तो हिन्दुस्तान छोड़, काबुल तक से मुग़लों को निर्वासित करने के लिए संकल्पबद्ध हो चुके थे।

काबुल में तो बाबर का शासन पहले से झेल चुके अफ़ग़ान बहुत प्रताड़ित हुए थे, अत: बात जीने-मरने की हो चली थी।

अफ़ग़ानों के समन्वित आक्रामक नीति का ही असर था कि जब वे पूरब में हथियार उठाते और हुमायूँ उनके ख़िलाफ़ कूच करता या सेनाएँ भेजता तब उसी समय पश्चिम के अफ़ग़ान बहादुर शाह के नेतृत्व में मुग़ल क्षेत्रों पर आक्रमण करती। इस दोहरे आक्रमण या आक्रामक रवैये के चलते, उसे चैन से बैठने न दिया गया। उसका समय, ध्यान, ऊर्जा और संसाधन सब पूरब और पश्चिम के बीच विभक्त से होकर रह गये थे। अन्ततः अफ़ग़ान सफल हुए और शेर शाह चौसा और बिलग्राम के युद्धों में हुमायूँ को हराकर न केवल द्वितीय अफ़ग़ान साम्राज्य स्थापित करने में कामयाब हुआ अपितु उसने हुमायूँ को पंजाब तक खदेड़ा ताकि वह पलायन करने को बाध्य हो जाये!

जब हुमायूँ आगरा, दिल्ली और लाहौर से भी पलायन करने को बाध्य हो रहा था। तब उसके बाद वाला सौतेला भाई कामरान शेर शाह के सम्भावित आक्रमण का सामना करने के लिए काबुल में अपनी स्थिति मजबूत करने में लगा हुआ था। इसी अवसर पर हुमायूँ का साथ छोड़कर कामरान का सगा भाई अस्करी भी उसके पास आ गया था। हुमायूँ का सबसे छोटा सौतेला भाई मिर्ज़ा हिन्दाल अपने सहायक मिर्ज़ा यादगार के साथ सिन्ध क्षेत्र में ही अपने को स्थापित करने और वहाँ अपनी जड़ें जमाने के विषय में सोचने लगा। उसने इसके लिए भक्कर को अपना केन्द्र भी बनाया और यहाँ से गुजरात विजय की योजना को अमली जामा पहनाने का काम शुरू किया। हुमायूँ को भी हिन्दाल की योजना में हिन्दुस्तान पर पुनर्विजय की सम्भावना दिखी और उसकी भी दिलचस्पी जागी। इसीलिए वह सिन्ध की ओर बढ़ता हुआ 1540 के अन्त में सिन्ध के सीमावर्ती क्षेत्र में जा पहुँचा। मुग़ल बादशाह भले ही सत्ताच्युत हो पर था तो वह बादशाह ही–न जाने कब किस्मत करवट बदल ले, अत: सिन्ध के शासक का भयातुर होना स्वाभाविक था। वह शक्तिहीन हिन्दाल को तो बर्दाश्त कर सकता था किन्तु निर्वासित मुग़ल बादशाह को मदद देकर वह शेरशाह के कोप से बचाना चाहता था। अत: उसने न केवल हुमायूँ को मदद करने से इनकार किया अपितु उसकी राह में इतने काँटे बो दिये कि हुमायूँ इन अवरोधों से घबरा गया और विकल्पहीनता की स्थिति में पहुँच गया।

इधर, मिर्ज़ा हिन्दाल और उसका सहायक मिर्ज़ा यादगार कान्धार पर क़ब्ज़ा करने की योजना बनाने लगे। हुमायूँ जानता था कि कान्धार जीतना कठिन ही नहीं बल्कि नामुमकिन है, अत: वह गुजरात विजय के लिए अधिक उत्सुक था। गुजरात

उसने पहले भी बहादुर शाह से छीना था। उस दौर में मिर्ज़ा अस्करी को वहाँ का प्रशासन सौंपकर जब वह राजधानी लौटा, तब वहाँ जनविद्रोह हुआ और अन्ततः गुजरात वापस बहादुर शाह के क़ब्ज़े में आ गया था। वह अब भी सिन्ध के शासक के ज़बर्दस्त विरोध के बावजूद सिन्ध विजय के लिए जोर दे रहा था क्योंकि उसे एहसास था कि यहाँ से अगला कदम गुजरात विजय और वहाँ से आगरा-दिल्ली जीतना और हिन्दुस्तान का अपना तख़्त और ताज पुनः स्थापित करना अधिक आसान था और मुमकिन भी था?

बहुत समय तक यूँ खामखयाली में समय गँवाने के बाद निष्क्रिय पड़े हुमायूँ को अब समझ आने लगा कि कुछ न करने से कुछ कोशिश करना बेहतर होगा। इसीलिए अपनी इस योजना से मिर्ज़ा हिन्दाल और मिर्ज़ा यादगार को अवगत कराने और उनको इसके लिए राज़ी करने की नियत से हुमायूँ भक्कर के उनके द्वीपीय दुर्ग से कुछ दूरी पर स्थित उसके शिविर-निवास तक जा पहुँचा! उसे लगा कि एक बार वह इन दोनों मिर्ज़ा लोगों को समझाये कि वे अपने अल्प-संसाधनों से कान्धार जीतने में कतई सफल नहीं हो पायेंगे? क्योंकि ईरान के शाह की नज़र भी कान्धार पर थी और उसके पास संसाधन भी थे। वह मुग़ल शहज़ादों के आपसी झगड़े का फ़ायदा उठाने की फिराक में था–क्योंकि वह इसी मौके में अपनी कामयाबी देख सकता था। इस पूरे हालात को हुमायूँ समझता था इसीलिए कान्धार जीतने की इस योजना की अव्यावहारिकता को समझते हुए ही उन्हें पहले विकल्प की तरफ सोचना शुरू किया। वह जानता था कि सिन्ध जीतने के बाद गुजरात जीतना तब भी मुमकिन था इसीलिए उसने इसी को अमली जामा पहनाने के लिए मिर्ज़ा हिन्दाल को भी तैयार करना चाहा था। इस नज़रिये से उसका अपने छोटे भाई हिन्दाल से मिलना लाज़मी ही था। क्योंकि दोनों के संसाधनों और ताकत से यह मुमकिन हो सकता था?

मिर्ज़ा हिन्दाल के शिविर में पहुँचकर इस निर्वासित बादशाह को अपना कर्तव्य याद था, उसे सबसे पहले अपनी सौतेली माँ, दिलदार बेगम जो मिर्ज़ा हिन्दाल के साथ ही गुलबदन बेगम की सगी माँ थी–उसके प्रति आदर प्रकट करना ज़रूरी है। अतः वह उन्हें सलाम करने के लिए से उनके 'रनिवास शिविर' में हाज़िर हुआ। कहाँ माँ को सलाम और आदर करने आ गया था और नज़र कहीं और एक कमसिन पर ऐसी गड़ गयी कि वह बस जड़ीभूत हो गया। एक चौदह वर्षीय सुडौल बदन की नवयौवना जो जवानी की दहलीज़ पर कदम रखने से पहले पूरे शबाब पर थी–वह बादशाह तो क्या किसी भी फ़रिश्ते को वशीभूत कर सकती थी। वह हाड़-मांस की

कोई इन्सानी जिस्म नहीं बल्कि जन्नत की हूर-सी चमक रही थी। निर्वासित ही सही मगर किसी बादशाह क्या फ़रिश्ते की मौजूदगी भी जिसकी बेफ़िक्र अदा पर कोई खलल नहीं डाल सकती थी। यही बेलौस सा अन्दाज़ और अल्हड़पन से वह किसी को भी भा सकती थी फिर हुमायूँ तो इन्सानी कमज़ोरी की खान ही था!

वह बादशाह हुमायूँ के सामने से लहराती, बलखाती किन्तु संयमित और निहायत सलीके से अपने मकसद की ओर बढ़ गयी और बादशाह की आँखों से ओझल हो गयी, मगर जाते-जाते वह बादशाह हुमायूँ के दिल में कहीं गहरे उतरती चली गयी थी। अपनी माँ से मिलने के बाद वह मिर्ज़ा हिन्दाल और मिर्ज़ा यादगार से भावी सियासी मकसद वाली मुलाक़ात के बाद अपने शाही शिविर में लौट आया। हिन्दुस्तान की पुनर्विजय का खयाल कहीं पीछे छूट गया और दिल-दिमाग एक सुडौल-सी छरहरी काया वाली लड़की में ही उलझ कर रह गया। क्या रूप, क्या लावण्य, क्या तराशा हुआ बदन...इतनी कमसिन मगर तमीज़-तहज़ीब से बाखबर... चाल भी सधी हुई न कोई हड़बड़ाहट न इत्मीनान; बस मकसद और मंज़िल साधते हुए से कदम बढ़ते हुए बादशाह की आँखों से दूर होती वह मासूम काया...दिन तो जैसे-तैसे बीत गया मगर रात बादशाह की आँखों से जैसे नींद हराम, जिधर भी करवट ले, आँखें बन्द करे या खोले वह खिलती-सी कली ही नज़र आये...नींद जो बहुत आसानी से उसे अपने आगोश में लेती थी, आज बस उसी एक झलक की याद से खुद भी हार बैठी थी।

सिर्फ़ वह कमसिन निगाहें, वह सुता हुआ बदन, अपने से बड़ी उम्र वाले के लिए जायज़ अदब के साथ सामने से हटती हुई लड़की ही हर ओर नज़र आती रही। वह लड़की बला की खूबसूरत तो थी है, मगर उस पर भी चार चाँद लगा रही थी–उसकी नीची नज़र, हिरन जैसी चपलता वाली चाल और नज़ाक़त टपकाती हुई हर हरकत। उसकी हर अदा निहायत ही बेहतरीन तमीज़ और तरबियत वाले सलीके को जाने-अनजाने बयाँ करती हुई सी थी, वह जवानी की दहलीज़ को छूने वाले शबाब से लबरेज़–कैसे देखते ही देखते हुमायूँ की आँखों से तो ओझल हुई पर दिल में बहुत भीतर तक समा गयी और हुमायूँ की नींद उड़ा गयी! कहाँ अपने तख़्त और ताज को वापस पाने के सपने और कहाँ नींद और सपने उड़ाने वाली यह बला की नादान, शोख लड़की...। गुलाब की पंखुड़ी से भी नाज़ुक बदन मगर सधे हुए कदमों वाली चाल इतनी सी उम्र में ऐसी शख़्सियत...ज़ाहिर ही कोई हूर ही हो सकती है...। पूरी रात ये ही सब सोचते करवटों में हुमायूँ की रात न जाने कब बेसब्री और अजब-सी बेचैनी में कट गयी।

मिर्ज़ा हिन्दाल और गुलबदन बेगम भले ही हुमायूँ के सौतेले भाई-बहन हों पर चूँकि उसकी माँ बादशाह की प्रिय बेगम थी, अतः उसके चाहने के चलते इन दोनों की परवरिश उसी के साथ हुई थी और वे हुमायूँ के सगे भाई बहन की तरह ही थे। जैसा कि ऊपर हम लिख ही आये हैं कि कैसे अकबर के काल में ही पूर्वर्ती कालों का इतिहास लिखा गया था, उसी क्रम में गुलबदन बेगम ने भी 'हुमायूँ नामा' रचा था। अपने सगे छोटे भाई मिर्ज़ा हिन्दाल के हरम में तो वह भी मौजूद थी, जब हुमायूँ भक्कर में सबसे मिलने पहुँचा था और इसीलिए वही एक चश्मदीद गवाह है, जो इस पूरे प्रकरण की कैफ़ियत बहुत बारीकी से इन्सानी जज़्बातों को समझते हुए बयाँ करती है...। यह भी सच है की यह बला की खूबसूरत लड़की और गुलबदन बेगम ता-उम्र दोस्त ही नहीं रहीं, बल्कि एक साथ ही पूरी इज़्ज़त और एहतराम से अकबर के काल में मुग़ल हरम में रही थीं।

गुलबदन बेगम लिखती हैं कि जैसे ही हुमायूँ की नज़र हमीदा बानो पर पड़ी भर थी कि उसका दिल इतने जोर से धड़का और उसके चेहरे की रंगत ही बदल गयी...। उसका अपने दिल और जज़्बात पर कोई नियन्त्रण ही नहीं रहा। जब बेबस हुमायूँ ने यह जानना चाहा कि वह कौन है, तब हमीदा बानो ने खुद ही पूरे इत्मीनान, शालीनता, संयत ढंग और तमीज़ से संक्षिप्त-सा जवाब दिया, "मीर बाबा दोस्त की बेटी।" हुमायूँ जो अभी सिर्फ़ सुन्दरता का कायल हुआ था, उसके इस परिष्कृत अन्दाज़ और उसकी तरबियत से भी बहुत प्रभावित हुआ। उसे इतना तो समझ आ गया था कि जिसे इस उम्र में अपने बड़े के सामने कैसे तमीज़ से बोलना चाहिए या एक बादशाह की उपस्थिति में किस अदब से पेश आना चाहिए, यह सब उसकी शिक्षा, संस्कार और खानदानी होने के सबूत थे!

वैसे तो छोटे से जवाब से हमीदा बानो ने अपनी तरफ से संवाद समाप्त कर दिया था और वह चलने को हुई, लेकिन हुमायूँ ने 'मीर बाबा दोस्त की बेटी' सुना तो जाती हुई हमीदा को सुनाते हुए सामने खड़े उसी के छोटे भाई मिर्ज़ा मुअज़्ज़म (गुलबदन बेगम और मिर्ज़ा हिन्दाल का सगा छोटा भाई) से कहा, "बहुत जल्दी ही यह (मीर बाबा दोस्त) मेरा अपना खास रिश्तेदार होगा!" इतना ही नहीं वह एक साँस में यह भी कह गया, "यह (हमीदा बानो) तो रिश्तेदारी में है ही" यानी आशय साफ था कि रिश्तेदारी तो है ही अब जल्दी ही यह और नज़दीकी एवं प्रगाढ़ होने वाली है।

इतनी लम्बी रात तो निर्वासन काल में भी हुमायूँ की कभी नहीं कटी थी–जितनी वह रात जो बीतने का नाम ही नहीं ले रही थी। वही चेहरा रह-रहकर हर करवट

पर दिलो-दिमाग पर छा जाता। मन-ही-मन उसे कभी हूर कहता कभी नूर! बंगाल में जब शेरशाह के पलायन के बाद वह अपना दरबार लगता था, तब मुकुट से पर्दा हटवाते समय यही नारा बुलन्द कराता था, "नूर प्रकट हुआ!" अब जब उसी शेरशाह से हारकर हिन्दुस्तान छोड़ने को मजबूर हुआ था, तब उसे उस रात लगा था कि वह बेवजह मुकुट में नूर देख रहा था? नूर या आसमानी हूर का नूर-ही-नूर होता है...। जो उसने दिन में देखा था और रात की नींद हराम हो गयी!

वह जैसे-तैसे रात के काटने का बेसब्री से इन्तज़ार करने लगा...। उसने रात भर में फ़ैसला कर लिया था कि सुबह होते ही अपनी माँ (सौतेली ही सही) की शरण में जायेगा और दिल की बात कहकर राहत के अलावा अपनी इस कमसिन की चाहत को पायेगा! कहाँ इतने महीनों से पास में ही शिविर डाले पड़ा हुआ था और नहीं सोचा कि उस माँ के प्रति आदर प्रकट कर आये और फिर मिर्ज़ा हिन्दाल से बात करने की मजबूरी में गया तो दूसरे ही रोज़ फिर से हाज़िर होने की सोची और वह भी सुबह-सुबह...न जाने क्या और कितनी बेताबी ने उसे घेर लिया था! रातभर में उसने अपनी योजना बना डाली थी कि कैसे हमीदा बानो को हासिल करना ही है। कैसे पैग़ाम भेजकर उससे निकाह करना ही जैसे उसकी ज़िन्दगी का मकसद हो? शायद मुग़लिया तख़्त वापस पाने की शुरुआत की यह पेश आगाही है क्या? कोई अच्छा सगुन है क्या? वैसे भी इतने महीनों से भक्कर में मिर्ज़ा हिन्दाल से थोड़ी दूर पर ही अपना शिविर लगाये मौजूद था, तब तक तो न उससे बात करने की ज़रूरत महसूस की और न ही सौतेली माँ, दिलदार बेगम के सामने हाज़िर होकर एक फ़रज़न्द की तरह अदब के साथ सलाम करने का होश था और अब जब गये तब होशोहवाश खो बैठे? ज़रूर दिन बदलने की शुरुआत होगी वरना सिंहासन और मुग़लिया सल्तनत यूँ हारने के बाद सिर्फ़ परेशानी और तकलीफ़ के सिवा हासिल ही क्या हुआ? और कल तो जैसे जन्नत की हूर जो जाने-अनजाने, चाहे-अनचाहे रूह तक को सुकून दे गयी, भले ही चैन-नींद सब छिन गयी हो...यह अजब-सा एहसास उसको हुआ और वह बेबस, बेताब और बेसब्र! अपना तख़्त और सुल्तनत हारा हुआ बादशाह अब अपना दिल भी यूँ हार बैठा!

हिन्दुस्तान हार चुके बादशाह को लगा कि जब वह फिर से कुछ हासिल कर एक स्थायी आधार पा सके तो क्या बेहतर हो और इसीलिए वह भक्कर में ही हिन्दाल से मिलने पहुँचा था और दिख गयी मीर दोस्त बाबा की बेटी–क्या यह कोई अच्छी शुरुआत थी? ज्योतिष में शिद्दत से भरोसा करने वाले हुमायूँ के लिए यह कुछ वैसा ही लगा। जब ज़िन्दगी में कुछ अच्छा होने वाला होता है, तब पहला

कदम इसी तरह का अच्छा वाकया घटता ही है। उसने इसे उम्मीद की पहली किरण ही माना था। अगर हमीदा को अपनी बेगम बनाने में कामयाब हो गया तब कामयाबी की शुरुआत हो जायेगी और वह अपना खोया तख़्त और जलाल सब वापस पा लेगा...दूसरी तरफ उसे समझ आ रहा था कि सियासी माहौल उसके कितना ख़िलाफ़ है। शेरशाह के डर और सैन्य दबाव के चलते सिन्ध का शासक उसको अपने इलाके से खदेड़ देने के लिए तैयारी करता हुआ खुली चेतावनी दे रहा था; हुमायूँ को लगता था कि मिर्ज़ा हिन्दाल की सेना के साथ वह सिन्ध जीत सकता है, जबकि कान्धार बहुत दूर की कौड़ी है लेकिन हिन्दाल और यादगार दोनों न जाने क्यों पास के और मुमकिन दिख रहे इलाके को छोड़कर दूर कान्धार जीतने पर जोर दिये पड़े थे...।

तो क्या हमीदा को बेगम बना लेने के बाद उसकी मुश्किलों का हल निकलने लगेगा और उसके दिन बहुरने लगेंगे? क्या आखिर में हिन्दाल मान जायेगा? क्या सिन्ध यूँ हासिल हो जायेगा जैसा वह सोच रहा है? क्या उसके बाद गुजरात और फिर वापस हिन्दुस्तान का तख़्त? मगर पहला पड़ाव तो मीर बाबा दोस्त की लाड़ली बेटी का हाथ माँगना है...। शायद उसी को पाने के बाद किस्मत के दरवाज़े खुलते जायेंगे? हुमायूँ जितना-जितना सोचता और इस सारी जटिलता के साथ करवटें बदलता, वैसे-वैसे उसे पक्का-सा लगने लगता कि एक छोटी-सी कामयाबी बड़ी कामयाबियों की पहली सीढ़ी है! बादशाहत खो चुका हुमायूँ बस इसी छोटी-सी कामयाबी को किसी अच्छे सगुन की तरह देखने लगा था! काबुल में तो सौतेला भाई कामरान अपने सगे भाई अस्करी के साथ अपनी ताकत बढ़ा रहा था। वह चौसा के युद्ध के बाद निज़ाम प्रकरण के बाद हुमायूँ से नाराज़ होकर ही काबुल लौट गया था और अब हुमायूँ के साथ दिखकर शेरशाह से अदावत के लिए कतई तैयार नहीं था? इसीलिए हुमायूँ के पास सीमित विकल्प थे? लेकिन हर विकल्प से पहले तो दिन में जो खयाल परेशान कर गया है उसे हासिल करना पहली और फौरन ज़रूरी था!

जैसे-तैसे पौ फटी और सुबह हुई मगर उसकी बेकरारी जस-की-तस ही रही। वह इन्तज़ार करने लगा की एक पहर दिन ढले और वह दिलदार बेगम के सामने अपनी दिल की बात रखे। मुग़ल हरम में अगर किसी की चलती थी, तो वह बादशाह या शहज़ादे की माँ की ही थी। राजमाता ही हरम की सर्वेसर्वा होती थी। हिन्दाल के शिविर में हरम की मलिका वही थी और चूँकि वह हुमायूँ की भी माँ ही थी भले सौतेली हो–तो इसीलिए हुमायूँ को यही वाजिब-सा रास्ता दिखा और वह दिलदार बेगम के शिविर में हाज़िर हो गया। भले ही राज्य हारा था और निर्वासित था पर था

तो बादशाह ही? पूरे शिविर और खासतौर से हरम वाले हिस्से में अजब सी कैफ़ीयत देखी गयी कि कल तो आया था हुमायूँ आज फिर क्यों? कहाँ तो पास में होने के बावजूद महीनों सुध नहीं ली और दूसरे ही दिन फिर हाज़िर? जितने मुँह उतनी बातें, खैर जब आ ही पहुँचा है तो वजह भी पता चल ही जायेगी।

उसने माँ दिलदार बेगम को सलाम करने के बाद ही बिना लाग-लपेट के लगभग याचक भाव से अर्ज़ किया, "शेख़ अली अहमद जामी, जिन्हें हम सब मीर बाबा (मीर) दोस्त पुकारते हैं, वे हैं तो हमारे रिश्तेदार ही, अगर उनकी बेटी से हमारा निकाह पढ़वा दें तो बहुत मेहरबानी होगी और मुग़ल खानदान के लिए भी बेहतर होगा। आप चाहेंगी तो आसानी से हो भी जायेगा।" दिलदार बेगम कशमकश में पड़ गयीं। एक तरफ़ उसका बड़ा (सौतेला ही सही) बेटा, जिसने बादशाह रहते उनके मान-सम्मान में कोई कोर-कसर नहीं छोड़ी थी और हमेशा माँ का दर्जा ही दिया; फिर वह बाबर का वैध उत्तराधिकारी के रूप में बादशाह भी रहा था, उसने हमीदा बानो से शादी का सारा दारोमदार दिलदार बेगम को सौंप दिया था–एक अजब-सी ज़िम्मेदारी! दूसरी तरफ मीर बाबा दोस्त के कमसिन-सी बेटी, हमीदा बानो जो दिलदार बेगम पर पूरी तरह से आश्रित थी। दिलदार बेगम क्योंकि मिर्ज़ा हिन्दाल के हरम की सर्वेसर्वा थीं और इसी नाते हमीदा उनके संरक्षण में और उनकी ही ज़िम्मेदारी थी? दिलदार बेगम संरक्षिका और हमीदा बानो उनकी आश्रित...वे बेहद संजीदा, संयमी, ममतामयी महिला थीं और हमीदा भी संजीदा, संस्कारी और संयमी।

हुमायूँ के ऐसा कहने की वजह से दिलदार बेगम जैसी निहायत परिष्कृत और सुलझी-सी स्त्री एक अजब सी परिस्थिति में खुद को पा रही थी? उनकी ममता और उनका दायित्व-बोध गंवारा ही नहीं कर रहा था कि वह किस मुँह से एक मासूम-सी लड़की के लिए एक अधेड़ उम्र के आदमी से ब्याह का पैग़ाम दे पायेंगी? ऊपर से यह अधेड़ उम्र का आदमी तो न केवल राज्य हारा था, बल्कि निर्वासित शासक होकर भटक रहा है और अब सिर्फ़ नाम का शासक रह गया है जिसका अब अपना कोई निश्चित ठिकाना भी नहीं है? क्या वह कभी सिन्ध या गुजरात या कान्धार जीत भी पायेगा? क्या हिन्दुस्तान को दोबारा हासिल कर पायेगा या ज़िन्दगी-भर यूँ ही भटकेगा? जब अपना ठिकाना नहीं तो अपनी नयी ब्याहता मासूम-सी लड़की को कहाँ, किस हाल में रखेगा? किस भरोसे पर वह हुमायूँ का पैग़ाम अमल कराये और किस मुँह से? एक तो कमसिन-सी लड़की और कहाँ एक खासा उमरदार हुमायूँ? दिलदार बेगम की हालत साँप-छछून्दर वाली हो गयी!

वह सोच में पड़ गयी कि न जाने किसकी सूरत देख कर उठी है जो सुबह-सुबह ऐसे पसोपेश में पड़ गयी?

क्योंकि मामला शिविर का था इसीलिए ऐसा था नहीं कि किसी को भी कानों-कान खबर न होती कि भटकते हुए बादशाह का दोबारा अपनी सौतेली माँ से मिलने आने की क्या ज़रूरत आ पड़ी? रिश्तेदारों, नातेदारों और खानदान वालों से गुलज़ार हरम में तरह-तरह की बातें होना लाज़मी था? हुमायूँ तो कई महीने से इसी शिविर के आसपास के इलाके में ही तो था, तब उसे न छोटे भाई, न माँ और न ही बहन गुलबदन बेगम की ही याद आयी थी? मिर्ज़ा कामरान से जब उसका सगा भाई मिर्ज़ा अस्करी जा मिला, तब से तो उसकी हिन्दुस्तान में रहने की और भी उम्मीद खत्म हो चुकी थी। ऐसे माहौल में अगर उम्मीद की थोड़ी बहुत भी किरण दिख रही तो उसे मिर्ज़ा हिन्दाल से ही दिख रही थी? वह हिन्दाल के कन्धे पर 'नरनाल' रखकर एक आधार पाने का इच्छुक था। अगर कान्धार जीतना कठिन था तो सिन्ध और गुजरात जीतना मुमकिन मान रहा था? ताकि उसे एक ठोस आधार मिल जाये और वह हिन्दुस्तान को पुनः जीतने का अपना सपना पूरा कर सके।

इसी सिलसिले में अब सौतेले भाई-बहन और सौतेली माँ भी अपने खास हो गये थे? इतना ही नहीं मीर बाबा दोस्त की बेटी ने उसका चैन और नींद हराम कर दी थी। इसीलिए उसे ये सारे सौतेले 'अपने' लगने लगे थे...। वे और कुछ नहीं तो हमीदा बानो को येन-केन-प्रकारेण उसकी बेगम बनाने में तो मददगार हो ही सकते थे? या यूँ कहें हुमायूँ जो सियासी शतरंज का खुद पिटा हुआ मोहरा था इन सब को मोहरे की तरह इस्तेमाल कर अपनी कामयाबी की शुरुआत करना चाहता था। उसे यह भरोसा था कि यही उसकी कामयाबी की ओर पहला कदम हो सकता है? काश कि लाहौर के बाद नजूमी उससे इजाज़त लेकर अपने घर-परिवार में चला गया था वरना वह तो पक्का बता ही देता कि उसका आने वाला समय कितनी जल्दी बदल सकता है?

जैसे ही उसके छोटे (सौतेले) भाई मिर्ज़ा हिन्दाल को उसके आने का असली मकसद मालूम हुआ तो वह अवाक् रह गया! उसकी धड़कन एक बारगी रुक सी गयी! वह कुछ भी सोचने-समझने लायक न रहा। अपने सहायक और सबसे भरोसे वाले अमीर, मिर्ज़ा यादगार से दिल की बात कहकर अपने सीने का बोझ उसने कुछ हल्का किया। हिन्दाल ने यादगार से कहा कि भले ही बादशाह के कई एहसान उसके ऊपर हैं मगर उन्हें इतना तो सोचना चाहिए कि वे क्या चाह रहे हैं? इस समय (1540 के आखिर में) बादशाह की उम्र तैंतीस (33) साल; उसकी (हिन्दाल की)

बाईस (22) और हमीदा बानो की तो सिर्फ़ चौदह (14) साल थी। वह हिन्दाल के हरम में रहती थी और हिन्दाल खुद को उसका संरक्षक मानते हुए उससे बेटी की तरह व्यवहार करता था? उसका सर चक्कर खा गया...। उसे समझ ही नहीं आया कि वह यादगार से और क्या कहे? उधर इतना सुनने के बाद मिर्ज़ा यादगार भी सन्न रह गया! हिन्दाल के शिक्षक, मीर बाबा दोस्त की बेटी...मगर कुछ तो सोचना था और जल्दी ही क्योंकि माँ से आरज़ू और मिन्नत कर चुकने के बाद हुमायूँ का हिन्दाल के पास आना तय था? हालाँकि हुमायूँ की एक हरकत ने उन्हें सोचने का काफी समय दे दिया था, क्योंकि उसने दिलदार बेगम की तरफ खुद जाते हुए इस मसले पर बादशाह की बात हिन्दाल के सम्मुख रखने के लिए एक विशेष दूत भेज दिया था।

उसे हिन्दाल से तो बात करनी ही थी, क्योंकि शिविर तो उसी का था और हर बात का आखिरी फ़ैसला उसी को लेना था? उधर हिन्दाल भी इस दबाव से वाकिफ़ था कि आखिर में फ़ैसला उसी के ऊपर आयेगा? हुमायूँ भली-भाँति जानता था कि उसने हिन्दाल को कभी सौतेला भाई नहीं माना था? सदैव ही उसके साथ अच्छा बर्ताव किया था और बंगाल में जब उसने विद्रोह कर दिया था, मगर हालात समझने के बाद वह सीधे हुमायूँ के पास ही आया और बगावत का परचम नहीं लहराया इसीलिए उस हादसे के बाद भी बादशाह हुमायूँ ने केवल हिन्दाल को माफ़ किया था, बल्कि इस मुद्दे को लेकर आपसी रिश्तों में किसी तरह की गाँठ भी नहीं आने दी थी। इसीलिए उसे हिन्दाल पर पूरा भरोसा था कि वह हर हाल अपने भाई और निर्वासित बादशाह हुमायूँ का साथ देगा। फिर थोड़े से अन्धविश्वासी हुमायूँ को अपने नाम पर भी भरोसा था? उसके नाम का मतलब ही 'भाग्यवान' या 'किस्मतवाला' था–इसीलिए उसे लगा कि यही हमीदा उसके किस्मत के बन्द हो गये ताले की छोटी-सी चाभी है?

खैर, जब हुमायूँ के दूत ने उसे बताया कि मिर्ज़ा हिन्दाल ने कोई साफ जवाब नहीं दिया है, बल्कि आपस में मशविरा करने के नज़रिये से हमें रवाना ही कर दिया। जब तक हिन्दाल और यादगार किसी नतीजे पर पहुँचते, बेबस हुमायूँ उनके शिविर के नज़दीक फिर सामने ही आ पहुँचा, ताकि अपने छोटे भाई से उसके साथ किये अच्छे बर्ताव के बदले अपनी किस्मत का फ़ैसला करा सके? हुमायूँ जब दिलदार बेगम से बात कर के निकला तब उसने मिर्ज़ा हिन्दाल से मिलने के लिए उसके शिविर की तरफ अपने कदम बढ़ाये उसने हिन्दाल से भी वही कहा जो दिलदार बेगम से अर्ज़ कर आया था। इसी बीच मिर्ज़ा हिन्दाल को इतना वक़्त मिल गया

था कि वह कुछ बेहतर और वाजिब सा जवाब पहले से ही सोच ले? जब हुमायूँ ने उसके सामने हमीदा बानो से निकाह की बात रखी, तब हिन्दाल ने पूरे सम्मान के साथ अर्ज़ किया, "एक तो वह मेरे शिक्षक की बेटी है और उम्र भी इतनी कम है कि मेरी छोटी बहन या बेटी हो सकती है और हम उसे इसी नज़रिये से देखते भी हैं। दूसरे आप महामहिम बादशाह हैं, आपके ओहदे और क़द के हिसाब से 'मेहर की रकम' न तो तय हो सकती है और न ही ऐसे भटकने वाले माहौल में अदा ही हो सकती है।"

वस्तुत: निर्वासित मुग़ल बादशाह और शहज़ादे समय की नब्ज़ पर हाथ रखे हुए थे वे भली-भाँति जानते थे कि आर्थिक संसाधनों की कमी और अस्थिर राजनीतिक परिस्थितियाँ कोढ़ में खाज की स्थिति पैदा कर रही थीं। इसी बात को उसने 'मेहर' के बहाने कहा था। बातों-बातों में हुमायूँ और हमीदा के उम्र के फ़ासले को भी उसने शिद्दत से उठाया और विपरीत हालात पर भी जोर दिया जो उसके हिसाब से यह समय निकाह के लिए हरगिज़ सही और वाजिब नहीं था। हिन्दाल से बात करना तो उसका आखिरी तीर था। उसने तो पहले ही दूत सुभान कुली के माध्यम से अपना इरादा स्पष्ट किया था, मगर जब हिन्दाल ने उसके इस विशेष दूत को इस मामले में कोई जवाब नहीं दिया तब तो उसे मजबूरी में हिन्दाल से खुद बात करनी ही पड़ी? और अब भी हिन्दाल ने बड़ा ही गोल-मोल सा जवाब दिया था जैसे वह अपने सर से कोई बला टाल रहा हो?

बेक़रार हुमायूँ का मन नहीं माना तो उसने फिर सुभान कुली को भेजा ताकि हिन्दाल पर और दबाव बने और उसका मन बदले? लेकिन इस बीच दिलदार बेगम ने हमीदा बानो को जब हुमायूँ का पैग़ाम दिया, तब उसने साफ लफ़्ज़ों और पूरी दृढ़ता से इनकार कर दिया। खैर, उससे और क्या उम्मीद भी की जा सकती थी? वैसे भी यह कोई मेल ही नहीं था दोनों के बीच लगभग बीस साल का अन्तर! इसीलिए अब तो उसका जवाब भी हिन्दाल ने बताते हुए कहा था कि अब उससे यह पूछना भी न केवल गलत होगा, बल्कि आपके हरम में यानी आपके आश्रित की तरह कोई रह रहा है, तब तो यह उसके और उसके परिवार के साथ अन्याय भी होगा। फिर भी बड़े भाई और बादशाह सलामत की बात है तो बेहतर है कुली खुद हमीदा बानो से पूछ ले? उसे तो मालूम ही था, जैसे ही सुभान कुली के सामने उसने हुमायूँ का पैग़ाम सुनाया उसने बिना देर किये अत्यन्त शान्त ढंग, शालीन स्वर और संयत भाषा में अपना दृढ़ और साफ इनकार अभिव्यक्त कर दिया दिलदार बेगम हों या गुलबदन बेगम या मिर्ज़ा हिन्दाल सब ही इस जवाब से वाकिफ़ थे।

वह निशाखातिर था, तभी तो उसने हमीदा का जवाब सीधे सुभान कुली को सुनवाया? हुमायूँ की कूटनीतिक चाल का जवाब इस कूटनीति से उसने दे दिया। जिसे पैग़ाम से लेकर निकाह तक में मंज़ूरी देनी हो वही इनकार कर दे, तब फिर क्या बचता है? हिन्दाल ने सोचा साँप भी मर गया और लाठी भी नहीं टूटी। मामला टेढ़ा था, हुमायूँ से आपसी रिश्तों में दरार भी पड़ सकती थी और उधर अपनी आश्रित और शिक्षक की बेटी के साथ ना-इन्साफ़ी के गुनाह से भी बच गया? जब पहली रात करवटों में काट कर दूसरे दिन सुबह दिलदार बेगम के पास हुमायूँ गया था, तब दिलदार ने सही सोचा कि बेहतर यही होगा कि उसका पैग़ाम हमीदा को दे ही दे और जैसा देखा भी, हमीदा ने बिना समय गँवाये साफ इनकार कर दिया। ज़ाहिर-सी बात है, संस्कारों में जिसकी तरबियत हो, वह परिष्कृत नव-यौवना के भी तो अपने खयाल, ख़्वाब और हसरत रही होगी? उसकी पढ़ाई लिखाई भी बदस्तूर जारी थी और वह एक शिक्षक की बेटी भी थी।

हमीदा के सपनों में कोई शहज़ादा या राजकुमार तो हो भी सकता था, मगर अपने से ढाई गुना उम्र में बड़ा अधेड़—बिना ताज और तख़्त का निर्वासित बादशाह? जिसका अपना ठौर-ठिकाना न हो, भविष्य भी अनिश्चित हो, वह उसे क्या सुरक्षा और संरक्षण दे पायेगा? शादी किसी भी कमसिन सी लड़की के लिए जीवन में सुरक्षा, संरक्षण, स्थायित्व के साथ सामाजिक सम्मान, सुख और सुकून की उम्मीद के साथ ही मुमकिन होती है और यही बातें दिमाग में पहले आती हैं। जब मुग़ल और अफ़ग़ान कट्टरता के साथ लड़ने पर अमादा हों, भाई-भाई को मदद करने को तैयार न हो तब ऐसे माहौल और नये से देश में क्या उसका फ़ैसला गलत था? पूरे हरम में यह चर्चा का विषय बन गया और ज़्यादातर औरतों की राय थी कि हमीदा बानो ने बिल्कुल सही किया। किसी भी समझदार लड़की से ऐसी ही उम्मीद भी थी?

इधर, जिसकी वजह से दिलदार बेगम से लेकर मिर्ज़ा हिन्दाल और मिर्ज़ा यादगार एक अजब सी कशमकश से गुज़र रहे थे। वह अपनी उम्र के हिसाब से बेफ़िक्र गुलबदन बेगम के साथ अमीर खुसरू की 'फ़वादुल फ़ुवूद' पढ़ने में मगन थी। उसने फुसफुसाहट सुनी तो ज़रूर मगर उसे कोई तवज्जो न देना ही बेहतर माना। उसके अपने रोज़मर्रा के काम जस-के-तस चलते रहे और बाकी समय वह गुलबदन बेगम के साथ कुछ-न-कुछ पढ़ने में लगाती। अमीर खुसरू की 'फ़वादुल फ़वूद' लगभग पूरी होने को थी उसके बाद उसे 'खैरुल मजलिस' उठानी थी। सूफ़ियाना रंग भी दोनों सहेलियों पर पड़ने लगा था और इस छोटी सी उम्र में ही वे बड़ी गम्भीर बातें करने लगीं थीं। दुनियावी बातों में उनका नज़रिया बिल्कुल साफ होता

जा रहा था। वे अपने उम्र की लड़कियों की तरह तो हरगिज़ नहीं थीं। शायद जीवन के इस मोड़ तक राज्य की सुरक्षित माहौल से शिविर की असुरक्षित और अनिश्चित ज़िन्दगी ने वैसे भी उनके ज्ञान चक्षु खोल दिये थे? इसीलिए हमीदा ने हुमायूँ को इनकार करने में कोई तकल्लुफ़ नहीं किया? और वह मुतमईन हो गयी...।

मगर हुमायूँ जैसा चारित्रिक दुर्बलता वाला व्यक्ति जो सत्ता के शीर्ष पर रहा हो और जिसका परचम दूर बदख्शां-काबुल से बंगाल तक लहराता रहा हो; इतने फैले राज्य का स्वामी रहा हो वह कुछ चीज़ें अपने अधिकार में मान लेता है? इसीलिए शायद उसने मासूम-सी हमीदा की माँग की थी? हुमायूँ ने सपने में भी नहीं सोचा था कि मीर बाबा दोस्त की महज़ चौदह साल की बेटी मुग़ल बादशाह का पैग़ाम ठुकरा देगी? कभी सत्ता शीर्ष पर बैठे ऐसे कमज़ोर आदमी की जिद्द, हार और निर्वासन से शायद और भी बढ़ जाती है? खोयी हुई पूर्ण सत्ता का पूर्ण मद ही शेष रह गया था या रस्सी जल गयी थी, मगर और केवल बल रह गया था? वह एक अजब मानसिकता में कैद हो रहा था–वह इस मामले में 'न' सुनने को कतई तैयार नहीं था? और न ही मन को इसके लिए तैयार ही कर पा रहा है। वह मान ही नहीं पा रहा था कि एक कम उम्र की लड़की मुग़ल बादशाह और वह भी तैमूर के वंशज और बाबर के बेटे के पैग़ाम को यूँ ठुकरा भी सकती है?

अतः चौदह वर्षीया नव-यौवना के इस 'न' ने अग्नि में घृत का कार्य किया। उसकी अभिलाषा ने लिप्सा का रूप धारण किया! 'निषेध फल' के चखने की वजह से इन्सान धरती पर आया था। यही उसके पतन की वजह बना था, उसी तरह हुमायूँ भी 'मर्यादित आचरण' के पाठ भूलकर बस हमीदा को पाने की धुन में रम गया। उसे अपने नजूमी की कमी बहुत खलने लगी, जिसे पंजाब पार करते हुए उसे विदा करना पड़ा था? वह ही हुमायूँ को समय-समय पर ज्योतिषीय सलाह देता था। ऐसी उलझी-सी परिस्थिति में हुमायूँ ने 'रमल' के पासे निकाल कर खुद ही इस मामले के बारे में जानने की कोशिश भी की और इसीलिए वह बराबर हमीदा के लिए कोशिश करता रहा? हालाँकि उसका पैग़ाम खुद हमीदा ने ठुकराया था, हिन्दाल और दिलदार बेबस थे; सुभान कुली को खास दूत बनाकर भेजने से भी बात नहीं बनी थी? राजनीतिक, सामाजिक और सैन्य असफलता और निर्वासन की वजह से हताशा झेल रहा बादशाह दिल, शादी, पारिवारिक जीवन की असफलता कैसे और क्यूँकर बर्दाश्त करता? उसे एक अदद वारिस और 'वली अहद' की चाहत भी थी और वह अभी तक पुत्रियों का ही वालिद बना था। अब एक बेटे की तलाश में उसे हमीदा से उम्मीद बँधी थी? यही डूबते को तिनके का सहारा लगी होगी?

एक तो पराजय झेली और फिर अफ़ग़ान सरदार शेरशाह ने उसे हिन्दुस्तान से पलायन करने को बाध्य किया था; फिर सारे भाई भी उससे अलग हो गये थे? निर्वासित बादशाह के सामने एक ऐसी समस्या आन खड़ी हुई थी, जिसके बारे में उसने सपने में भी नहीं सोचा था? इस ज़रा-सी लड़की ने उसका कॉल, ईमान, सलीके सब डिगा दिये थे? बादशाह और वह भी सत्ताच्युत बादशाह यूँ इनकार के बाद अपने ओहदे और उम्र के तकाज़े भूलकर एक याचक की तरह से पेश आने लगा...। उसने मन-ही-मन एक फ़ैसला लिया कि वह खुद रू-ब-रू होकर इस छोकरी से बात करे तो शायद बात बने? शायद हमीदा तब इनकार न कर पाये? पादशाह नसीरुद्दीन मुहम्मद हुमायूँ के निकाह के पैग़ाम को राजनीतिक और सामाजिक इज़्ज़त मानते हुए स्वीकार कर लेगी?

अपने दिल से बेबस बादशाह हुमायूँ सब मान-मर्यादा भूलकर एक बार फिर हिन्दाल के शिविर में पहुँच गया। शायद बात अगर हुमायूँ और उसकी माँ दिलदार बेगम के बीच में रहती तो खबर न बनती, लेकिन यहाँ तो सुभान कुली को खास दूत बनाकर भेजना और अब तीसरी बार माँ की ममता का बेजा लाभ उठाना और हमीदा के इनकार करने के बाद तो खबर आग की तरह हिन्दाल के पूरे शिविर में फैल गयी। हुमायूँ पड़ोस में रहते हुए भी कहाँ तो महीने-भर से ऊपर कभी भी हिन्दाल से मिलने नहीं आया था और कहाँ इतनी जल्दी-जल्दी तीसरी बार शिविर में हाज़िर? लोगों की निगाहों ने बादशाह को इस बात का एहसास भी करवा दिया लेकिन भाग्य का मारा यह बादशाह जिसके नाम का मतलब 'किस्मतवाला' था एक बार फिर किस्मत अजमाने से बाज नहीं आया।

उसे भरोसा ही नहीं हो रहा था की बाबर के वारिस और हिन्दुस्तान के बादशाह रह चुके हुमायूँ के निकाह के पैग़ाम को अदना-सी लड़की इनकार भी कर सकती है? उसे लगा जैसे यह उसकी प्रतिष्ठा की बात है? शायद यही सामाजिक दबाव उसके मन-मस्तिष्क को प्रभावित कर रहा था, जिससे उसका व्यवहार बदल रहा था। वह अपनी माँ, भाई, बहनों, मित्रों, रिश्तेदारों, अमीरों, सेवकों और अधीनस्थों से कैसे नज़र मिलायेगा? उसे लगता था कि वाकई अगर उसने पैग़ाम को मंज़ूर नहीं किया, तब वह सबकी नज़र से गिर जायेगा और मज़ाक की वजह बन जायेगा। इसीलिए वह अपने दिल के हाथों मजबूर था और उसका दिमाग जवाब दे चुका था? इसीलिए हम पाते हैं कि हिन्दाल के शिविर में हाज़िर होकर अपनी माँ और रिश्तेदारों पर दबाव बनाया कि वे किसी तरह से राज़ी कर हमीदा बानो को बादशाह के सामने पेश कर दें ताकि वह खुद रू-ब-रू उससे बात कर मुतमईन हो जाये।

सत्ताच्युत और निर्वासित ही सही मगर सभी रिश्तेदारों पर पहले ही एहसानात कर चुके हुमायूँ की बात को टालना किसी भी रिश्तेदार के लिए मुमकिन नहीं था, क्योंकि उसकी बादशाहत के दौर में वे सब उससे फ़ायदा उठा चुके थे? लेकिन सब के सामने एक धर्म-संकट की स्थिति बन गयी थी। दिलदार बेगम और उसके हरम के लिए हुमायूँ का फिर आना किसी मुसीबत से कम नहीं था। दिलदार की स्थिति तो वाकई साँप-छछून्दर वाली हो गयी थी। सब के सब बेचैन और बेबस से हो रहे थे। मगर इस झंझावत में भी जो स्थितप्रज्ञ, संयत, शालीन और मर्यादा की मिसाल बन कर उभरी वह और कोई नहीं, बल्कि वह कमसिन-सी लड़की हमीदा बानो ही थी! जब हुमायूँ के सामने सब के होंठ सिल गये थे और वे बुत से हो गये तब हमीदा ने एक सुसंस्कृत, तहज़ीब और तमीज़ का निहायत नपा-तुला सा जवाब बादशाह को दिया जो बादशाह को भी मर्यादा और शाही परम्परा के साथ व्यक्तिगत और लोक-व्यवहार का पाठ सिखा गया होता अगर हुमायूँ दिल के हाथों मजबूर और इस रिश्ते के ज़रिये किस्मत बदलने की कोशिश में न जुटा होता?

जब हुमायूँ ने उसे हाज़िर होने का सन्देश भेजा, तब उसने मुग़ल हरम के रिवाज़ों, रस्मों, नियमों, परम्पराओं और मर्यादित आचरण का हवाला देते हुए बहुत ही संयत, शान्त और शालीन भाषा में बादशाह को जवाब दिया था, "हरम की औरतों को बादशाह के सामने एक ही बार हाज़िर होकर आदर और सम्मान प्रकट करने का रिवाज़ है, मगर बार-बार या एक से ज़्यादा बार (दूसरी बार भी) बादशाह जैसी हस्ती के सामने आना चगताई विधि, मुग़ल परम्परा और दरबारी नियमों के ख़िलाफ़ ही नहीं, बल्कि साफ-साफ निषिद्ध है। और यह सब जानते-समझते हमारा बादशाह के सामने दुबारा हाज़िर होना नियम विरुद्ध होने के साथ ही गलत और कुलक्षण भरे कदम की तरह समझा जायेगा।"

उसके जवाब से जो बात ज़ाहिर होती है, वह यही है कि वह साफ कर देना चाहती थी कि वह एक खानदानी लड़की थी कोई कुलच्छनी नहीं! और हिन्दुस्तान का बादशाह अपने नियम, कायदे, कानून और रस्मो-रिवाज़ भूल गया हो तो भूले! बादशाह को अब भी दीवार पर लिखी इबारत न समझ आये तो यह उसकी समस्या है हमीदा की नहीं! अत: उसने बेहद नपा-तुला, मर्यादानुकूल जवाब दिया था, जिसमें कहीं से कोई बेअदबी का सवाल ही नहीं था अपितु स्थापित मानदण्डों और शाही तरीक़े से उसका व्यवहार वाजिब ही था? इस पूरे प्रकरण में हमीदा बानो और हुमायूँ के साथ ही दिलदार बेगम और मिर्ज़ा हिन्दाल भी केन्द्रीय भूमिका में थे। इस पूरे प्रकरण को समझने के लिए हमें बाबर के शासन-काल तक जाना होगा, वह

भी उस काल में जब बाबर काबुल का शासक था, क्योंकि उस काल से ही बाबर की प्रिय पत्नी या मुख्य रानी, हुमायूँ की सगी माँ, माहिम बेगम, उसकी सौतेली माँ, दिलदार बेगम, हुमायूँ, हिन्दाल और गुलबदन बेगम को एक इकाई के रूप में ही देखा समझा जा सकता है। आइए, मुग़ल खानदान के इस पूरे जटिल समीकरण को समझने के लिए उस पुराने किस्से को समझ लिया जाये, तब आगे की दास्ताँ...

हुमायूँ की माँ, माहिम बेगम जो बाबर की पटरानी हो गयी थी और जिसकी वजह से हुमायूँ 'वली अहद' और फिर बादशाह भी बन पाया था, बाबर से अपने मन का सब करा लेती थी। उसी ने अपने पुत्र हुमायूँ के होते हुए भी दिलदार बेगम के दो बच्चों, यथा मिर्ज़ा हिन्दाल को (1519 ई.) और गुलबदन बेगम को (1525 ई.) में गोद ले लिया था और इसका शाही आदेश भी बाबर द्वारा जारी किया गया था। 1526 ई. में बाबर हिन्दुस्तान का बादशाह बन गया था, अत: मुग़ल हरम में हुमायूँ, हिन्दाल और गुलबदन बेगम—ये तीनों सगे भाई-बहन की तरह ही रहे थे और ऐसा इस बीच के काल को छोड़कर जब शेरशाह ने युद्धों में पराजित कर मुग़लों से सत्ता छीन ली थी और हुमायूँ निर्वासित होकर अपना भाग्य तलाश रहा था और बाबर के प्रारम्भिक दौर की याद दिला रहा था।

शायद इसीलिए शुरू में हमीदा के लिए हुमायूँ के दिल के पैग़ाम को सुनकर वह मौन-सी हो गयी थी, लेकिन अब उसे इस पराजित और निर्वासित बेटे पर तरस आने लगा था। यह बहुत स्वाभाविक भी होता है। आपके मन में कमज़ोर के प्रति एक सहानुभूति हो जाना मानवीय विशेषता ही है। अगर उस माँ को बेटे पर तरस आ जाये एवं हिन्दाल के हरम की संरक्षिका के रूप में बेटी समान हमीदा को उसके पैग़ाम को स्वीकार करने के लिए मानसिक दबाव-सा बनाने लगे तो यह सहज ही है। वैसे भी मध्यकाल के सामन्तवादी माहौल में उम्र के लिहाज़ से यह बेमेल निकाह होते हुए भी मान्य प्रचलन ही था? और जिसकी शरण में हमीदा रह रही थी, वही उसे समझाने लगे तो इस बेमेल निकाह के पैग़ाम को कब तक हमीदा ठुकरा पाती?

इस पूरे किस्से में एक पेंच और था और वह गुलबदन के रूप में हमीदा की हम उम्र सहेली होना। इन दोनों का चौबीसों घण्टों का साथ होता था। साथ पढ़ने से लेकर साथ खेलना-कूदना और फिर हमें याद रखना होगा कि वे दोनों अब शिविर में थीं आगरा के महल के हरम में नहीं, अत: जगह की कमी और प्रतिकूल परिस्थितियों ने दोनों की नज़दीकियों को और भी बढ़ा दिया था। हमीदा के लिए गुलबदन हमेशा ही एक बड़ी बहन ही थी और वह गुलबदन को 'जियू' कहकर बुलाती थी। ज़ाहिर ही पुराने दिनों की याद करते हुए वह बादशाह हुमायूँ के अपने

प्रति लाड़-दुलार की बातें हमीदा को बताती थी; जैसा उसने बाद में अकबर के शासन-काल में 'हुमायूँ नामा' में दर्ज भी किया। वह हुमायूँ के पराजय और निर्वासन में भी उदार और संयत बने रहने की बातें कर उसकी त्रासदी को 'मानवीय त्रासदी' के रूप में चित्रित करती थी और सहज ही अपनी संवेदनाओं के उभार के साथ हमीदा के संवेदनाओं के साथ जाने-अनजाने खेल रही थी? वह चाहे-अनचाहे हुमायूँ की परोक्ष वकालत ही कर रही थी? वैसे तो मानवों की विशेषता होती है हारे हुए के साथ सहानुभूति मगर यहाँ भी स्त्रियों में और ये और भी अधिक होती है यानी उनकी सबसे बड़ी कमज़ोरी उनकी संवेदनशीलता होती है? और यही उनको दिमाग की जगह दिल से सोचने को मजबूर कर देता है? बहुत समय तक अपने दिमाग से सोचते और इस शाही पैग़ाम के खिलाफ़ दृढ़ता से खड़ी और अड़ी हमीदा ने भी अन्ततः हथियार डाले होंगे यह हम समझ सकते हैं। लेकिन अभी वह पसीजने को तैयार नहीं थी–काफी समय लगता है–कुएँ के जगत पर रस्से या रस्सी का निशान पक्का हो जाने में?

खैर, दिलदार बेगम को भी हुमायूँ की दिली कैफ़ियत और उसके ईमानदार पैग़ाम के बावजूद हमीदा के इनकार के बाद अपने बेटे के प्रति तरस ही आया होगा, जिसने उसकी पराजय और देश-निकाला की स्थिति को बहुत त्रासद बना दिया था। एक माँ का कमज़ोर बेटे की तरफ झुकाव भी सहज मानवीय व्यवहार है। उसने यह भी सोचा क्या कुछ माह पहले जब हुमायूँ हिन्दुस्तान के तख़्त पर आसीन था तब यह पैग़ाम आता, तो क्या हमीदा उम्र का हवाला देते हुए बादशाह के पैग़ाम को 'न' करती? क्या उससे रिश्ता जोड़ने से इस तरह गुरेज़ करती? शायद आज की परिस्थिति के चलते मना करने वाली लड़की तब मारे खुशी के फूली न समाती? उसके मन और दिल में एक छवि तो हुमायूँ की थी ही कि बादशाह रहते इस इन्सान ने सबका खयाल रखा था और सबको बराबर का मान-सम्मान दिया था। उसने कभी किसी के शान में गुस्ताख़ी नहीं की; बल्कि अपनी उदारता और मानवीयता के चलते ठगा और छला ही गया; वह तो अपने शत्रुओं के प्रति भी उदारता दिखने में बाज नहीं आया? और इस वजह से पराजित ही हुआ? इसी उदारता और मानवता के चलते आज वह निर्वासन भोग रहा है और एक उसके चलते हम सब–बड़ा मुग़ल खानदान भी निर्वासन भोगने को मजबूर हुआ है? एक आदमी पर कितने लोग आश्रित थे?

शायद दिलदार बेगम के जीवन में यह दूसरा बड़ा धर्म-संकट आया था? एक तो जब हुमायूँ की सगी माँ, माहिम बेगम ने उसके दो दूध पीते बच्चे एक के बाद

एक गोद ले लिए थे; दूसरा अब जब उसी हुमायूँ ने हमीदा से शादी का मन बनाया था और हमीदा इसके लिए कतई तैयार नहीं हो रही थी? उसका असमंजस समझ में भी आता है। इस समय सिन्ध के इलाके में मुग़ल खानदान के दो चिराग अलग-अलग शिविरों में रह रहे थे; उनमें से एक सबसे बड़ा और दूसरा सबसे छोटा। सबसे उम्रदराज़ वही थी और ऊपर से दोनों (हुमायूँ और हमीदा की) माँ की हैसियत? हुमायूँ उसके पास पूरे आदर और आखिरी उम्मीद लिए आता है–वही उस डूबते का एक सहारा है? एक आखिरी उम्मीद क्योंकि उसे अपने ज्योतिष ज्ञान से लगता है कि यही निकाह उसकी किस्मत बदलने का पहला पायदान होगा? अभी तक उसके कोई पुत्र नहीं था? यानी बादशाहत और वली अहद की पैदाइश की उम्मीद–वह सबकुछ इस निकाह के मुमकिन हो जाने से जोड़कर देखने को मजबूर था। उसके लिए शायद यह रिश्ता डूबते को तिनके का सहारा था? और उसके लिए दिलदार बेगम जैसी माँ आखिरी सहारा थी, जिससे उसकी उम्मीद बँधी थी...।

दिलदार बेगम की परेशानी को इस मुद्दे के चलते, इन दो भाइयों के बीच एक अजब-सा गतिरोध पैदा हो गया था? वह इन रिश्तों को भी सामान्य करने को आतुर थी, क्योंकि इसे अपना नैतिक दायित्व मानती थी; इससे पहले की बात बढ़े वह दोनों को उतना ही करीब लाना चाहती थी, जैसे वे पहले थे? उसे याद है कैसे बंगाल की बगावत के बाद भी हुमायूँ ने अपने भाई को माफ़ करने में न देरी की थी और न ही कोई कोताही? उसने कभी कोई गाँठ नहीं पड़ने दी थी? बिल्कुल पहले की तरह सामान्य व्यवहार और दुलार! उसने दुश्मनों से घिरे हुए हिन्दाल का एक नादानी भरा कदम ही माना और अपनी हृदय की विशालता, उदारता और मानवीयता दिखाते हुए अपने और हिन्दाल के बीच न कोई दरार पड़ने दी और न ही दूरी आने दी थी? सारी बातें उसके मन-मस्तिष्क को उद्वेलित ही कर रही थीं, जब हुमायूँ हमीदा के ही वास्ते सही हिन्दाल के शिविर में यूँ आने लगा था और अगर हिन्दाल पर भरोसा न होता तो वह पहले ईरान न जाकर यहाँ सिन्ध जैसी दुश्वारियों में क्यों फंसता? उसने अपने इसी छोटे भाई पर ही भरोसा किया था? भिश्ती निज़ाम को आधे दिन की बादशाहत के मामले के बाद तो कामरान पश्चिमोत्तर के अपने सूबे में लौटकर मुँह मोड़कर बैठ गया था और उसका सगा छोटा भाई, अस्करी भी हुमायूँ का साथ छोड़कर कामरान के पास चला गया था। ऐसे में उसके रहते इन दो भाइयों के बीच तो कोई अदावत न हो? वह इस मामले को फौरन हल करना चाहती थी? इसीलिए सबसे ज़्यादा दुर्दशा उसी की थी–उसका दिन का चैन और रातों की नींद हराम हो गयी थी।

मगर मिर्ज़ा हिन्दाल का रुख भी अपनी जगह शायद बहुत गलत नहीं था? महीने-भर के ऊपर हो गये थे, बादशाह हुमायूँ को भक्कर में हिन्दाल के शिविर के पास ही शिविर डाले हुए? लेकिन उसने तब तो एक बार भी मिलने की कोशिश नहीं की थी? अब जब सिन्ध के शासक ने उसे अपने इलाके से न जाने पर सैन्य कार्रवाई की धमकी दे डाली थी, तब उसे छोटे भाई हिन्दाल की याद आयी थी? और फिर जो मुद्दा उछालर कई बार आने की जुगत में रहना तो अशोभनीय और मुग़ल शाही रिवाज़ के भी खिलाफ़ था? यह तो एक तरह की ज़बरदस्ती ही थी, 'मान न मान मैं तेरा मेहमान?' इसीलिए एक बार आने के बाद जब हमीदा का मुद्दा उछला तब उसे यही लगने लगा कि 'रस्सी जल गयी मगर ऐठन न गयी!' न तख़्त न ताज, न बादशाहत फिर भी मिर्ज़ा हिन्दाल के काँधे पर रख कर 'मुग़लिया नरनाल' चलाकर हुमायूँ सिन्ध, गुजरात या कान्धार जीतना चाहता था?

लेकिन दूसरी तरफ़, उसे अपने ग्यारह साल बड़े इस भाई की महानता, उदारता और मानवीयता का भी एहसास था कि कैसे उसने बंगाल में जब बादशाह के खिलाफ़ बगावत ही कर दी थी, तब हुमायूँ ने उसे बिना शर्त और आपसी सम्बन्धों में गाँठ पड़े ही माफ़ कर दिया था? फिर दिलदार ने उसे खुद यही याद दिलाया था? क्योंकि मध्यकाल में बगावत की एक ही सज़ा थी और वह थी मौत? और फिर बलबन के समय से ही 'राजत्व, बन्धुत्व नहीं स्वीकारता' का सिद्धान्त शासकों का राजत्व सिद्धान्त बन गया था। ऐसे में तो मिर्ज़ा हिन्दाल मृत्यु-दण्ड का ही अधिकारी था? हुमायूँ ने माफ़ कर दिया था और गाँठ भी नहीं पड़ने दी थी और अब इस दौर में इतनी उम्र हो जाने के बाद भी हुमायूँ कोई लिहाज़ नहीं कर रहा था? मिर्ज़ा हिन्दाल अपने शिक्षक की बेटी हमीदा को अपने हरम में अपने संरक्षण में रखे था वह तो उसकी बेटी या छोटी बहन समान ही थी? और फिर उस हमीदा ने तो बादशाह के पैग़ाम को खुद इनकार ही कर दिया था, तब उसकी पसन्द का खयाल रखना और उसके हित को सुरक्षित रखना हिन्दाल का कर्तव्य और दायित्व ही था? इसीलिए इस पूरे मुद्दे में उसकी भी स्थिति किंकर्तव्यविमूढ़ वाली ही थी—एक तरफ बादशाह और उसका बड़ा भाई और दूसरी तरफ आश्रित नाबालिग हमीदा बानो जो पूरी शिद्दत से अपने इनकार पर अड़ी हुई थी?

इस मुद्दे को यूँ बिना किसी निर्णय के लटके हुए जब एक महीना बीत गया तब दिलदार बेगम ऊहापोह की स्थिति में फँसा महसूस करने लगी थी? महीना-भर बीतने के बाद एक रोज़ शाम के वक़्त हरम की सारी महिलाएँ दिलदार बेगम के इर्द-गिर्द ही बैठी इधर-उधर की बातें कर रही थीं। दिलदार बेगम ने एक पासा फेंकते हुए

सामने बैठी हमीदा की आँखों में आँखें डालते हुए कहा, "देखो बेटा एक महीने से ऊपर हो चला है और हुमायूँ हर बार पैग़ाम भिजवाता रहा है और तुम इनकार करती रही हो। न तुम इनकार छोड़ रही हो और न वह मान रहा है...।" दिलदार बेगम ने जानबूझकर अपने वाक्य को प्रश्न बना कर अधूरा-सा छोड़ दिया। दिलदार की इस बात का हमीदा के ऊपर उल्टा ही असर हुआ और वह बोल पड़ी, "ज़ाहिर ही है, तभी तो बादशाह होकर अपनी शान के ख़िलाफ़ उन्हें खुद अब इस बेजा हरकत से परहेज़ करना चाहिए!" उसने बोलने के साथ ही चारों तरफ देखा कि शायद उन तमाम मौजूद औरतों में से किसी से तो उसकी बात को मंज़ूरी मिले? लेकिन यहाँ तो सारा माहौल ही उसके खिलाफ़-सा लगा। सब की नज़रें ही दिलदार की हाँ में हाँ मिलाती-सी लगीं?

जब दिलदार ने पूरा माहौल ही अपने माफ़िक पाया तब उसने हमीदा के सर पर ममता से हाथ रखते हुए कहा, "बेटा, एक बार को यह भी तो सोचो कि कल को कोई भगदड़ हो और तुम किसी दुश्मन के हाथों पड़ जाओ, तब उम्र का फ़ासला कोई मायने रखेगा? या दुश्मन के हाथ न भी पड़ो मगर देर-सबेर शादी करनी पड़े, तो यूँ कोई शहज़ादा या बादशाह मिलेगा क्या? यह कहीं बेहतर होगा कि भले ही हुमायूँ और हमीदा के बीच उम्र का फ़ासला ज़्यादा हो मगर एक बादशाह से बाक़ायदा निकाह होने के कुछ मायने हैं?" हमीदा को भी दिलदार की उदारता और ममता की छाँव मिली थी, इसीलिए वह उससे खुलकर ही सबकुछ कह-सुन लेती थी। अपनी माँ समान संरक्षिका से दिल की बात करती ही आयी थी, इसलिए कर ही सकती थी। बिना समय गंवाये निहायत संयत और सधे अन्दाज़ में उसने भी अपनी बात बेबाकी से रखी, "बेगम साहिबा आप सही फ़रमा रही हैं निकाह तो ज़रूर होगा, लेकिन बेमेल नहीं होना चाहिए। हम ऐसे इन्सान से शादी करना चाहेंगे, जिसके कुर्ते या चोंगे (अचकन या कोट) के 'कॉलर' तक मेरा हाथ तो पहुँचता हो? हम ऐसे आदमी से क्या ब्याह करें, जो जिसके कुर्ते का निचला हिस्सा ही मेरे हाथ में आये?" एक तार्किक अकाट्य से वक्तव्य के माध्यम से वह फिर से अपनी संरक्षिका को इस जोड़े को 'बेमेल' समझाने की आखिरी कोशिश करते हुए बोल गयी थी और इसके बाद चारों ओर चुप्पी छा गयी!

समय तेजी से करवट बदल रहा था। हुमायूँ अब तक सिन्ध में भाग्य आजमाने और यहाँ से गुजरात पुनर्विजय से आधार प्राप्त कर के हिन्दुस्तान जीतने की तमन्ना से पूरी तरह हताश हो गया था। वह घोर निराशा और हताशा के दौर में आशा की किरण के रूप में मिर्ज़ा हिन्दाल को देखा रहा था और हुमायूँ का यह सहारा भी अपने

हाथ खींचते हुए दिख रहा था? उधर खुद हमीदा बानो मिर्ज़ा हिन्दाल के 'हरम' में सभी महिलाओं द्वारा इस मुद्दे पर की गयी टिप्पणियों, सवालिया निगाहों, अजब से व्यवहार से परेशान और मजबूर-सी हो चली थी। एक तो खुद उसकी छोटी उम्र और खून के रिश्तों में एक भाई मुअज़्ज़म के अलावा इस शिविर वाली दुनिया में और था भी कौन उसका? यानी उसे यह भी समझ आ रहा था कि इतनी दूर सिन्ध में वह एक तरह से बेसहारा ही है; उसके दिमाग में अब सामाजिक-सुरक्षा से लेकर स्थायित्व तक की बात धीरे-धीरे घर करने लगी थीं। उसको 'हरम' की महिलाओं की बातों से यह भी समझ आ रहा था कि उसका यही इनकार का मुद्दा दोनों भाइयों के बीच एक अजब-सा तनाव पैदा कर रहा था? और दिलदार बेगम दोनों भाइयों के बीच इस आपसी तनाव के हालात बचाने के लिए ही हमीदा को समझाने की कोशिश कर रही थी। मिर्ज़ा हिन्दाल के शिक्षक की वह बेटी थी और उसपर पूरी तरह से आश्रित–कहीं उसका इनकार ही तो उसके प्रश्रयदाता के ऊपर संकट के बादल न ला देगा? क्योंकि हमीदा के लिए हुमायूँ के पैग़ाम पर वह पूरी तरह से हमीदा के पक्ष में खड़ा था, उसने एक बार भी हमीदा से हुमायूँ का पैग़ाम स्वीकार करने के लिए नहीं कहा था!

मिर्ज़ा कामरान और मिर्ज़ा अस्करी तो पहले ही हुमायूँ से अलग अपनी राह पकड़ चुके थे और बस इसी मुद्दे पर इन दो सबसे बड़े और सबसे छोटे भाई के रिश्तों में भी दरार पड़ रही है? क्या इसके लिए हमीदा बानो को ज़रा-सा भी गुनाहगार नहीं माना जायेगा? इस मुद्दे पर मिर्ज़ा हिन्दाल धीरे-धीरे अपने बड़े भाई से असहमत होने के बाद असन्तुष्ट और रुष्ट होने लगा था? उसको हुमायूँ की यह हरकत बहुत बेजा लग रही थी? जब वह इनकार कर चुकी है, तब भी वह ज़बरदस्ती बार-बार एक दबाव बनाता-सा दिख रहा था? उसके दबाव के चलते ही उसके 'हरम' का माहौल तनावपूर्ण हो गया था और उसका असर उसके शिविर पर भी पड़ ही रहा था...। इसीलिए धीरे-धीरे ही सही अब हमीदा जो पहले हुमायूँ के पैग़ाम को हवा में उड़ा चुकी थी और आखिर-आखिर तक इक़रार से दूर थी अब कशमकश में पड़ गयी थी? उसको लगा कि अब पानी सर के ऊपर से जाने को है? कोई आने वाले संकट की घड़ी की आहट-सी उसे लगने लगी थी? वह सोचती रहती थी कि क्या वह अपने इनकार के फ़ैसले पर टिकी रह पायेगी? या उसे इस पर नये सिरे से सोचने की ज़रूरत है? क्या सोचना ही इन्सानी फ़ितरत नहीं है? क्या ख़ुदा ने दिमाग इसीलिए नहीं बख्शा है? मगर जितना सोचती उतना ही उलझती जाती थी एक तरफ तरबियत, रिवाज़ और किताबों में लिखी बातें थीं और दूसरी तरफ ज़मीनी हकीकत–बादशाह हुमायूँ का मुसलसल इसरार?

वह असमंजस में थी–क्या सही है और क्या गलत? क्या समय बीतने पर सही फ़ैसले भी गलत साबित हो सकते हैं? उसने किताबों में कई जगह ऐसा भी पढ़ा है? कोई भी फ़ैसला हर माहौल में और हर समय में सर्वमान्य नहीं हो सकता है? तभी तो इल्म वालों ने महज़ब तक में 'कयास' को भी तरज़ीह दी है? फिर इस फ़ानी दुनिया में 'अपनों' का साथ कितनी दूर तक होता है–यह तो उसने इतनी-सी उम्र में देख लिया था, जब वह और उसका भाई ही साथ में मिर्ज़ा हिन्दाल के शिविर में रह गये थे? फिर क्या सभी औरतों का नज़रिया एक सा होता है–उसे हरम में एक भी औरत अपनी ओर मजबूती से खड़ी नहीं दिखा रही थी? क्या वास्तव में, शादी-ब्याह में ही औरतों को सामाजिक सुरक्षा या अस्तित्व की आश्वस्ति मिलती है या सिर्फ़ उसका एहसास-भर काफी होता है? क्या लड़की के रूप में पैदा होना ही एक अभिशाप होता है–जहाँ आप अपना एक नितान्त निजी निर्णय भी लेने के हक़दार नहीं होती हैं?

खैर, काफी देर की खामोशी के बाद दिलदार ने अपनी चुप्पी तोड़ते हुए एक ठण्डी साँस भरकर निहायत खीझ, हताशा और किसी आसन्न अनहोनी की शंका पर अपने आँसुओं को पीते हुए बस इतना ही कहा, "बेटा, अब जैसी तेरी किस्मत... एक माँ की हैसियत से तुमसे ज़्यादा तजुर्बा होने के नाते जो कुछ तुम्हे समझा सकती थी अब समझा दिया...। अब आगे जो भी जैसा भी हो..." ज़ाहिर-सी बात है, हमीदा को एकबारगी सब कुछ अलग-सा नज़र आने लगा जहाँ सब कुछ फिसलता जा रहा है। उसे दिलदार बेगम की इस हताशा में विकल्पहीनता के हालात दिखने लगे थे? अब हमीदा के कन्धे पर पहली बार कुछ बोझ का एहसास हुआ था, उसका दिल-दिमाग अलग तरह से सोचने लगा। उसे यह भी खबर हो गयी थी अपने इस बड़े भाई से अलग होने के वास्ते ही मिर्ज़ा हिन्दाल ने हुमायूँ की सलाह न मानते हुए सिन्ध के बजाय कान्धार जीतने का मन बनाकर भक्कर, सिन्ध छोड़ देने का आखिरी फ़ैसला ले लिए था? कान्धार के मुद्दे पर ईरानियों से उसकी जंग होनी लाज़मी ही थी।

अब उसका दिमाग दूसरी तरह से सोचने को मजबूर न होता तो क्या होता? वह खुद भी सोचने लगी कि क्या हिन्दाल अपने इतने से सिपाहियों और संसाधनों से कान्धार जीत पायेगा? क्या उसे जंग की इतनी बारीक समझ थी? अभी तक तो हुमायूँ का साया और मुग़ल राज्य की फ़ौज और साज़ो-सामान था–अब वह बात कहाँ? क्या यह जंग लम्बी नहीं खिंचेगी? और जैसे हालात ईरानियों के साथ जंग और उसके बाद बनेंगे–वह कहाँ मिर्ज़ा हिन्दाल के साथ मारी-मारी फिरेगी? और अगर मारी-मारी फिरना ही है तो एक भटकते बादशाह का शिविर कहीं ज़्यादा महफ़ूज़ होगा ही! दूसरी तरफ हिन्दाल उसे बोझ तो नहीं मानने लगेगा? कहीं वह कामरान

के हाथों पड़ गयी या अर्घूनों, उज़्बेगों या मुक्तलिफ़ क़बीले वालों के हाथों–तब उसका क्या हश्र होगा? उधर शेरशाह अभी भी पीछा कर रहा था और क्या उसके दबाव में हिन्दाल भी पलायन के लिए मजबूर नहीं होगा? ऐसी हालत में शिविर और हरम के बारे में सोचने-समझने का वक़्त नहीं मिलता है–ऐसी हालत में औरतें सबसे कम महफ़ूज़ होती ही हैं, ये बातें उसने तारीख या इतिहास की किताबों में पढ़ी थी। आखिरी बात जो उसको सहज समझ आयी कि अगर तुलना की जाये तो मिर्ज़ा हिन्दाल एक मुग़ल शहज़ादा ही था, जबकि हुमायूँ बादशाह था–इस नाते उसे तो गुजरात और राजपूताने से लेकर ईरान तक शरण और मदद मिलने की उम्मीद कहीं ज़्यादा थी बनिस्पत हिन्दाल के?

इन हालातों में तार्किक ढंग से अपना दिमाग लगाकर हर पहलू को बारीकी से जब उसने सोचा तब मरती क्या न करती वाली मजबूरी में फँसी हमीदा बानो को शायद यही समझ आया कि अगर ज़िन्दगी में तकलीफ़ भोगना ही लिखा है, तब बेहतर है कि एक मल्लिका की शक्लो-सूरत में भोगे, भले ही वह बिना तख़्त और ताज़ के बादशाह की बेगम हो और जो कहीं हुमायूँ अपने नाम के मुताबिक भाग्यशाली रहा तब वह शायद दोबारा हिन्दुस्तान जीतने में कामयाब भी हो जाये? किस्मत का क्या भरोसा–हवा की तरह आज इधर कल उधर! और जो वाकई हुमायूँ किस्मत से हिन्दुस्तान का दोबारा बादशाह बन गया तब तो वह पटरानी और मलिक्का ही होगी! उसने देख लिए था खास बेगम का क्या जलवा, अहम् स्थान, रौब, रुतबा, शानो-शौक़त होता है–हरम की मालकिन और यहाँ तक कि दिलदार के दोनों दूध पीते बच्चे हिन्दाल और गुलबदन बेगम उसको गोद चले गये थे, जबकि दिलदार के मुकाबले माहिम के तो हुमायूँ जैसा बेटा था ही। जब मुग़ल शहज़ादे भी अपनी किस्मत से लड़ रहे हैं तो वह तो बच्ची ही है--कब तक, कैसे और क्यूँ कर लड़ेगी?

सबसे बड़ी बात जो उसके ज़ेहन पर असर डाल रही थी वह था, हुमायूँ का धैर्य और संयम वाला परिष्कृत व्यवहार–वह बादशाह होकर भी निरन्तर प्रणय निवेदन ही कर रहा था; न उसने कोई जोर-ज़बरदस्ती की; न उसकी आवाज़ में कोई तल्खी या सख़्ती; घोर हताशा में निर्वासन बिता रहे बादशाह को तो काफी चिड़चिड़ा हो जाना चाहिए था; वह ज़बरदस्ती पर भी उतर सकता था; या फिर उसे हमेशा के लिए हटवाना भी मुमकिन था, मगर हुमायूँ ने ऐसा कुछ नहीं किया था। क्या हुमायूँ जिस तरह से पूरे मामले में पेश आया था, उससे उसके शान्त, संयत और शालीन व्यवहार के अलावा किसी और बात का एहसास भी उसे हुआ था? जब हमीदा का दिमाग इन सवालों से वाबस्ता हुआ, तब उसे एक बादशाह नहीं बल्कि याचक या प्रणय-

निवेदक ही दिखा। उसके हर कदम और बातों में सिर्फ़ एक गजब-सी मुलायमियत थी, जो उसके खानदानी होने का सबूत थी। उसकी बातचीत में, चाल-ढाल में सिर्फ़ प्रेम की ही अभिव्यक्ति थी। उसने कभी कोई हठ नहीं किया और अपने ओहदे का कोई गरूर भी कभी नहीं दिखाया था। उसके व्यवहार में दुराग्रह नहीं बस आग्रह था। उसने हमीदा पर कोई सीधा दबाव भी नहीं बनाया था। ऐसे हालात में यह चौदह बरस की बच्ची अपने को कब तक रोक पाती? बादशाह हुमायूँ के पैग़ाम के ठीक चालीसवें दिन यानी सन 1541 के सितम्बर की 21 तारीख को इतिहास में दर्ज हुआ हमीदा बानो का 'इकरार'!

बदलते रुख का इशारा पाकर हुमायूँ की खुशी का ठिकाना न रहा। उसे मन माँगी मुराद मिल गयी और साथ ही यह भरोसा कि अब वह हिन्दुस्तान दुबारा हासिल कर लेगा और साथ ही एक अदद 'वली अहद' या पुत्र उत्तराधिकारी भी! इस फ़ैसले के बाद वह बिना अफ़ीम की खुराक के ही झूम उठा था–उसका रोम-रोम पुलकित हो उठा! खगोल और ज्योतिष में पूरी शिद्दत से भरोसा करने वाला यह शासक इन दोनों ही विषयों का अध्येता भी था। सब का यही कयास था कि उसने किसी गणना के हिसाब से समझा था कि जब पहली बार उसे जिस घड़ी और जहाँ देखा उस हिसाब से उसकी किस्मत बदलने की उम्मीद जगी थी। इसीलिए उसने पैग़ाम भेजकर उसके साथ निकाह पढ़वाने का पक्का मन बना लिया था। उसके नजूमी का मुख्य शागिर्द तो अब भी उसी की सेवा में था, उसकी सलाह और उससे खबर भिजवाकर उसने इस मामले में नजूमी से भी पुछवा लिया था और रमल का पासा तो खुद ही फेंका था। चालीस दिन यूँ नहीं गुज़रे थे? हर दिन सुबह शाम बस एक ही काम और एक ही नाम 'हमीदा बानो'। उसे भरोसा था कि अगर यह निकाह मुकम्मल हुआ तो उसके संकट के बादल छँटने लगेंगे और आखिर में वह अपना खोया ताज और तख़्त दोबारा हासिल कर ही लेगा!

हुमायूँ के ज्योतिष और खगोल पर कितनी आस्था थी यह तो सबको विदित ही है। जब वह बादशाह था, तब अपनी प्रशासनिक व्यवस्था, अमीरों, अधिकारियों एवं विद्वानों के बैठने की व्यवस्था तक खगोलीय-ज्योतिषी आधार पर ही करता था। उसके दिन भी निर्धारित थे और यह भी कि किस दिन वह क्या पहने, क्या खाये, क्या करे और क्या न करे वगैरह-वगैरह। ज़ाहिर ही ऐसे हारे हुए जुआड़ी का तो यह भी एक दाँव रहा होगा? चालीस दिन तक धैर्य रखे हुए अब एक पल की भी देरी नहीं करना चाह रहा था–उसने आनन-फानन में एक अच्छा समय निकलवाया और हमीदा के साथ अपने निकाह की रस्में पूरी कीं।

II

हमीदा बानो के साथ निकाह सम्पन्न होने के तीन दिन बाद ही हुमायूँ पाट नाम की जगह, जहाँ वह शिविर लगाये था, वहाँ से भक्कर के लिए रवाना हो गया। इस निकाह के बाद ही हिन्दाल और उसके रास्ते जुदा हो गये थे। उससे नाराज़ होकर हिन्दाल कान्धार की तरफ चला गया। उधर, सिन्ध के अर्घून शासक ने बादशाह की दुश्वारियाँ बढ़ा दी थीं। फरवरी, 1542 में उसने ज़बरदस्त हमला कर दिया था जिससे मुग़ल खेंमे में ऐसे भगदड़ मची कि सबने भागने में ही भलाई समझी। हुमायूँ इस भगदड़ में खुद घोड़े से गिर गया था और उसके हाथ-पैर दोनों में चोट आयी थी। नयी ब्याहता हमीदा बानो तो इस भगदड़ में पैदल ही जान बचाकर भागने को मजबूर हुई थी। खैर, इस संकट की घड़ी के बादल जितनी जल्दी छाये थे, उतनी खुशी लेकर छँटते दिखाई दिये जब मंडोर (जोधपुर) के शासक मालदेव ने बादशाह को सादर शरण का न्योता भेजा।

मालदेव का आमन्त्रण से खैर मना सकते थे, मगर वहाँ की डगर खासी मुश्किल तलब थी। मगर मरता क्या न करता; फरवरी खत्म हो रही थी। गर्मी तो बढ़नी ही थी और पूरा रेगिस्तान पार करना था? दिन-दिन बढ़ती गर्मी, गर्म हवाएँ, रेत वाली पीली आँधियाँ सब झेलते हुए, गर्मी में झुलसते हुए वे बस किसी तरह बढ़ते जा रहे थे...प्यास, पसीने और थकान जैसी इतनी दुश्वारियाँ थीं कि वे बस रात को ही चल पाते थे। किसी तरह रेंगते हुए बढ़ती यह मुग़ल टुकड़ी जुलाई 1542 में मंडोर की सीमा में प्रवेश कर पायी और फालौदी पहुँची।

फालौदी पहुँचते ही हुमायूँ को एकबारगी बहुत खुशी का एहसास भी मालदेव ने करा दिया। उसने सहायता और मदद करने के सबूत के तौर पर मुग़ल बादशाह को एक खच्चर भर के स्वर्ण मुद्राएँ या अशरफ़ियाँ भेजीं और बीकानेर का इलाका उसे देने का भरोसा दिलाया। उसने हुमायूँ को आश्वस्त किया कि वह उसे बीकानेर के रूप में एक आश्रय-स्थल, पर्याप्त संसाधन और सबसे ज़रूरी शान्ति, सुकून और सुरक्षा मुहैया करा देगा! नाम का सौभाग्यशाली या किस्मतवाला हुमायूँ अब कुछ राहत महसूस कर पाया, मगर यह भी रेगिस्तान में 'नकलिस्तान' ही साबित हुआ?

यह आश्वासन एकबारगी किसी गहरे षड्यन्त्र-सा लगा जैसे शिकारी ने चुग्गा डालकर परिन्दे को अपने जाल में फँसाया हो? अपने शासन और सत्ता की जड़ें मजबूत करता हुआ शेरशाह हिन्दुस्तान भर के शासकों को इस आशय का फ़रमान भेजने से नहीं चूका कि वे पराजित और खदेड़े गये मुग़ल बादशाह को कतई कोई मदद न दें, क्योंकि दुश्मन का दोस्त भी दुश्मन माना जायेगा!

राजपुताने में मण्डोर जैसे कम राजस्व या आय वाले इस राज्य के लिए नये शासक शेरशाह की यह चेतावनी बहुत बड़ी आफ़त की आहट ही थी। शेरशाह ने खुद बाद में स्वीकार भी किया था कि यहाँ की कुल आय मुट्ठी-भर बाजरा तो है ही और उसके चक्कर में हमने अपना राज्य ही गँवा दिया होता? वैसे मालदेव का भय अकारण नहीं था जैसा कि शेरशाह के आक्रमण से बाद में साबित भी हो गया था? भले ही हुमायूँ वहाँ से कब का जा चुका था, मगर चूँकि उसने हुमायूँ को अपने यहाँ शरण देकर मदद तो की थी, इसीलिए शेरशाह का अपना गुस्सा जायज़ ही लगा था? वैसे मालदेव के राज्य पर आक्रमण के जरिये वह सभी को सन्देश देना चाह रहा था कि वे उसके शत्रु मुग़ल बादशाह हुमायूँ की कोई भी मदद हरगिज़ न करें और वह यह भी बताना चाह रहा था कि वह किसी को कभी कोरी धमकी नहीं देता है–उस पर अमल भी करता है! साथ ही उसने हुमायूँ के लिए भी इबारत बहुत साफ कर दी थी कि वह उसकी वापसी के सभी दरवाज़े वह सख़्ती से बन्द करे दे रहा है; उसके सभी रास्तों पर अफ़ग़ान सेनाओं उसका मुकम्मल इस्तकबाल करने को तैनात की जा रही हैं!

शेरशाह की चेतावनी के बाद बने माहौल को हम समझ सकते हैं। हिन्दुस्तान भर में इस बदले हुए सत्ता समीकरण में तरह-तरह की अफ़वाहों का बाज़ार गर्म रहता था। बावजूद मालदेव के आदरपूर्वक व्यवहार के शायद हुमायूँ और मुग़ल खेमा पूरी तरह से मुतमईन नहीं ही रहा होगा? हुमायूँ का एक और शौक़ बहुत ज़बरदस्त था और वह था उसकी पढ़ने की आदत जो रोग में तब्दील हो चुकी थी। यहाँ भी उसके मन की यह मुराद पूरी हुई। वह अपने शगल को पूरा करते हुए पुस्तकालय में समय गुज़ारने लगा। किताबों के लिए जब वह पहली मर्तबा पुस्तकालय में पहुँचा तब उसकी मुलाक़ात पुस्तकालय के अध्यक्ष से हुई। हुमायूँ को यह भी शुभ संकेत ही लगा। उसके किताबखाने का प्रभारी मुग़लों के पतन के बाद किस्मत का मारा मुल्ला सुर्ख मालदेव की सेवा में आ गया था। उसने अपने पुराने मालिक को देखकर फौरन ही सज़दा किया और हुमायूँ को कोई अपना यहाँ भी मिल गया! वैसे भी चूँकि हुमायूँ का सबसे ज़्यादा वास्ता पुस्तकालय से होता था,

तो उसकी मुलाक़ात मुल्ला सुर्ख से ज़्यादा ही होने लगी। ऊपर से मुल्ला सुर्ख उसका पुराना सेवक ही था तब उस पर ऐतबार भी और अपनापन भी, इसीलिए वह और ज़्यादा समय पुस्तकों के बीच गुज़ारने लगा। उसे तो हुमायूँ की पसन्द की किताबों की जानकारी थी ही इसीलिए वह उसकी पसन्द की किताबों को पहले से निकाले रहता था।

पराई जगह में जब पुराना और विश्वासपात्र सेवक मिल गया तो हुमायूँ उसे दिल की बातें भी करता रहता था। पुस्तकालय का यह प्रभारी भी तो सिर्फ़ किताबों के अलावा समाज में रहते-जीता था, उसे भी दुनिया-भर की खबरें और अफ़वाहें मिलती ही थीं। एक दिन मुल्ला सुर्ख ने हुमायूँ को चेतावनी देते हुए मालदेव पर भरोसा न करने का मशविरा दिया। उसने तो यहाँ तक बताया कि शेरशाह ने एक दूत भेज कर मालदेव को सन्देश भेजा है कि यदि वह हुमायूँ को गिरफ़्तार कर उसे सौंप दे तो शेरशाह उसके एवज़ में मालदेव को नागौर और अलवर वगैरह प्रदान करेगा! ऐसी प्रतिकूल परिस्थितियों में घिरे इन्सान की मानसिकता बड़ी दुविधा वाली हो जाती है, किस पर भरोसा करें और किस पर नहीं? हालाँकि उसे यकीन तो नहीं हो रहा था, मगर इन्सानों पर इसी यकीन करने की आदत की वजह से उसे ये दिन देखने को मजबूर होना पड़ा है?

हुमायूँ की कशमकश समझ आती है। गर्भावस्था वाली हमीदा बानो के दिन लगभग पूरे हो रहे थे। और जैसे-तैसे वह फरवरी से जून तक यातना और दुश्वारियाँ झेलते हुए सबके साथ यहाँ तक आयी थी? फरवरी से लेकर जून तक कितने पापड़ बेले थे, जब सबसे ख़राब मौसम में सिन्ध और राजपुताने के बीच का तपता हुआ दुर्दांत सा रेगिस्तान पार किया था? और हासिल क्या? एक बेवफ़ा राजपूत राजा? अब सवाल यही था कि क्या मुल्ला सुर्ख पर भरोसा करा जाये या मालदेव पर? क्या किताबों से घिरा मुल्ला सुर्ख बाज़ार की अफवाहों पर ही हुमायूँ को चेतावनी दे रहा था? मगर मुल्ला सुर्ख सही हुआ तो वो बेमौत मारा जायेगा? और मुल्ला सुर्ख तो उसका पुराना सेवक था जिसके ऊपर भरोसा न करना ऐसे हालात में हुमायूँ के लिए मुमकिन भी नहीं था? उसके लिए एक बार फिर बहुत कठिन फ़ैसले की घड़ी आन खड़ी थी? मालदेव का आतिथ्य छोड़कर जाना यानी फिर वही भटकना? वह बेबस होकर बैठ भी तो नहीं सकता है–उसी ने यहाँ आने का फ़ैसला लिया था, अब आगे भी फ़ैसला तो उसे ही लेना था?

उसे लगा कि वाकई वह मालदेव की चिकनी-चुपड़ी बातों में फँस गया है, क्या वह अन्ततः शेरशाह के दबाव में उसे कैदी बनाकर शेरशाह को सौंप देगा?

उसे बाबर की चेतावनी भी याद आ गयी जब चन्देरी की जंग के बाद के जश्न वाले भोज में उसने गोश्त के टुकड़े के न कटने पर कैसे कटार निकालकर उसे काटने से परहेज़ नहीं किया था। चन्देरी की जीत के जश्न के उस शाही दस्तरखान पर ही बाबर ने 'इस शातिर अफ़ग़ान से सतर्क' रहने के लिए कहा था! तो क्या शेरशाह ने उसके लिए कोई लम्बा सा जाल हिन्दुस्तान भर में बिछाया है? उसके सामने एक बार फिर चौसा और बिलग्राम-कन्नौज के पहले और बाद की घड़ी जैसी पसोपेश की स्थिति आयी थी और अगर उसी तरह के हालात बन रहे हैं, तब उसी समय का फ़ैसला फिर लेना ही पड़ेगा? यानी एक बार फिर यायावरी के लिए वह मजबूर हुआ जा रहा था। जैसे बाबर ने काबुल का राज्य पाने से पहले यायावरी की थी?

मुल्ला सुर्ख की चेतावनी तब सही साबित हुई, जब दोपहर की नमाज़ अता की भर थी कि शोर हुआ मालदेव सेना सहित आ पहुँचा है? क्या वह हुमायूँ को पकड़कर शेरशाह के हवाले करने आया है? आखिर वह कैसे आँख मूँद कर भरोसे पर वहाँ पड़ा रहे–जान बची रहेगी, तब आगे कुछ हासिल करने की गुंजाइश और उम्मीद बनी रहेगी। इसीलिए एकदम से भगदड़ मची और बचकर भागते हुए हुमायूँ ने अपने एक सेनापति तार्दी बेग से हमीदा बानो को अपना घोड़ा देने को कहा, लेकिन वह कुछ आना-कानी करने लगा, चूँकि इतना समय नहीं था इसीलिए हुमायूँ ने अपने घोड़ा हमीदा बानो को दे दिया और खुद ऊँट पर सवार होने लगा तभी महम अंगाह के पति नादिम बेग ने अपनी माँ का घोड़ा बादशाह को दे दिंया और अपनी माँ को ऊँट पर बैठा दिया! उसे यह मालूम था कि जितनी कठिन और कठोर सिन्ध से मण्डोर की यात्रा रही है, आगे की यह यात्रा उससे कहीं अधिक दुश्वारियों वाली होगी, क्योंकि उसको शत्रुओं से बचते हुए कोई आश्रय भी तलाशना था। फिर भी 'जान है तो जहान है' की कहावत पर भरोसा करते हुए, एक बार फिर कभी अपनी किस्मत आजमाने के लिए अपने छोटे से दल के साथ हुमायूँ मण्डोर से चल पड़ा...।

जैसा पहले ही कहा बेचारी हमीदा के दिन पूरे थे और आफ़त सामने मुँह बाये खड़ी थी। गिनती के घुड़सवारों और कुछ ऊँटों, खच्चरों का छोटा-सा यह मुग़ल दल किसी बादशाह का तो हरगिज़ नहीं लग रहा था। साथ में यह कमसिन-सी हमीदा बेगम या 'गर्ल वाइफ़'[1] ('बालिका पत्नी') जो प्रसव-पीड़ा के साथ यह दुश्वारी झेलने को मजबूर थी। हमीदा की हालत वाकई दयनीय थी, वह प्रसव पीड़ा से

1 देखें, ईश्वरी प्रसाद, लाइफ एंड टाइम्स ऑफ़ हुमायूँ।

बेहाल हो जाती थी और यात्रा के धचके उसकी मुसीबत और दर्द को और बढ़ा रहे थे। गति को धीमा किया नहीं जा सकता था, क्योंकि दुश्मन कब पीछे से आकर घेर ले? ऐसे कठिन हालात में इस दुष्कर सफ़र के बारे में सोचकर ही कोई भी सिहर जाये! मगर हुमायूँ के साथ ही सिकुड़ा हुआ यह गिनती के लोगों का मुग़ल दल भी दुविधा और शंकाओं से घिरा हुआ था। इस सफ़र में तो हमीदा का हरेक पल एक-एक उम्र की तरह गुज़रा होगा। उसने सोचा था कि शायद रेगिस्तान की दुश्वारियों से भरे लम्बे सफ़र के बाद मण्डोर के राजपूताने राज्य में सुकून, स्थायित्व और संसाधन से भरा वह आधार मिल जायेगा जिसकी हुमायूँ को सख़्त ज़रूरत थी, ताकि वह हिन्दुस्तान को फिर से जीतने के अपने मकसद में कामयाब हो सके? और फिर ऐसे हालात बने कि किसी को भी कानों-कान खबर न हो और हालत से मजबूर हुमायूँ का छोटा-सा कारवां अमरकोट के लिए रवाना हो गया है। जब चिड़िया फुर्र हो जाये, तब मालदेव के पास हाथ मलने के अलावा कुछ न बचेगा...फिर वह झेले शेरशाह की गुस्सा...हुमायूँ को गिरफ़्तार कर शेरशाह को सौंपने का इरादा किया था? भला हो मुल्ला सुर्ख का ख़ुदा उसको हमेशा खुशी दे!

अमरकोट के इस सफ़र के लिए राह दिखाने के वास्ते उसके लिए मुल्ला सुर्ख ने एक जानकार सेवक साथ कर दिया, जिसे रास्ता पता था। लेकिन बेहद गर्म मौसम की वजह से परेशानी तो होनी ही थी; ऊपर से रेत भरी आँधियों का दौर और घोड़ों-ऊँटों के पैर भी बालू में आधे-आधे धँसने लगे थे। वे गरम बालू में वैसे ही परेशान थे अब जब इन जानवरों के आधे पैर उसमें धँसने लगे तो वे भी बिलबिलाने लगे...। सफ़र की दुश्वारियाँ को मालदेव की पीछा करती सैन्य टुकड़ी ने और बढ़ा दिया। एक तो नन्ही-सी जान हमीदा की जो हालत हो रही थी, उसका बयान ही कहाँ शब्दों में मुमकिन था? ऊपर से पेट में पलने वाली एक और नन्ही सी जान...उसकी दुश्वरियों को कई गुना बढ़ा रही थी, क्योंकि बदन की तकलीफ़ के साथ बच्चे को दुरुस्त रखने की दिमागी परेशानी भी थी। ऐसे में खाने-पीने से लेकर आराम की खास ज़रूरत होती है और यहाँ वही मुहाल होता जा रहा था...। क्या मालदेव वार्तमान शासक के साथ अपना हित साधने और सम्बन्ध मजबूत करने के लिए हुमायूँ को बन्दी बना कर वाकई शेरशाह को सौंपने के लिए अमादा है? क्या वह आखिर में उन्हें पकड़ने में कामयाब हो जायेगा? या फिर उसके साथ के युद्ध में वह और जो पेट में पल रहा है वह महफ़ूज़ रह पायेगा? कितनी बातें दिमाग में घुमड़तीं जो जिस्मानी परेशानी से कहीं ज़्यादा हमीदा को परेशान करती रहतीं। अगर ख़ुदा न ख़ास्ता कुछ हुआ तो एक की जगह दो जानें एक साथ जायेंगी।

एक माँ की तरह उसे अपनी और हुमायूँ की नहीं, बल्कि पेट के उस नये से इन्सान की चिन्ता कहीं ज़्यादा थी।

लेकिन एक ऐसा वाकिया हुआ, जिसे शाही खेमे ने जादू और ख़ुदा की इनायत ही माना था और यह भी सच है इसी से हुमायूँ और उसके खेमे में खुशी और उम्मीद की लहर दौड़ गयी–हुआ यह कि हमीदा बेगम ने हुमायूँ से अनार खाने की इच्छा की। उस निर्जन रेगिस्तान में जहाँ पानी भी नसीब नहीं था, वहाँ अनार का मिलना तो नामुमकिन-सा था? मगर किस्मत के खेल निराले? हुआ यह कि एक बंजारा (अन्न-व्यापारी) ज्वार का एक बोरा बेंचने की नियत से मुग़ल दस्ते के पास आया था। शाही रसोइया उससे खेमे में ही ज्वार का बोरा खाली करने लगा और जब बोरे से ज्वार निकाल लिया गया, तब आखिर में उसमें से एक रसभरा बड़ा-सा अनार निकला और सभी लोग ताज्जुब करने लगे? इससे बढ़िया और पवित्र संकेत और क्या हो सकता था? जहाँ कुछ पैदावार ही न होती हो वहाँ गर्भवती हमीदा का अनार माँगना और यूँ अनार का मिलना। इस अप्रत्याशित घटना से हुमायूँ के शिविर में आशा और ईश्वरीय अनुकम्पा की उम्मीद भी बलवती होने लगी और हुमायूँ को मुबारकबाद देते हुए हरम की बची-खुची औरतों ने हमीदा को मरियम मकानी कहना शुरू कर दिया जो बहुत जल्दी बेटे को जन्म देगी? जिसके चाहने पर जादू से अनार मौजूद हो जाये, वह तो वली-अहद को जन्म देगी ही?! हरम से मरियम मकानी की शुरुआत क्या हुई पूरे खेमे में यही नाम फैल गया...। इसी घटना के कुछ दिन बाद अमरकोट के राणा की मदद से तरदी बेग तथा एक स्थानीय सरदार की धन-सम्पत्ति पर हुमायूँ का अधिकार हो गया...। हुमायूँ को इससे बहुत राहत ही मिली। उसको इन दुश्वारियों को सहने के लिए यह एक छोटा-सा वक्फ़ा भी उम्मीद की वजह बन गया।

इतनी दूरी तय हो गयी थी फिर भी एक छोटा-सा शाही दल भगदड़ में भागते समय पीछे छूट गया था। अभी आकर नहीं मिला था। क्या वह नहीं बचा था? इस छोटे से दल में ईशान तैमूर सुल्तान, मुनीम खान, मिर्ज़ा यादगार वगैरह थे–क्या वे सब मालदेव की फ़ौज के पकड़ में आकर मारे तो नहीं गये थे? और वह फ़ौज अब हुमायूँ के दल तक आ पहुँची थी? इन सब की धड़कनें यही सोचकर बढ़ गयीं कि पीछे आ रही सेना मालदेव की है और अब यह राजपूत हमारे ऊपर हमला करने आये हैं! हुमायूँ ने एक छोटी टुकड़ी, जिसमें शेख़ अली बेग, रोशन कूका, नादिम कूका, मीर पायन्दा मुहम्मद आदि को पीछा करने वाली सेना को रोके रखने के वास्ते भेजा, ताकि शाही दल सुरक्षित निकल जाये। इन जाँबाज़ सेनानायकों ने आर-पार की लड़ाई पर जाने के लिए 'फ़ातिहा' पढ़ा, ताकि हुमायूँ की जान बची

रहे और वह सुरक्षित निकल जाये। इस शाही दल ने राजपूत सैन्य टुकड़ी पर फ़तेह हासिल की और बादशाह को खुशखबरी देने के लिए बिह्बुद को रवाना किया ताकि बादशाह घबड़ाहट में भागता ही न रह जाये बल्कि अब इत्मीनान से आगे बढ़े। बादशाह आगे बढ़कर उस जगह पर रुका जहाँ पानी मौजूद था और तभी शोर मचा कि कुछ सैनिक चले आ रहे हैं। जब तक रेत का गुबार बैठा और कुछ चेहरे साफ दिखाई दिये तब हुमायूँ की खुशी का ठिकाना न रहा। भागते समय ईशान तैमूर सुल्तान, मुनीम खान, मिर्ज़ा यादगार के साथ जो सैनिक वगैरह पीछे छूट गये थे, वे भी आखिर आकर शाही खेमे से मिल गये। उन लोगों ने बादशाह को बताया कि वे कैसे रास्ता भटक गये थे, मगर सुरक्षित रहे!

सफ़र की दुश्वारियों के साथ ही पानी की कमी और भीषण गर्मी शाही खेमे को परेशान किये रही और जहाँ भी दो-दो, तीन-तीन दिन बाद पानी मिलता सब विश्राम करते तब आगे बढ़ते। चलते-चलते एक जगह बड़ा जलाशय मिला और यहाँ सबकी प्यास बुझी। इसके आगे पानी की कमी नहीं हुई। खैर, किसी तरह अल्लाह-अल्लाह करते, कराहते, रोते, तड़पते, कसमसाते, करवटें बदलते, हमीदा ने यह सफ़र पूरा किया। अन्तत: 22 अगस्त 1542 को हुमायूँ अपने शाही दल के साथ अमरकोट पहुँच गया। अब हुमायूँ के साथ हमीदा को भी कुछ इत्मीनान हुआ। अमरकोट के राजा राणा प्रसाद के बारे में तो हुमायूँ पूरी तरह से निशाखातिर था कि वह मालदेव के रास्ते तो हरगिज़ नहीं जायेगा। सफ़र के खर्चों के बाद शाही खज़ाने में कुछ भी बचा नहीं था, मगर तरदी बेग के पास अपने इतने पैसे थे कि उसने बीस फ़ीसदी की दर के ब्याज पर हुमायूँ को अस्सी हज़ार अशर्फ़ियाँ दीं, जिससे हुमायूँ ने सैनिकों को खर्चा देने के साथ ही राणा और उसके बच्चों को भेंट आदि दीं। ये आखिरी का खर्चा भी बहुत ज़रूरी था—हुमायूँ के साथ अमरकोट के राणा ने कितना अच्छा बर्ताव किया था—तो क्या वह अपना शाही कर्तव्य भूल जाता? हुमायूँ की यही खासियत उसके खानदानी होने और उसकी ज़हीन तबीयत को मजबूत और उसे मशहूर करती थी।

राणा और हुमायूँ के हित एक से थे। जिस मीर शाह हुसैन ने हुमायूँ को सिन्ध में परेशान किया था, उसी ने राणा के पिता को भी मौत के घाट उतारा था। समान दुश्मन के आगे राणा और हुमायूँ ने फ़ैसला किया कि भक्कर पर हमला बोलकर राणा के ख़िलाफ़ कार्रवाई ज़रूरी है। जो उम्मीद वह मिर्ज़ा हिन्दाल से कर रहा था लगता था कि अब राणा का साथ पाकर मुमकिन था, अत: दोनों की सेनाएँ भक्कर की ओर अक्टूबर में कूच कर गयीं। अभी सेना को गये तीन दिन बीते थे कि चौथे

दिन, इतवार की सुबह 15 अक्टूबर 1542 को अकबर का जन्म हुआ जब चन्द्रमा सिंह राशि में था! तरदी बेग ने ही बादशाह को पुत्र-जन्म की शुभ सूचना दी। और उसने इस खुशी के मौके पर अपनी उदारता दिखाते हुए तरदी को अभी तक की हरकतों पर माफ़ी दे दी। लाहौर में जो सपने में नाम सुना था वही 'जलालुद्दीन मुहम्मद अकबर' नाम उसने अपने बेटे का घोषित कर दिया। वाकई इस अच्छी खबर के बाद राणा की फ़ौज में ज़बरदस्त इज़ाफ़ा हुआ। अमरकोट से चलते समय शुरू में जो तीन हज़ार की फ़ौज थी, वह बढ़कर दस हज़ार के करीब हो गयी। इसमें सुद्मा या सोढा तथा समीचा जैसे अनेक क़बीलों के सैनिक भी शरीक हो गये।

हुमायूँ जो ज्योतिष और खगोल में डूबा रहता उसे भरोसा हो गया था कि अब 'वली अहद' या कानूनन वारिस मिल गया है तो हिन्दुस्तान भी वापस उसी का होगा? अतः वह दुगने जोश से भक्कर की ओर बढ़ चला। इसी जोश के चलते वह जुन का इलाका या छोटा सा राज्य जीतने में कामयाब रहा। चौसा और कन्नौज की हार और भटकने के बाद यह उसकी पहली जीत थी जो आगे की जीत के सिलसिले का पहला पायदान थी? उसने इस इलाके में अपना शासन व्यवस्थित किया और दिसम्बर की शुरुआत में हमीदा अपने नवजात शिशु जुन में हुमायूँ से आ मिली। एक छोटे स्तर पर ही सही मगर अकबर के जन्म का जश्न मनाया गया। हुमायूँ का छोटा सा परिवार एकसाथ हुआ और बड़े दिनों बाद अपना एक छोटा सा राज्य पाकर स्थायित्व और सुरक्षित होने के साथ कुछ खुशी महसूस कर पाया। हुमायूँ की पहली जीत ने उसे आगे के मंसूबे बाँधने का हौसला दिया। वह साम्राज्य विजय के लिए उत्साहित हो गया। उसे मालूम था कि जुन के खाँचे में उसे बहुत देर तक नहीं फँसना है और यह उस बात से साबित होता है जिस तरह से उसने अपने अमीरों को वहाँ के छोटे-छोटे और अलग इलाके 'वजह' या जागीर के तौर पर दे दिये। प्रशासन के साथ ही ये राजस्व और संसाधन बढ़ाने का सही तरीका था और इसी से प्रशासनिक व्यवस्था भी चाक-चौबन्द रहती।

हुमायूँ अब अगले कदम में थट्टा हासिल करना चाहता था, ताकि धीरे-धीरे और मजबूत ढंग और पकड़ के साथ आगे बढ़ने की कोशिश जारी रहे। मगर जैसा हुमायूँ की फ़ितरत थी वह सोचने लगा–जैसे जुन वैसे थट्टा? एक खाँचे से दूसरे थोड़े बड़े खाँचे में ही फँसना तो नहीं होकर रह जायेगा? उसका दिमाग फिर लम्बी योजना बनाने को मजबूर था? उसकी नज़र में तो अन्ततः राजमार्ग ही था। वह सत्ता के शीर्ष की ओर ले जाने वाली राह पर निकलने को अमादा हो गया था। उसे मालूम चला था कि कैसे मिर्ज़ा हिन्दाल इसी बीच कान्धार में पहले तो सफल रहा

था फिर असफल हो गया था, तो वह तो सफल हो ही सकता था। इसीलिए हुमायूँ ने जैसे ही जुन में पकड़ मजबूत की वैसे ही अपनी इस कामयाबी को भी स्थायित्व प्रदान करने में सफल होगा? हिन्दाल तो सफल हुआ यही बहुत है लेकिन उसके लिए उसे पक्का बनाये रखना मुमकिन था भी नहीं। हुमायूँ को भरोसा था कि मिर्ज़ा हिन्दाल में इतनी काबिलियत नहीं है? बादशाह रहते उसने मिर्ज़ा हिन्दाल को बहुत बार आजमाया था। वह उसे अनेक मौकों पर ज़िम्मेदारियाँ दे चुका था और आखिर में बंगाल में जो हुआ उसे उससे ज़्यादा की उम्मीद भी हिन्दाल से नहीं थी?

मिर्ज़ा हिन्दाल ने अकस्मात् हमला बोला था इसीलिए वह कान्धार पर कब्ज़ा पाने में कामयाब तो हो गया था लेकिन चार माह की घेरेबन्दी के बाद अन्ततः कामरान अपने इस सौतेले छोटे भाई से वापस कान्धार जीतने में कामयाब हो गया था। यानी जब हुमायूँ थट्टा जीतने के वास्ते वहाँ पहुँचा तब तक हिन्दाल न केवल कान्धार हार गया था, बल्कि कामरान द्वारा पराजित और गिरफ़्तार किये जाने के बाद काबुल में एक बन्दी की तरह ज़िन्दगी गुज़ार रहा था। हुमायूँ ने थट्टा पर भी जीत हासिल कर ली और अब वह जुन से लेकर थट्टा तक का स्वामी हो चुका था। कम से कम उसे एक आधार और थोड़ी राहत तो मिली ही साथ ही उस क्षेत्र के राजस्व से संसाधन मुहैया होना मुमकिन हुआ। इसी के चलते वह और उसके सिपाहियों ने पूरे जोश-ख़रोश के साथ कान्धार अभियान की तैयारी शुरू कर दी। ज़ाहिर ही है कि हुमायूँ की स्थिति पहले से ज़्यादा मजबूत हो गयी थी।

उधर, हमीदा को भी अब सुकून आया। उसे हाल-फिलहाल अब भागना और भटकना तो नहीं ही था। ऊपर से एक सुन्दर से बालक और वह भी वली-अहद की माँ बन चुकी थी। अतः हुमायूँ का उसके प्रति झुकाव और भी बढ़ गया था और वह जेहनी और जिस्मानी तौर पर खुद को बहुत बेहतर स्थिति में पा रही थी। उसने अरसे बाद खुद को किसी मल्लिका की तरह आराम करते पाया। नये शाही कपड़े पहने, तेल-फुलेल, इत्र, सुरमा इत्मीनान से लगाया...प्यारी महक वाले फूलों से कमरा सजा और वह अमीर खुसरू की बसन्त की बन्दिश गुनगुनाने लगी...हुमायूँ ने देखा और देखता ही रह गया उसे लगा कि जैसे पहली बार मिर्ज़ा हिन्दाल के खेमे में देखकर दिल धड़का था वैसा ही हाल आज फिर...और हुमायूँ उसकी गोद में अपने बेटे को प्यार करते-करते कब उसकी माँ को अपने आगोश में ले गया उसे कुछ होश न रहा और न ही रहा हमीदा को...

हुमायूँ के दिल-दिमाग में तो हिन्दुस्तान फ़तेह करने की शिद्दत से चाह थी और वह अब जल्दी ही अगला कदम बढ़ाने को बेताब था। इसीलिए उसने आज

की रात को खास बनाने की ठान ली, क्योंकि हमीदा को पाने के बाद तकलीफ़ों को पार करने की प्यार की एक मजबूत डोर ही नहीं मिली थी, बल्कि एक हमसफ़र भी जो उसके साथ बिना उफ़ करे सब कुछ झेलने को तैयार भी था। हुमायूँ अक्सर उससे कहने लगा था देखो बेगम तुमको हासिल कर क्या कुछ वापस मिलने नहीं शुरू हो गया है? तुमने वली-अहद को जन्म दिया। अगर इतनी कम उम्र की न होती तो प्रसव के दौर की तकलीफ़ों के साथ सफ़र की तकलीफ़ें सह भी न पातीं? खुद की और बेटे की सेहत पर भी इन सब का गलत असर ही पड़ता? बेटा अकबर भी अगर सही सलामत रहा उसकी वजह सिर्फ़ तुम ही हो? हुमायूँ की इसी मुहब्बत भरी नज़रों और व्यवहार से हमीदा को कभी भी इस बात का मलाल न रहा कि क्यूँकर इस अधेड़ से उसने आखिर में निकाह के लिए इकरार कर ही लिया था...बावजूद भगदड़ वाले तकलीफ़देह सफ़र के सिलसिलों के उसे हुमायूँ से कोई भी शिकायत न रही। हुमायूँ जिस तरह से उसका खयाल रखता और माँ बनने के बाद भी उसे किसी कमसिन कली की तरह नाज़ुक ढंग से सम्हाल रहा था यह अजब-सा सुख देता था।

खैर, हुमायूँ का अब आगे कदम बढ़ाना था...उसने कान्धार जीतने की पूरी तैयारी के बाद थट्टा से कान्धार के लिए कूच कर दिया। उधर कामरान को हुमायूँ के कान्धार घेरने की खबर मिली और उसने फौरन अपने भाई अस्करी को ज़रूरी कार्रवाई के लिए खबरदार किया। उसने साफ लफ़्ज़ों में अस्करी से कह दिया था कि कान्धार जीतना तो दूर हुमायूँ उसके आसपास के इलाके में भी पाँव न जमा सके–यह सुनिश्चित करना बहुत ज़रूरी है–शायद उसे हुमायूँ की क़ाबिलियत पर कोई शक नहीं था? वह जानता था कि हिन्दुस्तान के बादशाह रह चुके हुमायूँ को छोटा सा भी मौका मिल गया तो वह हरगिज़ नहीं गँवायेगा...दूध का जला है छाछ भी फूँककर पियेगा और एक बार अगर उसके कदम जम गये तब उसे उखाड़ना बहुत मुश्किल होगा। वह यह भी बखूबी जानता था कि उसके जितने खानदानी रिश्तेदार से लेकर मुग़ल अमीर हुमायूँ की हार के बाद शेरशाह से बचने और सुरक्षित आश्रय तलाशने उसके पास आये हैं। उनको हुमायूँ की तरफ वापस पलटने में देर न लगेगी? शायद वह अन्दर-ही-अन्दर इस बात से काफी डरा हुआ भी था, इसीलिए मिर्ज़ा अस्करी को ज़रूरी निर्देश दे रहा था कि उससे कोई चूक नहीं होनी चाहिए थी?

जब से कामरान ने हुमायूँ की कान्धार पर चढ़ाई के बारे में सुना उसकी रातों की नींद हराम हो गयी थी। वह खुद से बराबर यही सवाल करता–क्या इस इलाके में हुमायूँ को जन-समर्थन या सहानुभूति से कोई रोक सकता है? उसकी उदारता और मृदु व्यवहार ने इन्सानों के दिल में जगह बनायी है, जबकि वह चाहकर ऐसा

नहीं कर पाया उसे लगा कि इस दौर में बिना डर के वफ़ादारी नहीं होती...वह तुर्कों के उसी राजत्व का अनुयायी था जो मानता था कि 'राजत्व बन्धुत्व नहीं जानता' और ताकत को ही सत्ता के लिए ज़रूरी मानता था। उससे लंघान-पेशावर से लेकर काबुल-कान्धार तक जनता डरती थी, जबकि हुमायूँ से मुहब्बत करती और बाबर के वारिस के रूप में इज़्ज़त करती थी? कब कान्धार तो छोड़, काबुल की जनता, अमीर और अधिकारी अपनी वफ़ादारी हुमायूँ की तरफ़ कर लें हुमायूँ के कूच के बाद यह डर उसे अब सताने लगा था। इतना ही नहीं, लोगों की मानसिकता हमेशा हारे हुए के साथ हमदर्दी की होती ही है और हुमायूँ ने कितना कुछ सहा था? कामरान ने निज़ाम वाले मुद्दे पर कैसे साथ छोड़ा था–अब ये सब बातें उसको उद्वेलित कर रही थीं। इतना ही नहीं जब भी दोनों सगे भाई कामरान और अस्करी भी बातें करते तब भी हुमायूँ की इस खासियत की वजह से उसके साथ लोगों के दिली जुड़ाव की बात करते और हुमायूँ की इसी ताकत के आगे उनके फ़ौज-फट्टे की ताकत कुछ भी मालूम नहीं होती थी? इसीलिए हुमायूँ पर तुरन्त आक्रमण करना बेहतर माना गया–बजाये उसको इस इलाके में आकर पाँव ज़माने के मौका देकर।

इसी वजह से हुमायूँ की सेना अभी राह में ही थी कि पूरी ताकत से अस्करी ने आक्रमण किया और उन्हें सम्हलने का कोई मौका ही नहीं दिया। पूरी तरह से चौंका देने वाले इस आक्रमण से हुमायूँ की सेना के पाँव जमने तो दूर थमने से भी पहले उखड़ गये। सबसे बुरी हालत तो हमीदा की हुईं उसको जान बचाने के लाले पड़ गये। उससे बड़ा दर्द तो उसके शिशु अकबर के बिछुड़ जाने का हुआ। उसका दिल ही बैठ गया। अपने बेटे जलालुद्दीन अकबर की याद में बस उसकी आँख और अंगिया गीली होती रही। ऐसी अफ़रा-तफ़री तो अर्घून शासक के आक्रमण के समय में नहीं मची थी जो अब अपनों के आक्रमण से मची...उधर कामरान के सैनिक शाही बेटे को पाकर उसे कामरान को सौंप कर इनाम का लालच करते उससे पहले अस्करी पहुँच गया और उसने बालक अकबर को अपने कब्ज़े में लेकर घबड़ाये से बच्चे को प्यार से सम्हाला और फिर अपनी बेगम सुल्तानम को देख-भाल के लिए सौंप दिया और सुल्तानम ने उसे अपनी छाती से लगा लिया और शिशु अकबर भी इस माँ से चुपककर सो गया। यह सच है कि बालक अकबर के प्रति इन दोनों चाचा-चाची के दुलार में कोई कमी नहीं थी।

मरता क्या न करता हुमायूँ फिर भाग्य से लड़ता दिखा कहाँ तो जुन और थट्टा तो कम से कम थे अब सब हाथ से फिसल गया? कामरान के इलाके में ठहरना दूभर था कान्धार जीतना तो कतई नामुमकिन था। उधर, हिन्दुस्तान में शेरशाह अपनी

पकड़ मजबूत बनाता जा रहा था और हुमायूँ की तलाश में शिद्दत से लगा ही हुआ था। मिर्ज़ा हिन्दाल और उसके साथी, सेनापति सभी काबुल में कैद थे। उसने अब जब कोई रास्ता खुला नहीं दिखा तब खुरासान की तरफ जाने का फ़ैसला किया ताकि अपने पैतृक इलाके में किस्मत आजमाये। जैसे ही हुमायूँ खुरासान की ओर पहुँच रहा था, ईरान के शाह ने उसे ससम्मान सहयोग का सन्देश भिजवाया। वह हुमायूँ के जरिये अपने काँटे को दूर करने की फ़िराक में था? उसे तो हुमायूँ ने मौका दे दिया या यूँ कहें हुमायूँ की किस्मत ने फिर से साथ देना शुरू कर दिया था? न वह यहाँ आने को मजबूर होता न ईरान के शाह का साथ मिलता?

शाह तहमास्प ने अपने तीनों भाइयों, बहराम मिर्ज़ा, अल्क़ास मिर्ज़ा और साम मिर्ज़ा को हलमन्द भेजा, ताकि वे मुग़ल बादशाह का बाइज़्ज़त इस्तकबाल करें और हुमायूँ को यह एहसास हो सके कि शाह तहमास्प वाकई दिल से उसका स्वागत कर रहा है। इस स्वागत ने हुमायूँ को भरोसा, सहारा और उम्मीद दिलाई और हमीदा को एहसास हुआ कि हारा हुआ और भागने को मजबूर बादशाह तो फिर भी बादशाह ही होता है! दुनिया की नज़र में उसकी कूटनीतिक अहमियत तो होती है? वैसे भी ईरान के शाह और मुग़ल बादशाहों का इलाकाई सम्बन्ध तो था ही। इसीलिए ईरान के शाह ने बाबर को काबुल से उखड़ने के बाद फिर से जीतने में मदद की थी, ताकि बाबर इस मदद की एवज़ में उसे कान्धार दे दे। वही मौका फिर एक बार आ गया। इसीलिए ईरान के शाह ने हुमायूँ की तरफ दोस्ती और हमदर्दी का हाथ फौरन ही बढ़ा दिया और हुमायूँ को इतने बड़े शाह का सहारा मिलना कोई मज़ाक तो था नहीं?

खैर, जब यह काफ़िला नज़दीक पहुँचने लगा, तब शाह को खबर भेजी गयी और उसने खुद आगे बढ़कर हुमायूँ को गले लगाकर अपना भाईचारे को खुले तौर पर ज़ाहिर किया। जब तक हुमायूँ ईरान में रहा कभी वह शाह के यहाँ पहुँच जाता था और कभी शाह उसके पास तक चला आता था। इतना ही नहीं, शाह तहमास्प की बहन शहज़ादा सुल्तानम का शाह और सियासत पर बहुत प्रभाव था और शाह ने उसी के जिम्मे हमीदा बानो का विशेष खयाल रखने की ज़िम्मेदारी सौंप दी थी। एक रोज़ सुल्तानम से मिलने हमीदा उसके भवन में गयी, वहाँ उसे फिरदौसी की शाहनामा दिखी। उसने एक खास मौके पर लिखे मजमून का ज़िक्र किया तो सुल्तानम ने पूछा कि वही हिस्सा उसे क्यूँ याद रह गया तो उसने अपने 'हालात और उसमें जो अफ़रसियाब के इक खास दौर के हालात हैं, वे एक से हैं' कहा और फौरन ही सुल्तानम से इजाज़त लेकर, वहीं रखे शाहनामा के वही पन्ना खोलकर

पढ़ना भी शुरू किया और पढ़ते-पढ़ते उसकी आँख भर आयी और वह रो पड़ी। सुल्तानम उसकी पढ़ाई और याददाश्त दोनों की कायल हुए बिना नहीं रह सकी।

ऐसे ही एक दूसरे मौके पर कुछ सूफ़ी सन्तों का ज़िक्र होने लगा। हमीदा ने धूल नून मिस्ती और राबिया के साथ अमीर खुसरो के फ़वाद से उद्धरण देकर अपनी बात शिद्दत से रखी तब सुल्तानम की अध्यक्षता में जमी महफ़िल ही वाह-वाह कर उठी थी। ये बातें सुल्तानम शाह तहमास्प को भी बताती थी, इसीलिए शाह भी उसको मानने लगा था। यही वजह थी कि सुल्तानम ने कभी बड़ी बहन तो कभी माँ की तरह से उसका खयाल रखा। हुमायूँ के साथ वह भी खुरासान के बाग-बगीचे घूमी और वहाँ की हर खूबसूरत जगह कुछ-कुछ दिन ठहर कर इत्मीनान से एक-एक जगह देखी थी। इस बदले माहौल, सुकून, ठहराव और सुरक्षा से उसका नूर और निखर आया, जिसकी वजह से सुल्तानम और शाह के हरम की औरतों को वह और भी ज़्यादा पसन्द आने लगी थी!

हुमायूँ और हमीदा ने शाह तहमास्प की मेहमान-नवाज़ी के बदौलत हेरात भी घूमा और उसकी तमाम मशहूर जगहों को देखा और वहाँ के बाद वे दोनों भी जाम गये थे, जहाँ उसके और हमीदा के पूर्वज की दरगाह पर भी जाने का मौका मिला था और वहाँ सज़दा और अकीदत कर के खुश हुए। यहीं हुमायूँ ने हमीदा से कहा जो भी ख़ुदा करता है बन्दों की भलाई के लिए ही करता है। हम समझ पायें या न समझ पायें। अगर ये दिन न आते तो क्या हम साथ-साथ कभी अपने पुरखे की दरगाह पर यूँ आ पाते? वे फिर सफ़वी वंश के संस्थापक, अर्दबिल के मज़ार पर भी गये और वहाँ के दस्तावेज़ों में इस बात का ज़िक्र है कि इसी साल 1544 में वह आया था और 1540 में निर्मित 'पवित्र कालीन' पर वह और हमीदा चले थे। सुल्तानम की वजह से ही हमीदा का बहुत खयाल रखा गया था और उसकी खातिरदारी में कोई कसर नहीं रखी गयी थी। हुमायूँ ने ईरान में रहते हुए आठ बार शाही शिकार का लुत्फ़ भी उठाया था और हर बार हमीदा के लिए कुछ दूरी से सही शिकार को कभी ऊँट से या कभी घोड़े पर सवार होकर देखने का बन्दोबस्त किया गया था। हमीदा को एक अजूबा तो लगा ही था, जब उसने शाह के साथ बगल के घोड़े पर सुल्तानम को भी घोड़े पर सवार पहली बार देखा था। बाद में तो उसकी आदत ही पड़ गयी थी। वह समझ गयी थी कि सुल्तानम शाह के बराबर की हिस्सेदार थी और सियासत में उसका बहुत दखल था। वह सुल्तानम की शख्सियत और व्यवहार से उसकी मुरीद होकर रह गयी थी। सुल्तानाम का साथ और उसके व्यक्तित्व की छाप उसपर पड़नी तय थी और वाकई अकबर में काल में पादशाह बेगम के रूप में

ज़ाहिर ही हमीदा बेगम के व्यक्तित्व और कृतित्व दोनों में शहज़ादी सुल्तानम का अक्स देखा जा सकता था?

एक रोज़ जब सुल्तानम हमीदा के साथ सैर कर के लौटी, तब शाह ने शहर के बाहर एक बेहद खूबसूरत जगह पर हमीदा के लिए आयोजन करने की सलाह दी। कुछ दिन बाद शहर से चार मील दूर एक बेहतरीन जगह पर शाह-हुमायूँ सहित आदमियों के अलग और औरतों के अलग खेमे लगे। खुरासान के बाहरी इलाके की खूबसूरती देखते ही बनती थी। यहाँ महिलाओं ने खूब सारे खेल खेले, गाने गये और नृत्य भी हुआ। शाह के आदेश के चलते उसके हरम की तमाम महिलाएँ, नातेदार-रिश्तेदार, खान और अमीरों की पत्नियाँ भी इस भव्य आयोजन में शरीक हुई थीं जिनकी कुल संख्या एक हज़ार से कम न थी! हमीदा अपने सम्मान में हुए इस आयोजन से फूली न समायी! हुमायूँ के साथ शादी की रही बची कुढ़न भी अब जाती रही। इन महिलाओं ने उसे कई तरह के तोहफ़े भी दिये, जिनमें कढ़ाई किये गये बहुत से कपड़े, रुमाल, शॉल वगैरह शामिल थे। वह भाव-विभोर हुए बिना न रह पाई...इतना प्यार, ख़ुलूस और अपनापन कि सुल्तानम के साथ-साथ उसको भी खाना परोसने में वे अभिजात्य महिलाएँ आगे-आगे रहीं।

इस जश्न के बाद शाह हुमायूँ के साथ उसके निवास तक आया और जब हमीदा वहाँ वापस आयी तभी शाह अपने निवास की ओर चल दिया...काफी दिन इस तरह गुज़ारने के बाद हुमायूँ शाह की फ़ौज, जिसमें बारह हज़ार घुड़सवार और तमाम संसाधन थे उनके साथ कान्धार के लिए में कूच करने को मजबूर था। बेचारी हमीदा बानो जो फिर से गर्भवती थी उसके लिए ऐसी हालत में फिर से सफ़र करने में दिक्कत होती इसीलिए शायद हुमायूँ कान्धार के इस कूच को अभी टालना चाह रहा था। इस तरह के सफ़र में हमीदा की दिक्कतें प्रसव-पीड़ा के चलते बढ़नी तय थीं, इसीलिए शायद हुमायूँ हिन्दुस्तान की तरफ निकलना टाल रहा था, मगर दूसरी तरफ शाह तहमास्प को कान्धार हासिल करने की जल्दी थी। लेकिन अब हुमायूँ के हालात बहुत फ़र्क थे। अब हुमायूँ को किसी शेरशाह या अर्घून शासक की पीछा करने वाली सेना का डर नहीं था? इसीलिए वह आहिस्ता-आहिस्ता चल सकता था, ताकि हमीदा को बहुत तकलीफ़ न हो। उसके खेमे में तो अब तमाम साधन और सुविधा मौजूद थीं, जो हमीदा के लिए बड़ी दिलासा थी। अभी वह ईरान के सब्ज़वार इलाके में पहुँचा ही था कि हमीदा ने एक पुत्री को जन्म दे दिया।

जब अस्करी को हुमायूँ के कान्धार की ओर कूच करने की खबर लगी तब उसने अकबर को जो अब तीन साल का हो चुका था, उसे कामरान के पास काबुल

भेज दिया। कामरान ने उस शिशु को खानज़ादा बेगम और बाबर की बहन के सुपुर्द कर दिया, ताकि वे उसकी परवरिश करें। इन दोनों महिलाओं का इस बच्चे की ओर बहुत स्नेह रहा—वे तो उसके हाथ-पाँव चूमतीं और कहतीं कि वह उनके भाई बाबर की याद दिलाता है। जब हुमायूँ कान्धार के निकट पहुँचा तब मिर्ज़ा कामरान ने बुआ को ही शान्ति स्थापित करने की गरज से भेजा उस समय उसने शिशु अकबर को वापस कामरान को सौंप दिया जिसने उसे मुहतरिमा खानम की गोद में दे दिया।

चालीस दिनों तक ईरान के शाह तहमास्प की सैन्य मदद और संसाधनों के चलते उसने कान्धार की घेरेबन्दी की और अस्करी ने 4 सितम्बर 1545 को कान्धार हुमायूँ को सौंप दिया और अपने किये की माफ़ी माँगी। हुमायूँ ने अपनी खासियत के अनुसार उसे तुरन्त ही क्षमा कर दिया। उसने शाह की मदद के एवज़ में वादे के अनुसार कान्धार उसके बेटे को दे दिया। दुर्भाग्य से शाह के उस बेटे की मृत्यु हो गयी और उसके बाद हुमायूँ ने बैरम खान को कान्धार में नियुक्त कर दिया गया। यहाँ हमीदा को सुरक्षित छोड़ कर वह मिर्ज़ा कामरान के ख़िलाफ़ पूरे जोश के साथ काबुल की ओर बढ़ चला। इधर, हुमायूँ ने कान्धार क्या जीता मिर्ज़ा हिन्दाल और मिर्ज़ा यादगार नासिर उससे आ मिले। हुमायूँ ने इसे एक शुभ संकेत की तरह लिया। खुरासान से शुरू हुआ हुमायूँ का यह वापसी का कारवाँ जब अक्टूबर (1545) में काबुल के पास पहुँचा तब बहुत से मुग़ल अमीर, सेनापति और अधिकारी जो हुमायूँ की हार और पलायन के बाद कामरान के पास जाने को मजबूर हुए थे वे भी वापस हुमायूँ से आ मिले।

इतना ही नहीं, जो भी कामरान से थोड़ा भी नाराज़ थे वे भी उसका साथ छोड़कर शाही खेमे में शरीक हो गयीं। फिर मुग़ल अमीरों का यह चरित्र ही था कि वे पाला बदलने में माहिर थे और हुमायूँ को जीतता देख उन्होंने शाही पनाह बेहतर मानते हुए वहीं अपनी आमद का सिलसिला जारी रखा। हुमायूँ ने सबका दिल से स्वागत किया। वैसे यह सच है कि इन सबके जुड़ जाने से बाला-हिसार के इलाके में हुमायूँ की स्थिति मजबूत और स्थिर होती गयी। इसी के चलते अब काबुल का काफी बड़ा इलाका उसके कब्ज़े में आ चुका था। अब कामरान के पास दो ही रास्ते थे या तो वह हुमायूँ के साथ हो ले या युद्ध करे? लेकिन जिस रफ़्तार से उसके अपने सेनापति, अमीर, सेवक और सिपाही शाही खेमे में जा रहे थे उसका दिल घबड़ा गया। उसने इतने साल काबुल में रहते हुए कहाँ कोई बड़ी जंग लड़ी थी? लेकिन उसका गुरूर उसे हुमायूँ के पास जाने से रोकता रहा, इसीलिए वह खुद भाग खड़ा हुआ और थट्टा-भक्कर की राह पकड़ ली।

हुमायूँ ने पूरे जश्न के साथ बजते हुए नक्कारों की आवाज़ के साथ एक जीते हुए बादशाह की तरह काबुल में प्रवेश किया जो उसके वालिद बाबर ने जीता था। नवम्बर की ठण्डक में एक अजब-सा गर्मजोशी का माहौल बन गया! हमीदा के लिए तो सबसे खुशी का मौका था, अब वह वाकई एक मलिका थी। उसके लिए सबसे खुशी और सुकून की खबर तो यह थी कि उसका बिछड़ा पूरा परिवार फिर एक हुआ जब दिलदार बेगम, गुलचिह्रा बेगम और गुलबदन बेगम शाही खेमे में पाँच साल बाद अब आ मिलीं। अपनों के साथ का एहसास ही बहुत सुकून देता ही है। गीत-संगीत ताश और न जाने कितने खेल फिर मुग़ल हरम को गुलज़ार करने लगे और हमीदा का मलिक्का का ओहदा उसे हरम के सारे अधिकार खुद दे गया और रातोरात उसके दिन बहुर गये। वह दिलदार बेगम से ऐसी चिपट कर रोई कि हुमायूँ के साथ ब्याह के सब गिले-शिकवे जाते रहे–सब मलाल दोनों के अश्क़ों में बह गये। गुलबदन तो उसकी सहेली थी, जिससे वह दिल की सब बात कर लेती थी–इसलिए उसको जो करार आया उसका बयान करना भी मुमकिन नहीं...अकबर अब लगभग पाँच साल का हो चुका था और हमीदा ने उसे अपने सीने से लगाये रखा जब तक उसे जेहनी तसल्ली और एक माँ को बिछड़े बेटे से मिलने का पूरा सुकून नहीं हो गया।

इधर, हुमायूँ अपने ही एक चचाजात भाई मिर्ज़ा सुलेमान के ख़िलाफ़ किला-ए-ज़फर की ओर कूच करने गया तब वह पलायन किया और हुमायूँ ने पूरे इलाके में अपने अधिकारी नियुक्त किये। उसके बाद वह किश्म गया और वहाँ एक रोज़ बीमार हो गया और पूरे चौबीस घण्टे बेहोश सा रहा। उतनी देर में तरह-तरह की अफ़वाहें फैल गयीं और उसी का लाभ उठाने के लिए कामरान भक्कर से काबुल की ओर कूच करने आ गया और उसने काबुल पर अधिकार कर लिया। हरम की महिलाओं को भी नज़रबन्द कर दिया गया। उसने एक आतंक का राज कायम कर दिया। उसने अपने हरम की महिलाओं को वही निवास दिया जो उसका पहले निवास रहा था और हुमायूँ के हरम और खासतौर से हमीदा बेगम पर पाबन्दी चाक-चौकस करते हुए वहाँ एक बाहरी दीवार चुनवा दी। हमीदा को यह बात अच्छी तरह से समझ आ गयी थी कि इन चारों सौतेले भाइयों (कामरान और अस्करी सगे भाई थे) के बीच कैसे सम्बन्ध हैं और मुग़लों को घर के चिराग से ही ज़्यादा खतरा रहता था...

हुमायूँ को जब कामरान के किये की खबर मिली तो वह ये सब सुनते ही उसने फौरन किला-ए-ज़फर और अन्दर आब से काबुल के लिए कूच कर गया।

उसने मिर्ज़ा सुलेमान को किला-ए-ज़फर वापस सौंप दिया। हुमायूँ ने लौटकर जब काबुल की घेराबन्दी की और उकाबैन से गोलाबारी की, तब अजीबो-गरीब हालात में उसे बिना गोला-बारी के ही किले की घेरेबन्दी जारी रखने के लिए मजबूर होना पड़ा था। इसकी दो वजह थीं। एक तो अपने ऊपर निशाना लगने से नाराज़ मिर्ज़ा कामरान ने बालक अकबर को किले की दीवार से लटकाकर चेतावनी दी और इसके चलते मुग़ल औरतों में अच्छा खासा कोहराम मच गया। हमीदा बानो ने पहली बार अपने ओहदे को जायज़ ठहराने वाली अपनी खासियत ज़ाहिर करते हुए खासतौर से ख़्वाजा दोस्त खावंद मदारची को अपने दूत के रूप में हुमायूँ के पास इस आशय के सन्देश के साथ भेजा कि हुमायूँ काबुल पर गोलाबारी रोके रहे। उसने साफ लफ़्ज़ों में कहा कि यह एक मजबूरी का माहौल है। सालों अपने बेटे अकबर से बिछड़ी माँ का हाल हम समझ ही सकते हैं। ऊपर से कामरान की क्रूरता के किस्से रोज़ वह सुन ही रही थी और हदस चुकी थी? उसने अपने ख़िलाफ़ इस माहौल को पूरे संयम के साथ सहन किया–शायद इस बीच कितने खतरनाक मंज़रों से वह गुज़री थी कि वक़्त ने उसे वक़्त पर तैयार कर दिया था और महिलाओं की तरह रोना-गाना न करते हुए उसने फ़ैसला लिया और दिखा भी दिया कि वह एक मल्लिका है और फ़ैसला लेने की अधिकारी और सक्षम भी?

उधर, मिर्ज़ा कामरान को अब समझ आ गया था कि वह हुमायूँ की गम्भीर बीमारी की खबर सुनकर हड़बड़ी में काबुल घेरने तो आ गया था, मगर यहाँ तो हुमायूँ सही-सलामत सेना की खुद ही सरपरस्ती कर रहा था? हफ़्तों ये घेरेबन्दी यूँ ही चलती रही और कामरान को लगने लगा कि वह शाही फ़ौज की इस घेरेबन्दी से काबुल को कब तक बचा पायेगा? तब उसने मजबूरन फ़ैसला लिया और एक रात मिर्ज़ा कामरान चुप-चाप काबुल छोड़कर वापस भक्कर लौट गया। उसे अच्छी तरह से समझ आ चुका था कि हुमायूँ की इस घेरेबन्दी को वह नहीं तोड़ पायेगा। वास्तव में हुमायूँ हिन्दुस्तान में जब दोहरे अफ़ग़ान आक्रमणों को झेल रहा था, तब कामरान पश्चिमोत्तर के काबुल-लम्घान इलाके में सुकून से रह रहा था। उसने कोई जंग भी नहीं लड़ी थी कि उसे जंगों और उनकी वजह से पैदा हुए हालातों का सामना करना पड़ा हो? इसीलिए इन तजुर्बों की कमी ने उसे नाउम्मीदी की उस हद्द तक पहुँचा दिया कि उसे अपने हक़ में कहीं कोई सूरत नज़र नहीं आ रही थी। इसीलिए उसने काबुल छोड़ने के फ़ैसले को आनन-फ़ानन में अमली जामा पहना ही दिया।

इसी बीच हमीदा बानो ने जिस ख़्वाजा दोस्त खावंद मदारची को हुमायूँ के पास भेजा था और हुमायूँ ने उसके हाथों नौ भेड़ें, सात बड़े बर्तनों में गुलाबजल, नीबू

के शरबत, अनेक कपड़े, कुछ ऊनी शॉल और कामरान के लिए चेतावनी कि इन महिलाओं की हिफाज़त की सोचते हुए वह गोलाबारी नहीं कर रहा है, मगर बाहर से इमदाद न मिली तो काबुल में खाने-पीने की चीज़ों की इतनी कमी हो जायेगी कि हाहाकार मच जायेगा? कामरान इन हालातों से कभी रू-ब-रू हुआ ही नहीं था इसीलिए उसने हुमायूँ की नामौजूदगी का फ़ायदा उठाते हुए काबुल पर कब्ज़ा तो कर लिया था, मगर घेरेबन्दी की सूरत में कोई मुकम्मल इन्तज़ाम नहीं किये थे? मुग़ल अमीर तो इधर-से-उधर जाते ही रहते थे और जैसा हम जानते ही हैं, वक़्त-बेवक़्त जिस भाई का पड़ला भारी होता देखते थे, उधर को घूम जाते थे और बाबर के ये बेटे भी इनके आने से अपना उल्लू सीधा करते और उनके आने से अपना फ़ायदा देखते उनका इस्तकबाल ही करते थे? इसीलिए कोई ताज्जुब नहीं, जब कामरान ने गुलबदन बेगम के पति खिज्र ख़्वाजा से कहा तब उसने उसे 27 अप्रैल 1547 की रात को काबुल से चुपचाप निकल जाने दिया।

मिर्ज़ा कामरान के यूँ चुप-चाप काबुल से निकल जाने की खबर सबसे पहले हमीदा बानो बेगम को ही लगी। ज़ाहिर सी बात है बादशाह तो बाहर था, किले में तो मल्लिका ही थीं? अत: क़राचा खान का बेटा बहादुर दौड़ता और हाँफता हुआ हमीदा बानो बेगम से मिलने पहुँचा और उसे यह खबर सुनाई। उसी समय उसके भाई मुअज्ज़म की भी खबर आयी कि उसे जल्दबाज़ी में रस्से के सहारे किले में प्रवेश करा दिया गया है। हरम की जिन महिलाओं को हमीदा बानो बेगम के साथ ही इस भवन में कामरान ने कैद में रखा था। वे बाहर आज़ाद होकर निकलने की जल्दी में थीं, तब हमीदा बानो बेगम ने ही उन्हें इत्मीनान रखने को कहा। उसने आगाह किया कि जल्दबाज़ी में कोई भी कदम उठाना उन्हें किसी नयी मुश्किल में डाल सकता है–मल्लिका के शब्द ही निर्देश थे, सब वहीं चुपचाप रुक गयीं कि तब तक हुमायूँ का शाही सन्देश भी इसी आशय का आ गया था कि वही आकर उनके हाल से वाकिफ़ होकर उन्हें आज़ाद करेगा! दोनों मियाँ-बीबी की एक सी सोच–दिलदार बेगम ने और उसने आँखों-आँखों में बेटी समान हमीदा बानो बेगम को मुबारकबाद दी और हमीदा उनके दामन से लिपट गयी...

इस बीच हमीदा की कम उम्र का फ़ायदा उठाने की एक कोशिश हुई जो हरम की ज़्यादातर औरतों को नागावार ही गुज़री मगर सब चुप ही रहीं...महम अंगाह को इस बात की खबर ही नहीं थी कि हमीदा बानो बेगम ने कैसे ख़्वाजा दोस्त खावंद मदारची को हुमायूँ के पास भेजकर अकबर के साथ सबको बचाया था, इसीलिए उसने खुद ही घूम-घूमकर यह अफ़वाह फैलायी कि उसने ही अकबर की जान

बचायी है! हमीदा ने इस समय चुप रहना ही ठीक समझा। वह जानती थी की सही मौके पर ही मुँह खोलना चाहिए? और उसे समझ आ गया कि अच्छा ही है उसकी कुछ बातें गुप्त ही रहे और यही बेहतर तरीक़ा होगा एक मल्लिका की भूमिका अदा करने का? बल्कि उलटे महम अंगाह ने ही अपनी महत्त्वाकांक्षा गुप्त न रहने देकर खुद के लिए खतरा मोल ले लिया था? भले ही शुरू में वह अकबर को भी यही एहसास दिलाये रही होगी और उसके शुरू के काल में प्रभावी भी इसी वजह से हुई होगी? मगर हमीदा अपनी खासियत और अपनी शालीन, शान्त, संयत कार्यशैली से अपने मकसद पूरे करती रही? उसके सारे मकसद और तमन्ना अपने इसी बेटे और उसकी भलाई के लिए निर्देशित थे। काबुल में उसकी जान के लिए हुमायूँ को गुप्त सन्देश भेजने के बाद से ही उसकी ज़िन्दगी का मकसद और वजह अकबर ही हो गया था जिसे अब वह खोना ही नहीं चाहती थी...

काबुल में अनेक महीने गुज़ारने के बाद हुमायूँ 12 जून, 1548 को बदख्शां के लिए कूच कर गया ताकि कामरान मुद्दे का स्थायी हल निकल सके। उसने कामरान को तालिकान में जा घेरा और मजबूर कामरान ने हुमायूँ के आगे बिना शर्त समर्पण कर दिया। उसके बाद हुमायूँ काबुल लौटा और अगला अभियान सवा साल बाद बल्ख की ओर किया। लम्घान और इस्तालिफ़ होते हुए वह बल्ख पहुँचा। बाबर जिन उज़्बेगों की वजह से काबुल जीतने के लिए अमादा था हुमायूँ उनसे हिसाब बराबर करने को अमादा हो गया। इस अभियान में उसके साथ अस्करी, सुलेमान और हिन्दाल शामिल हुए थे। हुमायूँ कोई नतीजे वाली जंग नहीं लड़ पाया हालाँकि पीर मुहम्मद ने भी समझ लिया था कि वह मुग़ल सेनाओं का मुकाबला नहीं कर पायेगा? बेनतीजे बल्ख अभियान समाप्त कर हुमायूँ वापस काबुल आ गया (1550)।

बल्ख में हुमायूँ कामयाब न हो पाया उससे कामरान ने कयास लगाया कि हुमायूँ कमज़ोर पड़ गया है और एक बार उसने फिर से काबुल वापस जीतने की कोशिश की और वह फिर हार गया। लेकिन इस बीच एक हादसा हुआ और हुमायूँ और उससे ज़्यादा हमीदा और गुलबदन दुखी होकर टूट-सी गयीं, जबकि दिलदार तो पूरे चौबीस घण्टे बेहोश ही रही–जब कामरान ने 20 नवम्बर, 1551 को रात में चढ़ाई की तब हिन्दाल ने हुमायूँ को एक ऊँची जगह पर भतीजे अकबर के साथ सुरक्षित रहने की सलाह दी। और खुद लड़ाई की कमान सम्हाली। इसी बीच उसके तबक्ची के ऊपर हमला हुआ और उसने मदद की गुहार लगायी, हिन्दाल उसके बचाव में गया और मारा गया! गुलबदन तो उसकी सगी बहन ही थी मगर उसने

हमीदा बानो को भी छोटी बहन-सा ही प्यार-दुलार दिया था। वह कैसे भूल सकती थी कि जब हुमायूँ ने पैग़ाम भेजा था, तब वही अकेला पूरी शिद्दत और ईमानदारी से उसके साथ खड़ा था। उसने इस बात की कतई परवाह नहीं की थी और हुमायूँ से उसके सम्बन्ध इसीलिए बिगड़े भी थे! पूरा मुग़ल हरम गमगीन हो उठा था और हुमायूँ गम में डूबकर रो उठा था। अब उसका शोक ने गुस्से की शक्ल अख़्तियार कर ली और ऐसे में उसने कामरान के ख़िलाफ़ जो जंग छेड़ी, उसमें कामरान को हारना ही था...

जिस तरह से मिर्ज़ा हिन्दाल कामरान के इस कारनामे से मारा गया था, उसने सभी को बेहद दुखी कर दिया और वे सब उसे कोसने में लग गये। खुद को अकेला और गुनाहगार मानते हुए उसने भागने में ही अपनी भलाई समझी, लेकिन वह भीरा और खुसाब तक ही पहुँचा था कि आदम गक्कर ने उसे गिरफ़्तार कर लिया। उसे लोगों के दबाव में और अमीरों के लिखकर देने के बाद अपने भाई की हत्या के लिए ज़िम्मेदार मानते हुए मौत के घाट उतार दिया गया।

पश्चिमोत्तर की समस्या दूर होते ही हुमायूँ अब पंजाब और उसके बाद तेजी से गंगा-जमुना दोआब की ओर घूमने की तैयारी करने लगा। इस सुनियोजित तरीक़े से उसने सबसे पहले दीपालपुर जीता और फिर पूरे पंजाब से अफ़ग़ानों को खदेड़ दिया। वह पूरे जोश से पुनर्विजय के लिए जूझ रहा था और अफ़ग़ान भी शेर शाह के बाद उत्तराधिकार के युद्धों में ही फँसे रहे और उनकी आपसी लड़ाइयों ने उन्हें ताकतवर भी नहीं रहने दिया था कि वे अब उसका सामना कर सकें। उसने यहाँ के अफ़ग़ान सरदार नसीब खान को न केवल हराया, बल्कि भागने पर मजबूर कर दिया। जोशीले सिपाही उसके खेमे को लूटने की इजाज़त माँगने लगे। हुमायूँ उस समय हमीदा के खेमे में सुस्ताने के लिए आया हुआ था। जब हमीदा ने यह सुना तब उसने हुमायूँ से एक शर्त रखवाई कि भले ही वह इन युद्धोन्माद वाले मुग़ल सैनिकों को अफ़ग़ान खेमे को लूटने की इजाज़त दे दे, मगर खेमे में मौजूद बच्चों और महिलाओं को सुरक्षित छोड़ दिया जाये! यह मध्यकाल में शायद पहली बार हो रहा था–वरना जंग में हारने वाले पक्ष की महिलाओं की दुर्गति होती ही थी–इसका सिर्फ़ अन्दाज़ा ही लगाया जा सकता है। हमिदा बानो ने यह बर्बर रिवाज़ बन्द करने की अच्छी पहल की थी! उसे अपने भागने और भटकने के दिन याद आ रहे थे।

सेनापतियों, अमीरों और सिपाहियों के साथ आम लोगों में इस बात से हैरत तो हुई कुछ लोगों को परेशानी भी हुई, क्योंकि वे स्त्रियों-बच्चों को गुलाम बनाने के साथ ही स्त्रियों को ज़बरदस्ती हरम में रख लेते थे। सेनापति और सरदार लोग

भी महिलाओं को अपने शौर्य और पौरुष का पारितोषक मानते हुए इसे अपना हक़ समझते थे। मगर जब बात इन्सानियत पर उतर आयी तब वे सब हमीदा की तारीफ़ करने से नहीं चूके। हमीदा ने जंग के दौरान बेगुनाहों को अत्याचार से बचाने की एक बेहतरीन बानगी और इन्सानियत की मिसाल पेश की! अफ़ग़ान खेमे के बच्चों, औरतों को सही-सलामत और फौरन ही नसीब खान के भागते हुए खेमे में पहुँचा दिया गया। हुमायूँ का ध्यान शायद हमीदा की तरफ यूँ न भी जाता, मगर अब वह दंग रह गया! हमीदा ने सीधे तौर पर शाही नीति में आमूल-चूल बदलाव ला दिया था और उदार हुमायूँ के तो यह स्वभाव के भी अनुकूल था। अब उसने पश्चिमोत्तर की भांति यहाँ पंजाब में भी अपने अधिकारी तैनात किये और यहाँ उसने खुश होते हुए हमीदा को भी कई उपजाऊ जागीरें प्रदान कीं।

इस तरह पराजित खेमों के बेगुनाहों के बचपन, जिस्म और खून से खेलने की इजाज़त ने देते हुए उसने इस पुनार्विजित राज्य में उदारता और नेक नियत नज़रिये को एक नीति में परिवर्तित कर दिया। हमीदा ने चौसा और कन्नौज के बाद से लेकर भक्कर फिर मण्डोर से लेकर अमरकोट और वहाँ से लेकर खुरासान तक के तज़ुर्बों ने उसे अपने आदर्शों को व्यवहार में उतारने का मौका दिया था। वह अब मलिका और 'पादशाह बेगम' थी और हरम की शालीनता, कोमलता राज्य की नीति को सकारात्मक रूप से भी प्रभावित करने लगी। इसी ने हुमायूँ के मानवीय चरित्र में चार चाँद लगा दिये! इतना ही नहीं, जब हुमायूँ शाम की नमाज़ अदा करने की हड़बड़ी में जब शेर मण्डल की सीढ़ियों से गिर के इस फ़ानी दुनिया से गुज़र गया तब उसने उसने साहस, संयम, धैर्य, शान्तभाव से बर्ताव करते हुए अकबर को प्रत्यक्ष और अप्रत्यक्ष दोनों तरह से प्रभावित किया।

हमीदा के सन्तुलित आचरण, उच्च चरित्र और आदर्श व्यवहार ने उसके पुत्र अकबर को प्रभावित तो किया बल्कि यही शिक्षा दीक्षा उसने अकबर को घुट्टी में पिला दी थी तभी तो हमें उसके चरित्र और व्यवहार में अपने शिक्षक बैरम खान की क्रूरता के साथ-साथ हमीदा की उदारता भी साफ झलकती है। आम जीवन में तो वह माँ हमीदा से ही प्रभावित रहा था सिर्फ़ जंग के मैदान में हेमू को न बख्शने वाला अकबर हो जाता था। खैर, तब अकबर के अक्ल ही कितनी थी? जो बैरम ने कहा उसने सांकेतिक रूप से ही किया?

असली असर जो हमें अकबर के जीवन में हमीदा का दिखता है वह राजपूत नीति और स्थानीय शासकों के प्रति व्यवहार-कुशल नीति में है, जिसने अकबर को अकबर बना दिया था...एक रोज़ खुरासान में जब शाह तहमास्प ने अपनी बहन

सुल्तानम से शहर के बाहर हमीदा के सम्मान में एक भव्य शाही आयोजन कराया था और उसको सुल्तानम से लेकर वहाँ के अमीरों और सरदारों की बेगमों ने ढेरों उपहार वगैरह दिये थे, तब सबसे अच्छा उपहार शाह तहमास्प ने हुमायूँ-हमीदा को दिया था–यह उपहार था एक नीति-वाक्य और दिशा-निर्देश। बात तो वह हुमायूँ से कर रहा था मगर आवाज़ को बुलन्द रखे रहा ताकि परदे के पीछे बैठी हमीदा के साथ सभी लोग सुन सकें! उसने हुमायूँ से पूछा कि क्या तुमने हिन्दुस्तान के स्थानीय शासकों के साथ रोटी-बेटी के सम्बन्ध बनाये थे? ज़ाहिर ही है, नहीं बनाये होंगे इसीलिए तुम्हें ये बुरे दिन देखने पड़ रहे हैं। वैवाहिक सम्बन्धों से रिश्तेदारियाँ स्थापित होती हैं और यही ज़मीनी स्तर पर आपसी सम्बन्ध बनाते हैं और उन्हें पक्के करते हैं। अगर तुमने ऐसा किया होता तो पराजित होकर भी पलायन न करना पड़ता? क्षेत्रीय और स्थानीय जड़ें मजबूत हो गयी होतीं और वे तुम्हारे साथ सहयोग देते हुए खड़ी हो गयी होतीं?

इन बातों की तो एकमात्र चश्मदीद गवाह हमीदा ही थी, क्योंकि हुमायूँ का अचानक इन्तकाल हुआ था वह अकबर को ये सब या कुछ भी बता भी न सका था। ये बात तो बाद में हमीदा ने अकबर को बतायी और समझायी, तब उसने अपनी नीतियों में से सबसे मजबूत 'राजपूत नीति' इसी आधार पर बनायी थीं। इस राजपूत नीति में हमीदा की बात ही दिशा-निर्देश और आधार वाक्य बने थे। उसने अकबर को बताया कि कैसे शाह ने हुमायूँ को इशारा दिया था कि अगर हिन्दुस्तान में शासक वर्ग राजपूत नस्ल के हैं तो उनसे वैवाहिक सम्बन्ध बनाने ही चाहिए। प्राचीन काल से ही यही राजनीति में सफलता की चाभी है। वैवाहिक सम्बन्ध ही कूटनीतिक सम्बन्धों की आधार-शिला है। इसीलिए स्थानीय शासक वर्ग के साथ शादियों के माध्यम से रिश्तेदारियों को जोड़कर अपनी जड़ों को मजबूत करने की जो सलाह शाह तहमास्प ने हुमायूँ को ईरान में दी थी और जिसकी गवाह हमीदा बानो थी। इस महत्त्वपूर्ण बात को उसने अकबर को समझाकर राज्य की नीति बनाने में अपनी भूमिका अदा की थी!

III

जब हालात बदले और हुमायूँ दिल्ली में स्थापित हो गया तब उसने अकबर की पढ़ाई-लिखाई की चिन्ता की। अकबर के प्रारम्भिक शिक्षकों में उसने क्रमशः

मुल्लाज़ादा मुल्ला असामुद्दीन अब्राहिम, मौलाना बयाज़िद तथा मौलाना अब्दुल कादिर को नियुक्त किया था। हुमायूँ ने अपनी पुत्री और अकबर की सौतेली बहन, बख्शी बानो की शादी इब्राहीम मिर्ज़ा से कर दी और अकबर को प्रशासन का अनुभव दिलाने के लिए काबुल से दक्षिण-पूर्व स्थित चर्ख की जागीर प्रदान कर दी। मिर्ज़ा हिन्दाल की मृत्योपरान्त नवम्बर, 1551 में ही अकबर को गज़नी का प्रदेश दे दिया गया हमें याद रखना चाहिए कि अकबर की उम्र अभी दस साल से भी कम थी। इसी साल हमीदा बानो ने अपने बेटे की सगाई हिन्दाल की बेटी से कर दी थी। यही एक मरहम उसने अपने संरक्षक की मौत के गम को कम करने के लिए लगाया था और हमीदा ने अपनी इस काम से एक बार फिर दिलदार बेगम और गुलबदन बेगम का पूरा भरोसा और अपनापन पाया...अगले महीने अकबर अतका खान तथा अन्य अमीरों के साथ गज़नी में अपनी ज़िम्मेदारी निभाने को चला गया था। उसने बहुत ही नादान सी उम्र में शासन की ज़िम्मेदारियों को समझा और प्रशिक्षण लिया लेकिन जब एक बार वह घोड़े से गिरकर घायल हो गया तब माँ हमीदा बानो को बहुत चिन्ता हुई और उसने बादशाह से कहकर अकबर को वापस काबुल बुलवा लिया। नवम्बर 1552 में जब हुमायूँ ने गर्दिज़ और बंगश के अफ़ग़ानों के खिलाफ़ कूच किया तब वह अकबर को जंग की बारीकियाँ समझाने की गरज़ से अपने साथ लेता गया। उसके मन में कहीं यह खयाल था कि कैसे उसे कामरान ने किले के बाहर लटकाया था तो कहीं अकबर पर इसका डर तो नहीं बैठ गया हो? किसी भी तरह के डर को बेटे अकबर के दिल दिमाग से निकालने का यही एक तरीका था कि उसे वास्तविक जंग से रू-ब-रू करा दे! 1554 में मुनीम खान को अकबर का अतालिक़ या संरक्षक नियुक्त कर दिया गया। उसी साल नवम्बर में जब हुमायूँ हिन्दुस्तान की कूच पर चला तब अकबर जो बारह साल का हो चुका था, सेना के साथ पूरे उत्साह के साथ शामिल हुआ था।

23 जुलाई, 1555 को जब हुमायूँ दिल्ली पहुँचा तब दरबार में सबसे पहले हिसार की जागीर जो वली अहद के लिए मुक़र्रर थी वह अकबर को दी गयी। इसी साल नवम्बर में उसे पंजाब का प्रशासन सौंप दिया गया। बैरम खान को अकबर का संरक्षक और अबुल माली को उसके सहायक के रूप में मुक़र्रर किया गया। इतना ही नहीं, मुनीम खान को बैरम का सहायक नियुक्त किया गया। यहीं कलानूर या कलानौर में ही अकबर को हुमायूँ के गुज़र जाने की खबर मिली थी और उसकी यहीं आनन-फानन में 14 फरवरी, 1556 को ताजपोशी कर दी गयी थी। उसी ने फिर हेमू को 5 नवम्बर, 1556 में पानीपत के मैदान में हराकर मुग़ल शासन

की पुनर्स्थापना कर दी। अब उसने अपनी माँ के साथ सभी मुग़ल महिलाओं को काबुल से दिल्ली बुलाने का फ़ैसला किया। इसी बीच उसे जम्मू क्षेत्र में मनकोट पर अफ़ग़ानों के ख़िलाफ़ कूच करना पड़ा था। जब वह मनकोट की घेरेबन्दी में व्यस्त था तभी मुग़ल महिलाओं को दिल्ली ले जा रहा सैन्य दस्ता वहीं पास से गुज़रा। अकबर ने राह में ही अपनी माँ से मिलने का फ़ैसला किया और अपना सम्मान प्रकट किया।

बादशाह की माँ, राजमाता मरियम मकानी हमीदा बानो बेगम को इस यात्रा में अपने बेटे से मिलने की खुशी थी और चूँकि, अकबर ने काबुल के मुख्य अधिकारी को ही सैन्य टुकड़ी के साथ शाही महिलाओं को सुरक्षित लाने की ज़िम्मेदारी दी थी अत: बाकी जो इससे पहले सफ़र किये वैसी किसी तकलीफ़ का सामना बेगम को नहीं करना पड़ा था। मगर कहते हैं, जब जिस्मानी तकलीफ़ से आप बच जायें तो रूहानी तकलीफ़ परेशान कर सकती है? मरियम मकानी के साथ भी यही हुआ। बेटे से मिलने की खुशी में सराबोर आ रही माँ की दोनों बेटियों का राह में ही इन्तकाल हो गया था। पहली बेटी की मृत्यु जलालाबाद में तो दूसरी की सिन्धु नदी के तट पर बसे कोतल-सितारा में हुई। वह एकदम से मुरझा सी गयी। हाजी बेगम, गुलबदन बेगम, गुल्चिरा बेगम, सलीमा सुल्तान बेगम और बाकी महिलाओं ने उसे सम्हाला और समझाया...लेकिन जब मनकोट से चलकर बादशाह अकबर के खुद आने की खबर मिली तब उसने खुद को किसी तरह सम्हाला, ताकि उस बेटे को तो लगे कि जिस माँ के इस्तकबाल के लिए वह मनकोट की घेरेबन्दी बैरम खान के भरोसे छोड़कर सम्मान प्रकार करने और आशीर्वाद लेने आ रहा है उसे तो माँ से मिलने की खुशी मिल सके?

इस अवसर पर जब बादशाह की माँ मरियम मकानी के साथ शाही महिलाएँ आ रहीं थीं तब बादशाह ने अग्रिम स्वागत मण्डली को महम अंगाह के नेतृत्व में भेजने का सही फ़ैसला लिया। महम ने उनको अब तक के कामों के बाबत बताया भी और बैरम खान जिसके भरोसे मनकोट की घेरेबन्दी अब चल रही थी उसके ख़िलाफ़ हमीदा को कुछ बातें बतायीं–हमीदा ने चुप रहकर सबकुछ सुना–उसे इस समय के इन दो प्रमुख लोगों के मनमुटाव के बारे में पता चला और साथ ही दोनों के स्वाभाव से भी वह वाकिफ़ हो गयी! मनकोट की घेरेबन्दी के ही दौरान मोहम्मद अब्दुल्लाह खान मुग़ल, जो इससे पहले मिर्ज़ा कामरान के साथ था उसने अकबर की सेवा करना स्वीकार किया और हमीदा बेगम के इशारे पर अकबर ने उस मुग़ल अमीर की बेटी के साथ निकाह कर लिया। चूँकि, हमीदा को अपने बेटे

का हित सर्वोपरि था इसीलिए उसने इस वैवाहिक गठबन्धन को महत्त्व दिया था जिससे अकबर की स्थिति मजबूत हो रही थी। अन्दर ही अन्दर बैरम खान अकबर को राजनितिक और सैन्य दृष्टि से मजबूत करने वाले इस वैवाहिक गठबन्धन से खुश नहीं था मगर ऊपर से उसने यह संदेश देने की भरसक कोशिश की कि वह कामरान के पक्षधर रहे अमीर को बहुत भरोसेमंद नहीं समझता था इसलिए उसको यह निकाह रास नहीं आया? खैर, उसे यही लगा कि भले ही वह हुमायूँ का बहुत नज़दीकी रहा हो मगर मरियम मकानी, हमीदा बानो को क्या समझे? क्या वह बस नासमझी में ऐसा फ़ैसला ले रही थी? वह हमीदा बानो के वास्तविक नज़रिये से कतई नावाकिफ़-उसे बस एक उदार किस्म की नादान या दुनियादारी से परे महिला के रूप में देख रहा था, जो इत्तेफाक से मरियम मकानी या राजमाता हो गयी? अन्ततः नसीरुल्मुल्क के समझाने पर उसने अपना विरोध त्याग दिया और यह निकाह सम्पन्न हुआ जिसकी दावत का व्यापक स्तर पर इन्तज़ाम किया गया।

मनकोट में अपनी माँ से जब अकबर मिला तब हमीदा की सलाह पर एक बड़ा फ़ैसला उसने लिया। बैरम खान जिसे वह 'बाबा' कहकर पुकारने लगा था वह महत्त्वाकांक्षी होता जा रहा था और मुग़ल खानदान में शादी करके अपनी इज़्ज़त और ओहदे को नयी ऊँचाई देना चाहता था। अकबर इस मुद्दे पर भी मरियम मकानी से सलाह लेना चाहता था–यह भी एक खास वजह थी जो वह उनसे मिलने के वास्ते मनकोट की घेरेबन्दी के दौरान पहुँचा था। बैरम बादशाह अकबर से हुमायूँ की एक बहन, गुलरुख बेगम की बेटी सलीमा सुल्तान बेगम से शादी करने की इजाज़त माँग रहा था। हमीदा बेगम की राय थी कि यह शादी हो जाने से शायद हरम का उदार, शालीन और परिष्कृत माहौल बैरम को कुछ उदार और बेहतर इन्सान बना दे और उसकी क्रूरता कुछ कम हो जाये? चूँकि सलीमा सुल्तान बेगम उच्च-चरित्र और बेहतरीन तरबियत वाली महिला थी अतः हमीदा का खयाल था कि इस निकाह का बैरम खान के ऊपर उसका अच्छा ही असर पड़ेगा? लेकिन उसने अकबर से यह भी कहा अभी कुछ दिनों के लिए यह इजाज़त टाल दे ताकि उसको यह एहसास भी न हो कि यह फ़ैसला हरम के प्रभाव में लिया गया है? वह परदे के पीछे ही रहना चाहती थी ताकि वह बिना शक अकबर की असली सहायता करती रहे? लोगों की नज़र में आने के बाद लोग उसे असली बात बताने से कतराने न लगें? ऐसे तो उसे सब सूचना और समाचार मिलने की उम्मीद होगी?

मनकोट पर फ़तेह हासिल कर के अकबर लाहौर गया जहाँ उसने साढ़े चार महीने गुज़ारे और फिर हुसैन खान को वहाँ की ज़िम्मेदारी सौंपकर दिसम्बर

17, 1557 दिल्ली के लिए कूच कर गया। अकबर ने हमीदा बानो की सलाह मानते हुए जालंधर पहुँचने पर ही बैरम खान को सलीमा सुल्तान बेगम से निकाह की इजाज़त सार्वजनिक ढंग से दी। इससे बैरम खान भी बहुत खुश हुआ कि इस तरह से घोषणा करने से आमलोगों को समझ तो आ गया कि बादशाह उसको कितना सम्मान देता था? जौनपुर के अफ़ग़ानों को दबाने के बाद जब अकबर अप्रैल 14, 1558 को दिल्ली लौटा तब एक बार फिर, अपनी माँ, मरियम मकानी की सलाह से अब्दुल लतीफ़ को अपना शिक्षक नियुक्त कर के अपनी शिक्षा-दीक्षा में पूरा मन लगाया। पढ़ाई की वजह से अकबर को प्रशासन के लिए ज़्यादा समय नहीं मिल पा रहा था, इसीलिए यह ज़िम्मेदारी बैरम ने पूरी तरह से संभाल ली और ऐसे व्यवहार करने लगा जैसे वही बादशाह हो? दूसरी ओर सलीमा सुल्तान बेगम से शादी के बाद खान-ए-खाना बैरम खान खुद को और महत्त्वपूर्ण मानने लगा था। उसके ऊपर बेगम की अच्छाई और मानवीयता का तो असर हुआ नहीं उलटे वह अपने को ही सबकुछ समझने लगा था। उसे लगा था कि उसके आगे तो अकबर भी निहायत मजबूर है। उसका मन इतना बढ़ गया कि उसने पीर मुहम्मद खान को वकील-ए-मुतलक़ या प्रधानमन्त्री (जो वह खुद था) के प्रमुख सहायक पद से हटाकर हाजी मुहम्मद खान सीस्तानी को तैनात कर दिया। लेकिन पूरा अमला असल में प्रमुख सद्र, शेख़ गदाई के इशारों पर चलता था और वह बहुत ही खुराफ़ाती इन्सान था।

बैरम खान अब सदैव खुशामती और चाटुकार लोगों से घिरा रहने लगा इनमें भी वली बेग ज़ुलकद्र और शेख़ गदाई कम्बू भी फ़ितरतन ख़ुराफ़ाती दिमाग के थे और वे खास तौर से सारी ख़ुराफ़ातों की जड़ में रहते थे। उनकी हरकतों की वजह से आमजन और शाही सेवक भी परेशान ही रहते थे। इसी के चलते उस दौर में बैरम खान ने ऐसे-ऐसे फ़ैसले लिए जो अकबर सहित सब को नागवार गुज़रे। उसकी कारगुज़ारियों की खबर 'हरम' की महिलाओं को भी विचलित करती थी। जब हमीदा बानो ने सर के ऊपर पानी जाते देखा तब उसने फ़ैसला लिया–उसने जीजी अंगाह, महम अंगाह, अधम खान, मिर्ज़ा शर्फ़-उद्दीन हुसैन और सादिक मुह[illegible] खान को भरोसे में लेकर एक जाल बुना, ताकि अकबर बैरम खान के चंगुल से मुक्त हो जाये! हत्कान्त वाले मुद्दे के चलते बैरम खान अधम खान से नाराज़ था और उसे वहीं नियुक्त करने के पक्ष में था, मगर उसकी माँ महम अंगा के चलते वह यह कर नहीं पा रहा था। दोनों ही बहादुर, महत्त्वाकांक्षी और क्रूर भी थे। बैरम खान अधम खान को भदावर की राजधानी हत्कान्त भेजकर दरबार की सियासत से

दूर रखना चाहता था और इसी वजह से दोनों में एक दुश्मनी और अविश्वास घर कर गया था, जिसका फ़ायदा उठाने की कोशिश हमीदा ने की। उसने एक काँटे से दूसरे काँटे को निकालने का फ़ैसला ले लिया!

वह जानती थी कि कैसे महम अंगाह ने उसे गोलाबारी से बचाने की बात अकबर को बढ़-चढ़ कर बतायी थी, जबकि वह गोलाबारी हमीदा के ही इस आशय के सन्देश के बाद हुमायूँ ने रोकी थी और अकबर तथा मुग़ल औरतों की जान जोखिम में नहीं डालने का फ़ैसला लिया था। हमीदा साँप भी मारना चाहती थी, मगर लाठी को भी बचाना चाहती थी। वह प्रत्यक्ष सामने न आकर बड़ी आसानी से अपने पादशाह बेगम के ओहदे को सियासत और सियासी षड्यन्त्र के बहुत ऊपर रखने को उत्सुक थी–शायद उसके दिमाग में यह भी रहा हो कि अगर ख़ुदा न ख़ास्ता इस षड्यन्त्र में कामयाबी न मिले तो उसके और उसके बेटे अकबर पर कोई आँच न आये? वे पहले भी बहुत भटक और भुगत चुके हैं...उसे प्रतिकूल परिस्थितियों ने आत्म-रक्षा और सुरक्षा के प्रति बहुत सचेत कर दिया था? खैर, हमीदा को महम की महत्त्वाकांक्षा और बैरम से बैर के बारे में पता ही था क्योंकि, बैरम की कारगुज़ारियों के बारे में वही सबसे ज़्यादा मिर्च-मसाला लगाकर हमीदा और अकबर को सुनाती रहती थी। हमीदा ने इसी बात का पूरा फ़ायदा उठाया।

बैरम खान ने अकबर और उसके हरम के भी भत्ते कम करने की चूक करते हुए सीधा बादशाह को नाराज़ करने की गलती तो की ही, अकबर के इकलौते शौक़–हाथी की लड़ाई में खलल डालते हुए उसके अस्तबल से कुछ हाथी बिना उससे पूछे या बताये हटवा दिये। इतना ही नहीं, उसने अकबर के शाही हाथियों के एक महावत को मौत के घाट उतरवा दिया, जबकि अकबर ने माफ़ी माँगने के अन्दाज़ में उसके हाथ बाँधकर बैरम के पास भेज दिया था? मृत्यु दण्ड देने का एकमात्र अधिकार शासक या बादशाह का था, क्योंकि राजत्व के दैवीय सिद्धान्त के अनुसार वह पृथ्वी पर ईश्वर का प्रतिनिधि था–ज़िल्ल-उ-अल्लाह! किन्तु बादशाह का यह अधिकार बलात हस्तगत कर बैरम ने मऊ के शासक को भी मृत्यु दण्ड प्रदान कर दिया था और अकबर विचलित होकर रह गया! इतना ही नहीं, पीर मुहम्मद को अपने प्रमुख सहायक के ओहदे से हटाकर उसने अकबर की नियुक्ति को ही नकारने में गुरेज़ नहीं किया–न ही उसने अकबर से पूछने या बताने की ही ज़रूरत समझी। उसने पीर मुहम्मद को बयाना के किले में गिरफ़्तार कर दिया और कुछ सन्तों को भी उसने शेख़ गदाई के कहने पर प्रताड़ित किया था, जिसमें शेख़ मुहम्मद गॉस और शेख़ मुबारक भी थे।

अकबर इस समय अठारह साल का हो चुका था और वह नामधारी शासक बने रहने के लिए कतई तैयार नहीं था और इसीलिए जब उसकी अपनी माँ हमीदा से खत के जरिये से बात हो गयी तब उसने हमीदा की योजना पर चलने का फ़ैसला किया। हमीदा ने महम अंगाह के मार्फ़त सबसे पहले दिल्ली के गवर्नर शिहाबुद्दीन अहमद खान को विश्वास में लेते हुए उसे पूरी योजना से अवगत कराया। अकबर मार्च की उन्नीस तारीख (1560) की सुबह शिकार के बहाने बयाना की ओर निकला। जब वह सिकन्दर राऊ पहुँच तब योजना के अनुसार, महम ने उसे इस आशय का खत भेजा कि हमीदा बेगम बहुत बीमार है और उससे मिलने को आतुर है। इस मोड़ पर महम को कुछ डर भी लगा कि कहीं यह षड्यन्त्र कामयाब न रहा तब बैरम उसका क्या हश्र करेगा? इसीलिए उसने अकबर से यहाँ तक कहा कि वह महम को मक्का जाने की इजाज़त दे दे, लेकिन शिहाबुद्दीन पूरी तरह से हमीदा के प्रभाव में था उसने उसी के कहने पर दिल्ली की सुरक्षा के पूरे इन्तज़ाम किये और सम्भावित जंग की तैयारी कर ली जिससे खुद ब खुद लोगों में यह सन्देश जाने में देर नहीं लगी कि अकबर बादशाह खुद ही खान-ए-खाना से बहुत नाराज़ हो गया है। फिर क्या था एक-एक करके कई मुग़ल अमीर वकील को छोड़कर बादशाह के खेमे से आ मिले और बैरम को हवा का रुख समझ आ गया।

अगले दिन बीस मार्च को बैरम खान को अकबर के शिकार पर जाने की खबर मिली। उसने अपने भरोसे के ख़्वाजा अमीनुद्दीन, हाजी मुहम्मद खान सीस्तानी और तर्सून बेग को दिल्ली अकबर के सामने हाज़िर होकर बैरम खान की स्वामिनिष्ठा और वफ़ादारी की वकालत करने के लिए रवाना किया और खुद हाज़िर होने की इजाज़त भी माँगी मगर उसने बहुत देर ही नहीं कर दी थी बल्कि बहुत ज़्यादती की थी...अकबर ने उसे हाज़िरी की इजाज़त तो नहीं ही दी उसके दूतों को भी शाही खेमे में रोक लिया। अकबर नौवें दिन आगरा से दिल्ली पहुँचे था। उसने तीन-चार दिन का फ़ासला इत्मीनान से पूरे इलाके में अपनी पकड़ बनाते हुए नौ दिनों में पूरा किया। शिहाबुद्दीन ने बादशाह का इस्तकबाल दिल्ली से पचपन मील पहले खुर्जा में आकर किया। अब अकबर ने तर्सून बेग से बैरम को इस आशय की खबर भेजी कि यह समय उसके बादशाह से मिलने का कतई सही समय नहीं होगा क्योंकि अकबर उससे और उसकी कारगुज़ारियों से बहुत सख़्त नाराज़ है। बैरम खान को उसकी बेवफ़ाई और बदगुमानियों याद दिलाते हुए उसने अपनी बेरुखी साफ कर दी।

उसने तो बैरम से यह तक कहलवाया कि वह 'अपना काम करता रहे और जब अकबर आगरा पहुँचे तब वह वहाँ न दिखे, बल्कि ग्वालियर की तरफ़ चला

जाये और बादशाह के बुलाने पर ही हाज़िर होए। अब तो अकबर पूरी तरह से माँ हमीदा बानो या मरियम मकानी के प्रभाव में था इसीलिए उसने बैरम को स्पष्ट सा सन्देश भिजवाया कि 'हालाँकि उसने (बैरम ने) अपनी ज़्यादतियों से उसे (बादशाह अकबर को) भी नहीं बख्शा था फिर भी वह अपने खास अमीर के लिए कोई ज़्यादा कड़वाहट नहीं पाल रहा था'। उसने तो बैरम को यह भी कहलवाया 'आपको अगर सन्तों के दीदार वगैरह के लिए जाना हो तो आप जा सकते हैं और सरहिन्द तथा लाहौर से अपना धन आदि भी ले सकते हैं।' यह आखिरी सन्देश उसने बैरम खान को सीधे चोट करने के लिए जोड़ा था, ताकि उसे एहसास हो सके कि बादशाह और 'हरम' के भत्ते काटकर उसने गलत और निहायत ओछी हरकत की थी। अब बैरम खान के पास कोई रास्ता नहीं था और वह मक्का की ओर जाने को विवश हुआ था। इसी बीच उसके दिल में बगावत का खयाल उठा मगर बादशाह की पेशबन्दी के सामने यह खयाल फीका पड़ा और जाता रहा। इस तरह से बादशाह अपने ही वकील-ए-मुतलक़ से आज़ाद हुआ। उसके बाद उसने बहादुर खान (अली कुली खान के भाई) को वकील नियुक्त कर दिया पर वास्तविक नियन्त्रण संयुक्त रूप से महम अंगाह और शिहाबुद्दीन अहमद खान के हाथों में रहा।

IV

मार्च, 1561 में शाही सेना मालवा में बाज़ बहादुर के खिलाफ़ कूच पर निकलीं तब महम अंगाह के छोटे पुत्र अधम खान को उसका सेनापति बनाया गया। उसने बाज़ बहादुर की हार के बाद उसकी सारी सम्पत्ति पर अधिकार कर लिया और रूपमती को ढूँढ़ने के लिए कोशिशें कीं, जिसकी वजह से उसने आत्महत्या कर ली। इस विजय और सारंगपुर में मिली अकूत सम्पत्ति ने उसका दिमाग ही पलट दिया–बल्कि साथ आये बाकी के मुग़ल अमीरों ने यहाँ तक मज़ाक में कहा कि 'जैसी दौलत बाज़ बहादुर की पाया है। उससे अधम का दिमाग भी उसी तरह से नशे में हो गया है वह अपने होशो-हवाश खो बैठा है? जैसे नशे की हालत में दिन रात बाज़ बहादुर रहता था, लेकिन सुर में गाता था, वैसा ही असर अधम खान को हो गया है मगर यह तो असुर है?' वास्तव में पीर मुहम्मद खान ने उसे बहुत समझाने की कोशिश की मगर उसने उसकी भी एक न सुनी। वह सुरा-सुन्दरी में ही डूब गया। उसने कुछ हाथियों के साथ बादशाह को फ़तेह की खबर भर भेज दी।

रोज़ ही अधम खान की करतूतों की खबर बादशाह के कानों तक हरम के जरिये ज़्यादा पहुँचने लगी। लोगों ने राजमाता को इसका जरिया बनाना ठीक समझा था। वैसे भी अपने बेटे के हितों की रक्षा के लिए हमीदा बेगम ने वाकई एक माँ और राजमाता की भूमिका का फ़ायदा उठाया। उसने गुल-अफ़्शां, महबूबा और समीना जैसी अपनी खास बाँदियों को महम अंगाह की हर हरकत पर नज़र रखने को लगा दिया था। इस वजह से उसको वह खबर भी मिल रही थी जिसे महम बादशाह तक नहीं पहुँचाने दे रही थी और वह भी खबरें जो अधिकारी लोग बादशाह से कहने में गुरेज़ करते? इसी समय पूर्वी क्षेत्रों में नियुक्त खान ज़माँ के ख़िलाफ़ ज़रूरी कार्रवाई करने का फ़ैसला लिया गया था, लेकिन माँ हमीदा ने उसके सामने बस अरबी के दो लफ़्ज़ों की ये प्रचलित कहावत–'अलाह्मन फलाह्मन' कहकर मानों गागर में सागर भर दिया हो। इस कहावत का मतलब है, 'जो पहले करने की ज़रूरत है उसे करना चाहिए।' अत: बादशाह को इशारा मिल गया कि अधम की ओर ध्यान देना कहीं ज़्यादा ज़रूरी है। उसने अपनी माँ से कोई न तो तर्क किया और न ही और कुछ जानने की ज़रूरत समझी। मरियम मकानी अपने बेटे को पहले ही बता चुकी थी कि कैसे अधम की कारस्तानियों के चलते उस सुन्दरी रूपमती ने मौत को गले लगा लिया था–और वह अकबर के हरम में दाखिल नहीं हो सकी जब कि हमीदा की दिली इच्छा थी कि वह अकबर के हरम की शोभा बढ़ाये? शायद इस वजह से अधम के ख़िलाफ़ उसकी नाराज़गी और बढ़ गयी थी? लेकिन यह सच तो अकबर के कानों से दिमाग पर भी पहुँचा कि अधम लूट के माल को खुद हड़पने की राह पर था।

इसीलिए बादशाह ने खुद अधम खान को सही रास्ते पर लाने के लिए मालवा की ओर कूच करने का फ़ैसला किया। अकबर अप्रैल की 27 तारीख (1561) को मालवा की तरफ निकला। ज़नाना खेमा उसके पीछे-पीछे महम अंगाह के नेतृत्व में चल रहा था। उसने जानबूझकर ऐसा किया था ताकि राजमाता मरियम मकानी की चेलियाँ-बाँदियाँ उनको हर पल की खबर देती रहें। इसी वजह से उसे पता चल सका कि आगरा से कूच के समय ही महम ने अपने बेटे को सावधान करने के लिए अपने दो खास लोगों से उस तक खबर भिजवाने का मुकम्मल इन्तज़ाम कर दिया था। इसीलिए शायद अकबर ने तेज रफ़्तार से यह सफ़र पूरा करने की ठानी और सोलह दिन बाद वह सारंगपुर में था। वह इतनी गति से सारंगपुर पहुँचा था कि महम ने जो दूत अधम को सचेत करने के लिए भेजे थे, वे अकबर से पहले पहुँच ही नहीं पाये और अधम जो गाग्रौन के दुर्ग को जीतने के लिए बढ़ चला था राह में बादशाह

को देखकर चौंक गया। महम के दूत और उसके नेतृत्व में भेजे गये दूत भी उनके पहुँचने के दूसरे रोज़ ही सारंगपुर पहुँच पाये थे।

अकबर की तेज रफ़्तार से अधम और उसकी फ़ौज भी भौचक्की रह गयी थी। जैसे ही अधम ने अपने अग्रिम दस्ते के फ़ौजियों को घोड़ों से उतरकर सज़दा करते देखा, वह भौचक्का रह गया और तेजी से यह देखने को बढ़ा कि आखिर कौन है, जिसके आगे वे यूँ सज़दा कर रहे हैं? क्या कोई सूफ़ी सन्त है? लेकिन अकबर को देखकर एकबारगी उसके चेहरे का रंग उतर गया जैसे कि रंग में भंग पड़ गया हो? वाकई चेहरा खुली किताब की मानिंद ही होता है—अकबर ने सब पढ़ लिया और अधम द्वारा सज़दा करने की मजबूरी को समझते हुए खुद घोड़े से उतर गया। उसने अपना बड़प्पन जारी रखा शायद वह खुद इस बात से मुतमईन होना चाहता था कि जो कुछ उसने सुना है वह सब सही है या नहीं? या कितना सही है? इसके बाद उसका खेमा सारंगपुर जा पहुँचा। दूसरे रोज़ उसको सादिक खान ने बताया कि महम के दो खास दूतों के दोपहर में आने की खबर उसके सिपाहियों ने उसे दी है! खैर, देर शाम को महम और ज़नाना खेमा भी आ पहुँचा। अधम ने एक बड़ी दावत का इन्तज़ाम किया और इसी में उसने बाज़ बहादुर के खज़ाने के साथ ही हरम की महिलाओं को भी पेश किया। रूपमती को हासिल न कर पाने का अफ़सोस शायद इस दावत में इन सब के बावजूद भी तारी रहा? फिर भी उसने अधम को इसमें से कुछ वापस भेंट स्वरूप दे दिया, क्योंकि मालवा की यह जीत उसने हासिल की थी।

चार दिन सारंगपुर में रुककर बादशाह ने मई की सत्रह तारीख को वापस आगरा के लिए कूच किया और सत्रह रोज़ बाद वह आगरा में था। जैसे ही उसने आगरा के लिए कूच किया अधम ने अपनी हरकत से बाज़ न आते हुए बादशाह को भेंट की गयी दो सुन्दरियों को बादशाह के शिविर से ही उठवा लिया। खेमे के आगे बढ़ते ही यह बात छिपी नहीं रह सकी, जैसे ही खेमा एक तालाब के किनारे शिकार के लिए रुका मरियम मकानी को अपने बेटे से अकेले में बात करने का बहाना मिला और यह बात जैसे ही उसने बादशाह को बतायी बादशाह ने अपने कुछ खास लोग, मीर मुंशी मुहम्मद असग़र के नेतृत्व में उन दो सुन्दरियों को खोजने के लिए भेजा जिन्हें बादशाह को दिखाया गया था और फिर कूच के समय वे अचानक गायब हो गयी थीं? महम को भी यह जानने में देर न लगी और उसने अपने बेटे अधम को सचेत करते हुए उन बेगुनाह कमसिनों को मौत के घाट उतारने का सन्देश भेज दिया। इसकी खबर भी समीना ने हमीदा बेगम तक फौरन पहुँचायी लेकिन

जब तक बादशाह के लोग खोज करते हुए वहाँ पहुँचे वे उनको मरी हुई मिलीं। अपना अपराध छिपाने के लिए अधम और महम की इस संलिप्तता में ही इन मासूम बेगुनाहों का खून हुआ था। मरियम मकानी और अकबर के सीने और दिल-दिमाग पर यह गुनाह छाया रहा...

अकबर ने इसी मीर या मीर मुंशी मुहम्मद असग़र को राह में ही अशरफ़ खान के खिताब से नवाज़ा और इसके ज़रिये उसने साफ इशारा कर दिया कि वह सब खेल जान चुका है, मगर एक बादशाह का फ़र्ज़ है कि वह अपने अमीरों को माफ़ भी करे इसीलिए वह इस बेवजह के गुनाह को फिलहाल नज़रन्दाज़ कर रह है? इसीलिए खोजी दस्ते के नायक को अशरफ़ खान के खिताब से विभूषित कर रहा है। खैर आगरा पहुँच कर वह अली कुली खान या खान ज़माँ के खिलाफ़ कार्रवाई में व्यस्त हो गया...लेकिन वह जमुना तट काल्पी से जब गंगा तट कड़ा-मानिकपुर पहुँचा तब उसके कूच से घबड़ाकर खान ज़माँ और उसका भाई बहादुर हाज़िर हुए और बादशाह को नगद पेशकश के साथ ही अनके बेहतरीन हाथी भेंट किये, जिनमें दिलशंकर, पुल्टा, दलील, सब-दिलिया और जगमोहन विशेष थे। बादशाह ने फिर एक बार बड़प्पन दिखाते हुए उनकी माफ़ी के मद्दे-नज़र उनको माफ़ कर दिया।

एक रोज़ शाम के वक़्त काबुल से आये काजू, अखरोट, बादाम जैसे मेवे देने के बहाने मरियम मकानी ने अकबर को खबर भिजवायी और सब हाल कह सुनाया। बल्कि गुल-अफ़्शां और महबूबा उस समय भी वहीं मौजूद रहीं, ताकि बादशाह कुछ खास जानना चाहे तो उनसे जाना जा सके। इसी बीच चुनार का मजबूत किला जिससे शेरशाह की तकदीर बदली थी। वह शाही सेना के क़ब्ज़े में आ चुका था और अकबर यह खबर खुद मरियम मकानी को देना चाहता था, अतः वह भी उनके समक्ष हाज़िर होना ही चाहता था। उसने अपने इरादे साफ तौर पर अपनी माँ के सामने ज़ाहिर किये कि वह सब को आजमाना चाहता है और इसीलिए जानबूझकर कुछ फेर-बदल कर रहा है, ताकि लोगों के असली चेहरे और मंसूबे ज़ाहिर हो सकें और बाद में कोई भारी नुकसान न उठाना पड़े? माँ और बेटे दोनों एक ही सोच के थे, वह अकबर के फ़ायदे और अकबर साम्राज्य के फ़ायदे के लिए काम कर रहा था। जैसा कि अकबर की आदत हो गयी थी उसने 'हवाई' नाम के हाथी पर सवार होकर 'रण बग्गा' नाम के हाथी जिसकी सवारी प्रशिक्षित शाही महाबत कर रहा था, उसके साथ युद्ध या प्रतिद्वन्द्विता करने को मैदान में उतरा और उसने रण बग्गा को हराकर ही दम लिया! यानी बादशाह ने युद्धाभ्यास किया था या इस हालात को समझते हुए किसी प्रत्याशित कठोर निर्णय के लिए खुद को तैयार किया था?

उसने शासन की लगाम जिस तरह से महम और मुनीम खान के हाथों से निकालकर अपने खास भरोसे के आदमी, शमशुद्दीन मुहम्मद खान अत्गा के हाथों में दी थी और उसको साफ हुक्म दिया गया था कि वह अधम खान पर भी सीधे नज़र रखे भले ही बादशाह ने दरियादिली दिखाते हुए फिलहाल उसकी कारगुज़ारियों को नज़रन्दाज़ करते हुए उसे सुधरने का एक और मौका दिया हो? शायद वह महम अंगाह के दूध के क़र्ज़ की वजह से कोई कठोर कदम उठाने से बचना चाहता था। लेकिन माँ-बेटे की हरकतों की वजह से उन पर कम होते भरोसे के चलते उन पर नज़र रखने की ज़रूरत थी, इसीलिए अकबर ने अधम खान को मालवा से हटाकर दरबार में बुला लिया। मालवा की ज़िम्मेदारी पीर मुहम्मद खान को दे दी गयी। बादशाह का मकसद अधम खान को सुधारना था न कि दण्डित करना...आखिर को तो वह हुमायूँ और हमीदा की सन्तान था, इसीलिए तो उदारता उसकी स्वाभाविक विशेषता थी और वह दण्ड को अन्तिम विकल्प के रूप में इस्तेमाल करना चाहता था, इसीलिए उसने माँ-बेटे को सुधरने का मौका देना ही ठीक समझा? एक न्यायप्रिय शासक की निशानी भी उसके अनुसार यही होनी चाहिए। आज भी हिन्दुस्तान में पुराने लोग उसके वालिद और जन्नत आशियानी, बादशाह हुमायूँ की तारीफ़ करते नहीं थकते थे और शायद यही उम्मीद उससे भी करते थे?

खैर, अधम खान के दरबार में नियुक्ति से उसकी माँ, महम अंगाह को भी कुछ चैन पड़ा, क्योंकि इधर उसके साथ ही अधम की बढ़ती महत्त्वाकांक्षा और उसपर अकबर की नज़र का टेढ़ा होना साफ दिख ही रहा था। जिस तरह से बाज़ बहादुर और मालवा वाला काण्ड हुआ था अकबर ने साफ तौर पर नाराज़गी ज़ाहिर की ही थी? और महम अंगाह की हरकतों के बारे में भी दरबार, हरम और आमजन में जिस तरह की बातें हो रही थीं अकबर के कानों तक पहुँच ही रही थीं। उसकी माँ तो तब भी कुछ लिहाज़ में और कुछ अपने बेटे को हर बला से बचाए रखने के वास्ते बहुत-सी बातें छिपा भी जाती थी और अगर कहना भी हुआ तो कम लफ़्ज़ों में अपनी बात कहती थी, मगर अकबर की दूसरी दूध माँ जीजी अंगाह जिसका पुत्र, मिर्ज़ा अज़ीज़ कोका अकबर का बाल-सखा ही नहीं ज़िन्दगी भर सबसे करीबी दोस्त रहा वह सबकुछ साफ-साफ बोलकर अकबर को सचेत भी करती और इसे अपना फ़र्ज़ भी मानती थी। इसीलिए अकबर ने जहाँ अत्गा खान को वकील की ज़िम्मेदारी देकर महम का जलवा एकदम से घटा दिया, वहीं अधम खान को भी पूरी तरह से क़ाबू में करने की इरादे से ही उसे मालवा से दरबार में तलब कर लिया था।

इसी बीच एक ऐसी अजीबोगरीब हरकत बादशाह ने की कि पूरा दरबार, अमीर और आमजन घुटनों के बल बैठ, हाथ जोड़कर ऊपर वाले से रहम की भीख माँग उठे। अकबर शायद इस कठिन मोड़ पर अपनी किस्मत और हिम्मत आजमाने के साथ ही इन माँ-बेटे पर अपना असली गुस्सा निकालना चाहता था। वह आगरा किले के बाहर जमुना के कछार में जहाँ चौघान खेलता था वहाँ गया और अपने हाथी 'हवाई' पर सवार होकर उसी की तरह के दूसरे हाथी 'रण बाघा' या 'रण बाघरान' के साथ लड़ाई की शुरुआत की थी। हाथियों की लड़ाई का उसका शौक पुराना था मगर यह कितनी ज़बरदस्त लड़ाई में तब्दील हो गयी कि सबकी जान सांसत में पड़ गयी। जब अमीरों वगैरह का कोई जोर नहीं चला तब वकील अत्गा खान ने गुज़ारिश की, मगर अकबर ने इनकार कर दिया। हवाई ने रण पर इतना ज़बरदस्त आक्रमण किया कि वह जमुना की तरफ अपनी जान बचाने की नियत से भागा। नाव के पुल पर दो हाथियों के वजन के चलते कभी नाव डूब जातीं फिर उभरतीं–इस पुल के दोनों तरफ सिपाही तैर रहे थे, ताकि किसी भी अनहोनी से अपने बादशाह को बचा सकें? खैर रण के भाग जाने से ही शायद बादशाह और उनके हाथी हवाई का गुस्सा ठण्डा हुआ?

इधर, अकबर से पहले ही इजाज़त लेकर पंजाब से चलकर नवम्बर (1561) में शमशुद्दीन मुहम्मद खान अत्गा उर्फ़ आज़ीन खान बादशाह की खिदमत में हाजिर हुआ। उसने सज़दा और पेशकश अदा करने के बाद बादशाह से आगे का हुक्म चाहा। अकबर उसके पंजाब की सेवाओं से बहुत खुश था–उसने न केवल इस सूबे की काबिले-तारीफ़ सेवा की थी, बल्कि उसके प्रशासन से अमन-चैन पनपा; वहाँ की जनता भी खुशहाल हुई और पैदावार भी बढ़ी! अकबर ने उसकी इन खासियतों के मद्देनज़र अपने राज्य में उसकी सेवाओं का फ़ायदा उठाने की नियत से उसको राजनीतिक, आर्थिक, सैन्य और नागरिक मामलों का सारा जिम्मा उसे दे दिया–यानी वह वकील की भूमिका का निर्वहन करने लगा। खान-ए-खाना मुनीम खान और महम अंगाह को यह इन्तज़ाम बहुत नागवार गुज़रा? उनकी सारी शक्तियाँ अब अत्गा को दे दी गयी थीं और वे हाशिये में धकेल दिये गये थे? मुनीम खान तो मन मसोस कर रह गया, मगर महत्त्वाकांक्षी महम ने अपना आपा ही खो दिया और उसने अपने ज़ुबान पर कोई लगाम न रखी–लिहाज़ा गुल-अफ़्शां, महबूबा और समीना जैसी अपनी खास बाँदियों से मरियम मकानी को सब खबर मिलने लगीं।

वाकई में परदे के पीछे क्या कुछ चल रहा था यह खबर अकबर को हरम से ही पता चलती थी...इसकी वजह भी थी–अकबर की दूध माँ दो थीं, एक महम अंगाह

और दूसरी जीजी अंगाह। अंगाह का मतलब ही दूध-माँ होता है। उनके पति इसी तरह अत्गाह कहलाते थे और उस दूध माँ के बेटों को कोकाह कहा जाता था। दोनों अंगाह के पति शाही सेवा में थे, लेकिन अत्गाह सिर्फ़ जीजी अंगाह के पति के लिए इस्तेमाल हुआ। उन्होंने बैरम खान के विद्रोही हो जाने पर उससे जालन्धर के निकट इतना ज़बरदस्त मोर्चा लिया था कि ज़्यादा फ़ौज और तजुर्बे के बावजूद बैरम को हार का सामना करना पड़ा था और वह इस हार के बाद मक्का जाने को मजबूर हो गया था! लिहाज़ा उसने सबसे कठिन दौर में सबसे ज़बरदस्त अदावत से अकबर के आरम्भिक दौर में मजबूती प्रदान की थी। जीजी अंगाह और उनके शौहर कतई महत्त्वाकांक्षी नहीं थे और जितना मिला उसके लिए अल्लाह और धरती पर उसके प्रतिनिधि अकबर का शुक्रिया अदा करते थे।

महम अंगाह और उसके बेटे अधम खान के मजबूत गुट को जामे में रखने की नियत से ही मरियम मकानी ने यह इशारा अकबर को दिया था और इसके लिए अपनी 'जियू' गुलबदन बेगम और खुद बैरम की बेगम रही सलीमा सुल्तान से भी सलाह की थी। अबुल फज़ल तो खुद कबूल करता है कि अकबर ने अत्गा खान को वकील के ओहदे पर तैनात करने के लिए सोचा ही नहीं था? यानी अबुल फज़ल समझदार के लिए इशारा भर छोड़ देता है...लेकिन महम अंगाह और मुनीम खान के तो बुरा लगना ही था–उनके ऊपर यह चोट जान बूझकर की गयी थी। उनके खास लोग जिसमें शिहाबुद्दीन अहमद खान, क़ासिम खान और अधम खान शामिल थे। उन्होंने अत्गाह खान को राह से निकालने की साज़िश रचनी शुरू कर दी थी और उसे राह से हटाने में मुनीम खान, शिहाबुद्दीन अहमद खान, क़ासिम खान वगैरह तो दरबार से भागने में कामयाब रहे मगर अधम खान को अपनी जान से हाथ धोना पड़ा...

अकबर के अन्दर हुमायूँ और हमीदा की एक और खासियत थी और वह थी सूफ़ी सन्तों के प्रति आदर भाव और रहस्यवाद के प्रति आकर्षण। अबुल फज़ल तो इस हाथी काण्ड को इसी नज़रिये से देखता है। बादशाह ने इसी के चलते फ़ैसला किया कि वह शेख़ मुइनुद्दीन चिश्ती की दरगाह जायेगा। उसे मालूम था कि उससे बहुत पहले हिन्दुस्तान में क़रौनाह तुर्क शासक मुहम्मद बिन तुगलक नाम का एक सुल्तान हुआ है, जिसने शेख़ साहब के सादे-से मज़ार को एक मकबरे में तब्दील कर लोगों के लिए इबादत का एक प्रमुख केन्द्र विकसित कर दिया था। अत: जनवरी की चौदह तारीख (1562) में वह अजमेर की ओर रवाना हुआ और महिला खेमा उसके पीछे-पीछे महम अंगाह के नेतृत्व में मेवात के रास्ते चल पड़ा। करौली

पहुँचने पर चगताई खान ने बादशाह से आमेर के कछवाहा राजपूत राजा बिहारी मल के बारे में बताया कि कैसे वह दिल्ली में उसके सामने हाज़िर हुआ था और पेशकश दी थी और अब वह बादशाह से फिर मिलना चाह रहा है; उसने यह भी बताया कि शाही अधिकारी मिर्ज़ा शर्फ़ुद्दीन कैसे राजा बिहारी मल को परेशान कर रहा है और अब तो आमेर हस्तगत करने की नियत से उसने राजा के पुत्र जगन्नाथ, असकरण के पुत्र राजसिंह और जगमल के बेटे कांगार को गिरफ़्तार कर रखा है। अकबर के शाही शिविर के दौसा पहुँचने पर बिहारीमल का भाई जगमल अन्य अमीरों के साथ बादशाह के सामने हाज़िर हुआ। अगले दिन जब शाही खेमा सांगानेर में लगाया गया तब चगताई ने राजा बिहारीमल को बादशाह के सामने हाज़िर किया और बादशाह ने उसे आश्वस्त किया कि उसके साथ इंसाफ़ किया जायेगा।

अभी बादशाह और बिहारीमल की बात चल ही रही थी कि महिला खेमा भी शिविर में आ पहुँचा...अकबर ने बिहारीमल से रुकने को कहा और तुरन्त अपनी माँ मरियम मकानी के सामने हाज़िर होकर आदर प्रकट करना ज़रूरी समझा। लेकिन, उसे अपनी माँ की मौजूदगी में एकदम से वह सलाह याद हो आयी जो ईरान के शाह तहमास्प ने बादशाह हुमायूँ को दी थी और जो उसकी माँ ने उसे बड़े होते ही सुनाया और समझाया था...अगर भारत में अपनी जड़ें मजबूत करनी है तो यहाँ के स्थानीय शासक वर्ग से वैवाहिक सम्बन्ध बनाना चाहिए और यहाँ बिहारीमल तो बिल्कुल ही समर्पण की मुद्रा में खड़ा था कि अकबर की कृपा हो जाये तो वह अपने परिवारीजन और मुग़ल अफसर मिर्ज़ा शर्फ़ुद्दीन के झगड़ों से निजात पा जाये। अकबर ने तस्दीक करना बेहतर समझा और मरियम मकानी से फिर से वही सुनना चाहा जो शाह तहमास्प ने उसकी मौजूदगी में सलाह बादशाह हुमायूँ को दी थी। अब तो मौका भी था, माहौल भी और शायद दस्तूर भी–उस दौर में दो शासकों के बीच कूटनयिक सम्बन्धों की बुनियाद ही वैवाहिक सम्बन्धों पर रखी जाती थी।

अपनी माँ से दोबारा वही राय सुनकर, वह मुतमईन हुआ...उसने फ़ैसला ले लिया और बिहारीमल को मुग़ल बादशाह की हिफाज़त का वादा मिला! साम्भर में बाक़ायदा बादशाह के साथ बिहारीमल की बेटी की शादी हुई और मरियम मकानी ने अपनी बहु का 'हरम' में खुशी के साथ बड़े प्यार और दुलार से स्वागत किया और बादशाह ने शर्फ़ुद्दीन को सभी राजपूत शहज़ादों को छोड़ने के साथ बिहारीमल से इज़्ज़त से पेश आने की हिदायत दी और उसके बाद फौरन ही उसने शाही खेमे के साथ आगरा की तरफ कूच किया। जब शाही खेमा रतनपुर पहुँचा तब राजा बिहारीमल ने अपने परिवार के सदस्यों के साथ बादशाह का इस्तकबाल किया और

इसी समय राजा बिहारीमल के पौत्र और राजा भगवन्तदास के बेटे मान सिंह को शाही सेवा में दाखिल कर लिया गया।

इधर, बसन्त के आगमन के साथ बादशाह के जीवन में वैवाहिक बसन्त भी शुरू हुआ और उसका जन्मदिन (11 मार्च, 1562 को) जोर-शोर से मनाया गया! मरियम बेगम ने इस मुबारक मौके पर सबको उपहार दिये और गरीबों में बहुत धन बाँटा! इसी मौके पर मरियम मकानी की निहायत मानवीय और उदार सलाह पर दासों की भर्ती पर रोक लगा दी, जिससे यह प्रथा अपनी तमाम बुराइयों के साथ खत्म हुई और लोगों ने राहत की साँस ली, क्योंकि इतनी जंगें होती थीं और उनके नतीजे–हारे हुए लोगों को बन्दी बनाकर दास बनाना! इसमें सबसे ज़्यादा अगर कोई भुगतता था, तो वे थीं, बेगुनाह औरतें और बच्चे–भला उनका क्या कसूर? बस इतना कि वे हारने वालों की तरफ थे? इस कानून के लागू होते ही लोगों में बादशाह की काफी तारीफ़ हुई और बादशाह ने माँ के सम्मान में खास हाज़िरी लगाकर अपनी कृतज्ञता दिखाई। इसी समय शाही फ़ौजों ने जोधपुर में मेड़ता विजित किया और किसी को दास नहीं बनाया गया! इसे मालदेव ने जगमल के हाथों सौंप रखा था! इसी तरह से आगरा से तीस कोस दक्षिण-पश्चिम (आज के एटा जिले में) साकित कस्बे में अठघरा या आठ गाँव का एक समूह था यह मेवासी गाँव थे, जहाँ बगावत का ही बोल-बाला था और वे भू-राजस्व भी अदा नहीं करते थे। बादशाह ने स्वयं शिकार के बहाने इनको परोंख की जंग में पराजित किया और यहाँ भी किसी को दास नहीं बनाया गया।

इसी बीच, बाज़ बहादुर ने एक बार फिर अपनी किस्मत आजमाते हुए खानदेश के मिरान शाह की मदद से मालवा पर कब्ज़े की कोशिश की और उसके नतीजे में पीर मुहम्मद मारा भी गया। अकबर ने दूरन्देशी दिखाते हुए इन इलाकों के जानकार अब्दुल्ला खान उज़्बेग को मालवा में तैनात करने के साथ उस समय के अपने दीवान-ए-बयुतात, ख़्वाजा मुइनुद्दीन अहमद फ़रंखुदी को खान की पदवी देते हुए मालवा का दीवान बना दिया, ताकि इस उपजाऊ इलाके में राजस्व के मुकम्मल इन्तज़ाम हो सके जो पूरे मालवा में मुग़ल पकड़ को मजबूती दे सकेंगे! बाज़ बहादुर ने मालवा छोड़ देना ही बेहतर समझा और मुईन ने जमाबन्दी के तमाम इन्तज़ाम कर वापस दरबार की ओर कूच किया।

इसी के बाद शाह तहमास्प का राजदूत अकबर के दरबार में हाज़िर हुआ। सफ़वी वंश के शाह ने बादशाह हुमायूँ की मृत्यु का शोक-सन्देश भेजने के साथ ही अकबर को मुबारकबाद और ढेरों उपहार भेजे थे अकबर ने भी उन्हें ढेरों उपहार

वगैरह भेजे और कुछ तो खास तौर से उनके हरम की औरतों के लिए मरियम मकानी की तरफ से भिजवाये, क्योंकि उसने अपनी माँ से सुना था कि कैसे शाह तहमास्प ने अपनी बहन को उनकी खिदमत में लगा दिया था! और उस दौर में कैसे ईरान में उन दोनों की कितनी खातिरदारी की गयी थी। लिहाज़ा उसने भी ईरान के दूत दल की खातिरदारी में कोई कसर नहीं छोड़ी। उन्हें भी उपहारों से लाद दिया गया था।

जैसे-जैसे अकबरी जलाल बढ़ता जा रहा था। महम अंगाह की महत्त्वाकांक्षा एक अजब जलन का शिकार हो रही थी। चूँकि उसका पुत्र भी मालवा से वापस दरबार में बुला लिया गया था और उसकी भी महत्त्वाकांक्षा पर कड़ी पहरेदारी थी, अतः वे दोनों माँ-बेटे एक अजब-सी आग में जलने लगे थे। अत्गा खान ने महम की न केवल जगह ली थी, बल्कि वह वकील या प्रधानमन्त्री होने के नाते ज़ाहिर ही सब के ऊपर था और इस नाते सारे मुग़ल अधिकारी उसके अधीन थे, अतः सब को हुक्म देना उसका काम ही था और सभी को दिये गये काम पर नज़र रखना और हिदायत देना भी उसी का काम था। वह शासन-प्रशासन का सर्वोच्च अधिकारी होने के नाते बादशाह की नाक, कान और आँख भी था। इस वजह से अधम और महम को वह फूटी आँख नहीं सुहाता था। लेकिन ये किसने सोचा था कि इन दोनों माँ-बेटे की हताशा उनको षड्यन्त्रकारी या खूनी बना देगी?

एक बार महम अपने इस बेटे का कुकृत्य छिपाने के लिए बाज़ बहादुर के हरम से कैद की गयीं दो बेगुनाह कमसिन लड़कियों की हत्या करा चुकी थी और बादशाह को पता चल गया था, मगर दूध की कीमत चुकाने के नज़रिये से उसने ये गुनाह माफ़ कर दिया था शायद इसी से इनके मंसूबे बढ़ गये थे और इन्हें लगता था कि वे कुछ भी कर के इसी तरह बचते रहेंगे। यहीं उनसे चूक भी हुई। अकबर ने अधम को इसीलिए दरबार में वापस बुला लिया था, ताकि उस पर कड़ी नज़र रखी जा सके और सुधर जाने के बाद ही कोई बड़ी और आज़ाद ज़िम्मेदारी दी जाये! उधर जैसे महम का महत्त्व कम हुआ वैसे ही उसके अपने लोग उसका साथ छोड़ने लगे थे? उसकी अपनी दासियाँ जिनको उसके जलवे के चलते फ़ायदा होता था अब मरियम मकानी के नज़दीक होने को छटपटा रही थीं, क्योंकि राजमाता की नज़दीकी से उन्हें फ़ायदा-ही-फ़ायदा होना था और उनकी नज़र में इसके लिए सबसे अहम बात यही थी कि वे महम से दूरी बना लें?

जिन तीन बाँदियों, गुल-अफ़्शां, महबूबा और समीना को शुरू में मरियम मकानी ने महम पर नज़र रखने के लिए लगाया था उसमें धीरे-धीरे कर दस-बारह

और शामिल हो गयीं थीं। इसमें बावर्चीखाने से लेकर साफ-सफ़ाई के काम वालियों से लेकर रख-रखाव और व्यक्तिगत सेविकाएँ भी सम्मिलित थीं और इसीलिए महम और जब उसका छोटा बेटा अधम बातचीत करते तब भी इनके कान सुनते, आँखें देखतीं और जुबान मरियम मकानी के सामने खुलती। कभी-कभी तो जब बादशाह हरम में माँ से मिलने आते तब वह इन्हीं की जुबाँ से सच कहलवाती और बादशाह को सतर्क रहने की हिदायत देती। बैरम खान के पतन के बाद वाकई में महम का दर्ज़ा बहुत बढ़ गया था, लेकिन एक बार अकबर ने बागड़ोर अपने हाथों में ली तो उसने सब तरफ नकेल कसनी शुरू की थी और अपनी हरकतों की वजह से ये माँ-बेटे भी उसके जद में आ गये थे और यही उनकी कसमसाहट और बेचैनी का सबब था! वे बिल्कुल दलदल में धँसते जा रहे थे, जितना वे निकलने की कोशिश करते उतना ही उनकी हरकतें सबकी नज़र में आने लगतीं और उसकी खबर बादशाह तक भी पहुँचती। इन्तज़ार बस सर के ऊपर से पानी निकलने का ही था...

अधम खान की अपनी जलालत और ऊपर से सर्वशक्तिशाली माँ के अधिकारों का यूँ छीना जाना बर्दाश्त ही नहीं हो रहा था। इतना ही नहीं खान-ए-खाना मुनीम खान भी अत्गा खान के इस उद्भव से ईर्ष्यालु था आखिर वह और महम ही तो वकील की शक्तियों से लैस थे और मिलकर सत्ता के शीर्ष का उपभोग करते थे। इसीलिए गाहे-बगाहे मुनीम खान भी अधम खान की हताशा में बराबर इज़ाफ़ा ही करता रहता था। अधम खान की कम उम्र में अकूत सम्पदा–कहाँ मालवा की गवर्नरी और कहाँ अब लगभग हाशिये पर पड़े रहने की मजबूरी। माँ का यह हाल और मुनीम खान की बातें उसकी गुस्सा को बेतहाशा बढ़ा रहे थे। ऐसे में गर्मियों के मौसम में एक दिन (16 मई, 1562) जब शायद गर्मी उसके सर और दिमाग को भड़काने के लिए काफी थी वह अपने कुछ अराजक साथियों के साथ शोर मचाता, अत्गा खान को अपशब्द बोलता हुआ शाही दरबार में जा घुसा जहाँ अत्गा खान, मुनीम खान और शिहाबुद्दीन अहमद खान किसी ज़रूरी सरकारी काम को अंजाम दे रहे थे।

अधम खान को देखते ही उसके अकबर के दूध भाई होने के नाते ये उच्च अमीर और अधिकारी लोग आदर प्रकट करने के लिए खड़े होने लगे। अधम निहायत ही अशिष्ट भाषा का इस्तेमाल करते हुए अपने खंजर पर हाथ रखते हुए अत्गा खान की तरफ तेजी से बढ़ा। शायद यही इशारा काफी था उसके एक साथी, खुशाम उज़्बेग ने अपना खंजर अत्गा के सीने में उतार दिया। अत्गा जान बचाने के लिए दरवाज़े की ओर लपका तभी अधम के दूसरे साथी, ख़ुदा बर्दी ने बिना देर किये अपनी

तलवार से दो वार कर वकील अत्गा खान को मौत के घाट सुला दिया! उसका बेजान शरीर वहीं दीवान-ए-आम के सेहन में गिर पड़ा–एक बेकसूर अधिकारी दूसरों की ईर्ष्या का शिकार हो चुका था–माँ-बेटे के खिलाफ़ जो बेकसूर को मौत के घाट उतारने, उनके बेवजह उत्पीड़न की जो शिकायतें बादशाह तक पहुँच रही थीं। आज उसके हरम के नज़दीक घट रहा था और उस कोलाहल में अकबर का जाग जाना स्वाभाविक था।

अकबर ने हरम की औरतों से दरियाफ़्त की–वे बाहर का शोर तो सुन सकी थीं, लेकिन ख़्वाजासरा नियामत ने दरवाज़ा बन्द कर दिया था। लिहाज़ा कोई भी बाहर जाना तो दूर झाँकर देख भी नहीं सका था कि क्या हुआ? ऐसे में बाबर के समय के सबसे वफ़ादार रफीक़ से अकबर ने पूछा तो उसने सब हाल कह सुनाया। फिर अकबर ने रफीक़ से दुबारा पूछा–शायद नींद के चलते उसे यकीन ही नहीं हो रहा था? अबकी बार रफीक़ ने अत्गा खान की खून से सनी हुई लाश की ओर इशारा करते हुए अपनी बात दोहराई। उस मई की गर्मी की रात में अकबर का भी गुस्सा एकदम से सातवें आसमान पर जा पहुँचा! एक दरबान ने उसके हाथ में एतिहातन एक शमशीर-ए-खास (शाही तलवार) पकड़ा दी और अकबर वैसे ही दूसरे दरवाज़े से बाहर निकला...

जैसे ही उसकी नज़र अधम पर पड़ी उसने बेहतरीन हिन्दुस्तानी गालियों से उसे नवाज़ा और अत्गा खान को मारने का कारण पूछा। बादशाह ऐसे में भी हत्यारे को सफ़ाई का मौका देता दिख रहा था! लेकिन अधम की हरकत उस पतिंगे के माफ़िक थी, जिसकी मौत से पहले पर निकल आते हैं। उसने हिमाकत करते हुए अकबर का हाथ पकड़ कर लगभग चीखते हुए कहा पहले पता कर लीजिए कि किसने मारा है फिर हमें गाली बकिये–हमने तो अपना हाथ भी नहीं उठाया?! अब अकबर ने अपना हाथ अधम के हाथों से छुड़ाने की कोशिश की तभी उसने भी अपना हाथ खींचकर अपनी तलवार निकालने की कोशिश की। अब तक तो न जाने कितने नौकर-चाकर इकट्ठे हो चुके थे...अधम खान का हाथ जब तक अपनी तलवार की मूठ तक पहुँचता उससे पहले ही अकबर ने चीते की फुर्ती दिखाते हुए एक ज़बरदस्त घूँसा उसके माथे पर मारा कि वह उस तेज गुस्से भरे प्रहार से ज़मीनदोश हो गया! तब अकबर ने लगभग डाँटते हुए अपने सेवकों में से फ़रहत खान और संग्राम हुस्नक को ज़मीन पर पड़े हुए अधम को बाँधने का हुक्म दिया। उनके अलावा बाकी ने भी हिम्मत की और जल्दी-जल्दी अधम को बाँध दिया गया।

उसने इस तरह बँधे हुए अधम को छत से नीचे फेंकने का हुक्म दिया–शायद अभी भी सेवकों के मन में या तो माँ-बेटे का खौफ़ था इसीलिए उन्होंने उसे ऐसे आहिस्ता से फेंका कि कहीं जान जाना तो दूर उसे ज़्यादा चोट भी न आये! अब अकबर का गुस्सा और बढ़ गया। उसने ऐसी हालत में अधम को बाल से घसीटते हुए ऊपर लाने का हुक्म दिया और अब की बार उसे सर के बल नीचे फेंकने का हुक्म दिया–कहते हैं अधम की गर्दन टूट गयी और उसका सिर ऐसे फटा कि दिमाग खोपड़े के बाहर आ गया। खान-ए-खाना मुनीम खान और शिहाबुद्दीन अहमद खान जो अत्गा खान के साथ उस समय मौजूद थे और उसे बचाने के लिए कुछ नहीं किया था, वे बादशाही खौफ़ से डर के मारे भाग खड़े हुए...

अत्गा खान के बड़े बेटे को भरोसा नहीं हुआ कि उसके वालिद की मौत पर फौरन इंसाफ़ हो चुका है, वह समझ रहा था कि दरबार से यह अफ़वाह फैलायी गयी है, अत: उसने बादशाह से अधम के बेजान शरीर देखने की फ़रियाद की और जब अत्गा के निहायत करीबी, शेख़ मुहम्मद गज़नवी ने देखकर तस्दीक कर दी तब वह ही नहीं सभी लोग अकबर की और उसके फौरन इंसाफ़ करने के ढंग की तारीफ़ कर उठे! इस एक प्रकरण से लोगों को अकबर की हिम्मत (दैवी शक्ति), इंसाफ़ के प्रति आग्रह और त्वरित कार्रवाई की जानकारी तो हुई ही साथ ही उनको भी साफ सन्देश मिल गया कि बादशाह से बदतमीज़ी और उसके अधिकारियों के खिलाफ़ भी हिंसा बर्दाश्त नहीं की जायेगी। पुराने तुर्की राजत्व सिद्धान्त 'राजत्व बन्धुत्व नहीं जानता' को उसने अमली जामा पहना कर यह भी साबित कर दिया था कि वह अगर बैरम खान के असर में नहीं रह सका था, तो महम अंगाह की 'पेटीकोट सरकार' और उसके बचे हुए हिस्सों से भी ऊपर है–वह स्वयं अपना मालिक और मुल्क का बादशाह है और इंसाफ़ करना उसका फ़र्ज़ है!

महम का दिल और दिमाग तो पहले से ही बैठा जा रहा था अब इस बेटे की मौत के गम में शरीर ने भी साथ देना छोड़ दिया और बेटे की मौत के चालीसवें दिन उसका शरीर पूरी तरह से बेजान हो गया। अकबर ने उसको अपने बेटे का बेजान शरीर देखने से मना कर दिया था और दूसरे रोज़ ही उसे दिल्ली दफ़नाने के लिए भिजवा दिया था। महम अंगाह के जनाज़े में अकबर खुद कुछ दूर साथ चला था और जब उसे भी बेटे के करीब दिल्ली में दफ़ना दिया गया तब अकबर ने एक मकबरा तामीर कराकर अपने दूध का कर्ज़ अदा किया। इस तरह दफ़नाने और मकबरा बनवाने के पीछे हरम में मरियम मकानी के सामने हुई बाक़ायदा लम्बी

बातचीत का नतीजा थी, जिसकी राय सबसे पहले मरियम ने ही दी थी–आखिर तो वह भी माँ थी और उसे नहीं भूला था अकबर को अपना दूध पिलाना–जो सज़ा ख़ुदा ने मुक़र्रर की थी वह तो उसके नुमाइन्दे, अकबर बादशाह ने दे ही दी थी–अब बादशाही जलाल और दया का वक़्त था!

V

महम अंगाह और उसके छोटे बेटे के यूँ खात्मे के बाद, उसका गुट बिखर गया था; खान-ए खाना, मुनीम खान जैसे भाग खड़ा हुआ था और सहारनपुर के सरवत से गिरफ़्तार किया गया, वैसे ही बहुत से बाकी अमीर और मुलाज़िम जो महम के बदौलत ओहदों पर बैठे थे, उनको भी पूरी तरह गिरफ़्त में लेना था मगर यह काम धीरे-धीरे ही किया जा सकता था। इससे भी ज़्यादा ज़रूरी था, उसके अमीरों ने जो सरकारी धन की लूट की थी उसको खत्म करना। अकबर को ये शिकायतें न जाने कब से मिल रही थीं। उसकी कछवाहा बेगम उसको ये खबर देती ही थी, मरियम ही नहीं बैरम की बेगम सलीमा और गुलबदन भी अक्सर उसको उसके राज्य की माली हालत पर नज़र रखने की हिदायत देतीं। अकबर ने इन बातों की ताकीद करने के लिए एक दिन सिर्फ़ अट्ठाईस रुपये की माँग की और जिस तरह से महम अंगाह के एक खिदमतगार से ये पैसा लेकर बादशाह को दिया गया, उसने पूरी तरह से इस राज़ से पर्दा उठा दिया था। इसलिए उसने अपने खास दरबारियों और अधिकारियों से इस बाबत पूछना शुरू किया तब वे लोग भी अब खुलकर उसे बताने लगे थे कि कैसे मालगुज़ारी की रकम के साथ ख़ुम्स का बड़ा हिस्सा और तो और, खुद बादशाह का हिस्सा दबाने लगे थे।

अब उसने बहलूल मलिक जो इस्लाम शाह सूर का वज़ीर-ए-खज़ाना रहा था। उसकी तारीफ़ और अभी तक किये गये कामों को देखते हुए उसे एत्माद खान का खिताब देते हुए उसी को वज़ीर बनाया, ताकि वह सरकारी खज़ाने, जमा-खर्च को दुरुस्त कर सके। उसने रात-दिन जुटकर काम करते हुए नये सिरे से आमदनी और खर्चों पर नियन्त्रण करने की तरकीबों में और सुधार किया और इसी के चलते सितम्बर (1562) के महीने में अकबरी राज्य में नये नियम-कायदों के लागू होते ही मालिया हालात सुधरने लगे; माल-गुज़ारी की पाबन्दी और 'वासिल-बाकी' के जरिये से बकाया के भी पुख्ता इन्तज़ाम किये गये, ताकि वह पैसा बिचौलियों की

जेब में न पहुँच जाये जैसा बैरम खान और महम अंगा- मुनीम खान के समय में हो रहा था। इसी इफ़रात पैसे ने तो अधम खान को उस राह पर चला दिया था वरना ये नौबत न आती...।

हालाँकि उसने मुनीम खान को एक मौका देते हुए उसे माफ़ किया और उसको फिर से वकील बना दिया; उसी के साथ शिहाबुद्दीन अहमद खान और कासिम खान जैसे अमीरों को भी माफ़ी दी गयी। इसी साल (1562) के आखिर में मियाँ तानसेन के आने से दरबार की शान-ए-शौकत में चार चाँद लग गये थे और तहज़ीबी माहौल ने अकबर के दरबार के जलाल को बहुत बढ़ा दिया। चारों ओर इस बात की चर्चा होने लगी और तिज़ारतियों के जरिये ये बातें दूर यूरोप तक पहुचने लगीं। इतना ही नहीं, अकबर ने जब पूरी तरह से खुद बागड़ोर अपने हाथों में ले ली तब उसकी सुल्तनत में बराबर इज़ाफ़ा भी होने लगा। अकबर के बढ़ते कदम से मरियम मकानी खुशी से फूली नहीं समाती थी। जब अकबर खुद किसी कूच पर या शिकार पर या ज़ियारत पर जाता तब मुग़ल हरम का खेमा भी साथ-साथ जाता और महफ़ूज़ जगह देखकर उनका खेमा लगता। यही चगताई परम्परा थी भी और फिर मरियम मकानी को तो वह मना कर ही नहीं सकता था?

जब वह अपनी इस माँ के पेट में था तब उसने इतनी दर्द भरे और खतरनाक रेगिस्तानी सफ़र किये थे। उसके बाद कैसे ईरान का सफ़र कटा और वापस हिन्दुस्तान में दाखिले के लिए हुए जंगों में भी शाही शिविर में वह हर समय मौजूद रही थी। उसकी मजबूती, बहादुरी का वह खुद बहुत कायल था और फिर अपने बेटे को खुशहाल और महफ़ूज़ देखने की माँ मरियम मकानी की ललक से भी वह भली-भाँति वाकिफ़ था। वह जानता था कि खुद को महफ़ूज़ रखने में तो वह काबिल थी ही अपनी कछवाहा बहु और बेटे अकबर की बेगम को भी रोज़ अपनी देख-रेख में रियाज़ कराती थी, जैसे उसने सलीमा सुलतान के साथ पहले ही किया था! उसने अपनी माँ और तो पिता से बहादुरी के साथ उदारता का जज़्बा लिया था। हिन्दुस्तान में उसकी कामयाबी का यह सबसे बड़ा सबब बना था!

एत्माद खान के वज़ीर बनने के बाद कड़ा-मानिकपुर में आसफ़ खान तैनात हुआ था। उसने सबसे पहले भट्ठा के राजा रामचन्द्र के खिलाफ़ आसफ़ खान को भेजा जिसे उसने हरा दिया। अकबर ने उदारता दिखाते हुए, राजा रामचन्द्र को मुग़ल अधीनता स्वीकार किये जाने के बाद सालाना खराज़ देते रहने की शर्त पर उसका राज्य वापस कर दिया गया। इसके बाद काबुल के इन्तज़ाम ठीक किये गये–वहाँ से मुनीम खान के दरबार आने के बाद अकबर ने अपने किशोर सौतेले भाई, माह-चूचक

बेगम के बेटे, मिर्ज़ा हाकिम को वहाँ का हाकिम बना दिया था। चूँकि मिर्ज़ा हाकिम अभी बालक था इसीलिए मुहम्मद अतका-बेगी को सहायता के लिए तैनात किया गया था; कैसे वहाँ के हालात बदतर होते रहे और अकबर ने आखिर में एक बार फिर मुनीम खान को मिर्ज़ा हाकिम का सरपरस्त बना कर हालात दुरुस्त करने की नियत से भेजा। माह चूचक बेगम ने अब तक सारे मुग़ल अधिकारियों को हटाकर अपनी सत्ता कायम कर ली थी इसलिए वह अब उसे छोड़ने को तैयार नहीं थी। उसने पूरी तैयारी से मुनीम खान का सामना किया और मुनीम खान के साथ गयी शाही फ़ौजों को शिकस्त दे दी। मुग़ल हरम में इस बात पर अफ़सोस की जगह खुशी ही हुई (अगस्त, 1563)। और यह खुशी अकबर की नज़रों से छिपी नहीं रह सकी। इसीलिए अकबर को समझ आ गया था कि उसका सौतेला भाई अपनी माँ के संरक्षण में सुरक्षित है, अतः फिलहाल अलग से किसी और को काबुल में तैनात करने की ज़रूरत नहीं है।

इसी बीच अकबर शिकार खेलने मथुरा की ओर गया–चूँकि हरम की औरतों ने भी अकबर को शिकार करते हुए देखने की ख्वाहिश ज़ाहिर की, इसीलिए उसके साथ मरियम मकानी–हमीदा बेगम, उसकी कछवाहा रानी वगैरह सभी थे, ज़ाहिर ही है अकबर की कछवाहा बेगम ने मन्दिर में जाकर पूजा-आरती करने की इजाज़त मरियम के जरिये माँगी और अकबर ने हामी भर दी। मन्दिर से लौटकर वह अकबर को शिकार करता देखने के लिए चली गयी। वहाँ से लौटने के बाद जब अकबर इत्मीनान से मरियम के खेमें में हाज़िर हुआ तब उसे पता चला कि हिन्दू तीर्थ-यात्रियों से बाक़ायदा एक 'कर' की वसूली होती है, तब उसने मरियम की सलाह पर इसकी वसूली पर रोक लगा दी। उसके हिसाब से सबको अपने ढंग से इबादत करने की आज़ादी होनी ही चाहिए? पूरे मुग़ल राज्य में इसी साल (1563) से हिन्दू तीर्थ-यात्रियों से तीर्थ-यात्रा को पूरी तरह से खत्म कर दिया गया! हरम का अच्छा असर राज्य की नीति पर पड़ने से ही अकबर की धार्मिक और राजपूत नीति की कामयाबी की नींव पड़ी!

मथुरा से शिकार करने के बाद अबुल माली के विद्रोह की खबर पाकर अकबर दिल्ली चला गया, जहाँ वह जनवरी की दस तारीख (1564) को पहुँचा। वहाँ से जनवरी में उसने ख़्वाजा साहब की ज़ियारत करने का फ़ैसला किया और अजमेर चला गया। वहाँ से लौटे वक़्त 12 जनवरी, 1564 को उसके ऊपर प्राणघातक हमला हुआ। पुरानी दिल्ली में स्थित महम अंगाह के मदरसे से उसके ऊपर तीर मारा गया था। यह तीर जो दिल का निशाना कर मारा गया था। वह इत्तेफ़ाक से उसके दाहिने कन्धे में जा चुभा। अकबर ने स्वयं उस चुभे हुए तीर को निकाल

फेंका और हत्यारोपी कत्लक फ़ौलाद को तुरन्त मौत के घाट उतारने का हुक्म दे दिया। अकबर को फौरन मरियम का चेहरा याद आया और वह हकीम वगैरह को वहीं हरम में आने की खबर भिजवाकर परेशान हो रही मरियम मकानी और हरम की बाकी औरतों के सुकून के लिए सीधे हरम में पहुँचा।

माँ-बेटे में मौन संवाद हुआ–मरियम मकानी ने अकबर को उसी समय चेतावनी दी थी कि उसने क्षणिक आकर्षण और इन्द्रियलोलुपता के चलते शेख़ों को खामखाह नाराज़ कर दिया था और इसका अंजाम ठीक नहीं होगा? भले ही अकबर अपने को बादशाह और इमाम दोनों समझता हो, लेकिन शेख़ों, सन्तों का दर्ज़ा समाज में कहीं ऊँचा है? और सिर्फ़ दैहिक सुख और लैंगिक आकर्षण के चलते शेख़ अब्दुल वसी को मजबूर कर दिया था कि वह अपनी निहायत खूबसूरत और दिलकश बेगम को सिर्फ़ इसलिए तलाक़ दे दे, ताकि अकबर उससे निकाह कर सके? वास्तव में दोनों मिया-बीबी को यह तलाक देना कतई मंज़ूर नहीं था मगर बादशाही दबाव के आगे वे लाचार हो गये थे...शेख़ ने तो उत्तर भारत ही छोड़ दिया और वह दक्कन में बीदर की तरफ चला गया और इसके बाद उसका कोई उल्लेख नहीं मिला यानी उसने दुनिया और दुनियावी ज़िन्दगी को अलविदा कहकर गुमनाम ज़िन्दगी गुज़ार दी। इधर, हरम में शेख़ की बीबी भी बुझी-बुझी रहती, न खाती, न पीती, बस रोती रहती...मरियम मकानी और मरियम-उज़-ज़मानी के साथ ही सलीमा सुल्तान बेगम सभी उसको सम्हालने की कोशिश करतीं और बादशाह को भी इसका एहसास हो गया जब वह अकबर के साथ बिस्तर में भी ठण्डी लाश ही बनी रही...लेकिन जो होना था वह तो हो चुका था?

अकबर के अंगरक्षकों और सिपाहियों ने जैसे ही प्राणघातक हमला करने वाले कत्लक फ़ौलाद को फौरन ही मौत के घाट उतार देने को कहा। साथ ही उसने साफ लफ़्ज़ों में उससे किसी भी तरह की पूछताछ न करने की सख़्त हिदायत भी दे दी थी। वह जान चुका था कि मरियम मकानी सही थीं–यह सारा मामला ही शेख़ों के बदला लेने का जज़्बा था। हालाँकि इशारों से आमजन शेख़ अब्दुल वसी की बेगम वाली हरकत पर इशारा करते मगर मुँह से तो कभी अबुल माली की खुराफ़ात कहते तो कभी कत्लक फ़ौलाद को शर्फ़ुद्दीन के वालिद के आज़ाद हुआ दास बताता। लेकिन यह सच है अकबर को समझ आ गया था कि अगर कत्लक फ़ौलाद से पूछ-ताछ हुई तो कहीं कई अपने ही बेनकाब न हो जायें? मगर यह तो सच है कि इसके बाद ऐसी ओछी हरकत अकबर ने ता-उम्र नहीं की। उसको इस एक हरकत से ही ज़िन्दगी-भर का सबक मिल गया था।

बादशाह पर हुए इस हमले की खबर मरियम मकानी को लग चुकी थी और पूरे मुग़ल अमले को भी। इसीलिए बादशाह के फूफा और गुलबदन बेगम के पति, ख़िज्र ख़्वाजा खान ने तुरन्त ही ज़ख्म साफ करना शुरू किया और तब तक हकीम ऐन-उल-मुल्क भी आ पहुँचा और दोनों ने मिलकर अकबर के मलहम-पट्टी की। बादशाह को या उसके शाही पोशाक को भी दिक्कत न हो, कोई खून वगैरह न बहे और दाग धब्बे न लगें, इसके लिए हकीम ऐन-उल-मुल्क ने ख़िज्र ख़्वाजा खान की सलाह पर सूखी मलहम-पट्टी या 'ख़ुश्क-बन्द' से ज़ख्म को ढँका। हर रोज़ ऐसी ही पट्टी बदली गयी और एक हफ़्ते में बादशाह सलामत बिल्कुल स्वस्थ हो गये। इसके बाद अकबर जनवरी (1564) की इक्कीस तारीख को दिल्ली से आगरा के लिए रवाना हो गया जहाँ वह जनवरी की 30 तारीख को पहुँच गया।

एक बात तो है कि राजपूत घरानों से शादियों के जरिये अगर अकबर ने अपनी सियासी मजबूती हासिल कर ली थी, तो अब उसके लिए यह ज़रूरी हो गया था कि वह सिर्फ़ राजाओं और सरदारों को ही साथ न कर के आमजन को भी अपने साथ ले? उसने मरियम मकानी से दरख़्वास्त की कि वह अकबर की सभी राजपूत बीबियों से एक साथ बात कर इसकी कोई तरकीब निकाले। मरियम ने पहले सबसे अलग-अलग बात की फिर उसने एक रात बादशाह की खास दावत हरम में की और जब थोड़ी रात गहरा गयी तब उसने सबके सामने यही सवाल रखा–इस मसले पर जो एक राय उभर कर आयी वाह यही थी कि आम गैर-मुस्लिम इसी बात से खुश हो जायेगा और बादशाह सलामत की जयजयकार करेगा अगर उसके ऊपर लगने वाला 'जज़िया' कर खत्म कर दिया जाये! अकबर ने फौरन फ़ैसला ले लिए और मार्च 1564 में इस कर की वसूली पर पूरी तरह से रोक लगा दी गयी थी। वाकई जनता में अकबर की छवि रातोरात एक इंसाफ़ पसन्द बादशाह की हो गयी! यह भी सच है कि न ये राजपुतानी राजकुमारियाँ उसके हरम में आतीं तो ज़ाहिर ही जज़िया की वसूली जारी ही रहती। इसमें या इससे पहले तीर्थ-यात्री कर की वसूली पर रोक ये दोनों ही मरियम-उज़-ज़मानी के सरपरस्ती में उसकी राजपूत रानियों का ही असर था!

इसी के बाद अकबर ने गक्कर इलाके में भी तमाम इन्तज़ामों को दुरुस्त किया और पुराने सुल्तान सारंग के बेटे कमाल को अपने अधीन सुलतान की तरह रहने दिया (1563)। इसी बीच अजमेर-नागौर से मिर्ज़ा शर्फ़ुद्दीन के विद्रोह की खबर आयी जिसे फौरन ही दबा दिया गया और विद्रोही अपनी जान बचाने को पहले अपनी जागीर जालौर और फिर मक्का भाग गया। जालौर पहुँची शाही सेना को

अकबर ने मण्डौर का पुराना राज्य (मारवाड़/जोधपुर) जीतने के फ़रमान भेज दिया। मालदेव का छोटा बेटा चन्द्रसेन वहाँ का शासक बन बैठा था, जिससे नाराज़ होकर बड़ा भाई राम सिंह अकबर की शरण में चला गया था, इसीलिए शाही फ़ौज को वहाँ किसी खास दिक्कत का सामना नहीं करना पड़ा और राम सिंह ने अकबर की अधीनता स्वीकार कर ली और मारवाड़ की सत्ता उसके हाथों में आ गयी (1563)।

इसी बीच शाह अबुल माली के विद्रोह की सूचना आयी और अकबर ने शाह बधाक खान, तातर खान, रूमी खान आदि के नेतृत्व में शाही फ़ौज उसको गिरफ़्तार करने के लिए भेज दी और खुद नज़र रखने की नियत से दिल्ली चला गया ताकि कोई मदद हो तो आसानी से पहुँचा दी जाये, लेकिन अबुल माली ने पलायन किया और इस सेना के लौट जाने के बाद फिर सक्रिय होते हुए, अकबर की सौतेली माँ मह चूचक बेगम की हत्या कर दी (अप्रैल 1564)। खैर, मिर्ज़ा सुलेमान जो हुमायूँ का चचेरा भाई ही था वह बदख्शां से आया उसने अबुल माली को बुरी तरह से हरा दिया और मिर्ज़ा हाकिम को अपने संरक्षण में ले लिया और काबुल का इन्तज़ाम अपने हिसाब से कर दिया। इसी समय (1564) में आसफ़ खान ने गढ़ कटंगा पर कूच किया और चन्देल घराने की राजकुमारी जो अपने पुत्र की संरक्षिका के रूप में गोंडवाना का राज्य सम्हाल रही थी, उसने भीषण जंग के बाद रानी को लगभग हरा-सा दिया! तब रानी दुर्गावती ने खुद आत्महत्या करना बहादुरी और आत्म-सम्मान समझा। इसके बाद अकबर को अपनी शाही फ़ौजों को राजपुताना की ओर कूच करते हुए पाते हैं।

आमेर के कछवाहा बिहारीमल ने स्वयं मुग़ल बादशाह अकबर की अधीनता और सम्प्रभुता स्वीकार कर अकबर की राजपूत नीति को अमली जामा ही पहनाया था। उसी की देखा-देखी कुछ अन्य राजपूत राज्यों ने भी सहज मुग़ल अधीनता स्वीकार किया था और अपनी राजनीतिक स्थिति मजबूत करने में ही भलाई समझी थी–उन्हें निश्चित ही बिहारीमल कछवाहा के मुद्दे से प्रोत्साहन ही मिला था। अब चूँकि मरियम मकानी ने अकबर को मुग़ल सत्ता को स्थायित्व प्रदान करने का मुख्य आधार बता दिया तब अकबर के लिए अपनी राजपूत नीति शीशे-सी साफ दिखने लगी थी। अतः उसने कुछ राजपूत राज्यों या शासकों को अधीनता स्वीकार करने के लिए सन्देश भेजे तो कुछ अन्य को बल द्वारा ऐसा करने के लिए बाध्य किया और कुछ के इनकार करने के चलते उनके विरुद्ध बल प्रयोग किया और इस नीति के प्रसार के क्रम में वह मेवाड़ में वहाँ के राणा को अपनी अधीनता स्वीकार कराने की कोशिश में पूरी तरह से जुट गया। 1567 में अकबर को मालवा में अव्यवस्था की

खबर मिली तब शनिवार, 2 अगस्त, 1567 को उसने मालवा के लिए उसने खुद कूच करने का फ़ैसला किया। इस मुहीम में भी मुग़ल 'हरम' या महिला खेमा भी बादशाही खेमे से कुछ पीछे-पीछे चल रहा था। जैसे ही शाही फ़ौज धौलपुर पहुँची उसे राणा का खयाल आना स्वाभाविक था। इन्हीं के पुरखे राणा संग्राम सिंह या राणा सांगा को खानवा की जंग (1527) में हरा कर ही बाबर को इत्मीनान हुआ था कि अब वह हिन्दुस्तान में अपनी हुकूमत कायम रख सकता है!

बादशाह जब 'हरम' के खेमे में पहुँचा तब उसकी नज़र एक साथ सास-बहू, मरियम मकानी और कछवाहा बेगम, मरियम-उज़-ज़मानी पर पड़ी जो किसी गहरी गुफ़्तगू में मसरूफ़ थीं। एक साथ कई बातें उसके जेहन में आयीं और बादशाह के माथे पर शिकन भी पड़ा–उसने अपनी माँ और बेगम दोनों को राजपूताने के बारे में बात करते हुए जब पाया तो उनसे कहा, 'हिन्दुस्तान (उत्तर भारत) के सब (राजपूत) राजा और रईस (मुस्लिम शासक) हमारी दरगाह (सिंहासन) में हाज़िर हो गये मगर राणा अभी भी गफ़लत की नींद में ही सो रहा है। अतः थोड़े ही दिनों में (मालवा में अभियान के उपरान्त) उसकी यह नींद (शाही) घोड़ों की टापों से उड़ाई जायेगी।'

उधर, मेवाड़ में राणा उदय सिंह से नाराज़ होकर उसका बेटा, शक्ति सिंह बादशाह के खेमे में आ ही चुका था। बादशाह ने मेवाड़ के असन्तुष्ट और विद्रोही राजकुमार शक्ति सिंह की तरफ देखते हुए उसको सम्बोधित करते हुए कहा, 'तुम इस (मेवाड़ की) चढ़ाई में अच्छी सेवा करना'। ज़ाहिर ही उसका इरादा था कि राणा को पराजित कर मेवाड़ का राज्य शक्ति सिंह को सौंप कर उसके द्वारा अधीनता स्वीकार करने से निश्चिन्त हो जायेगा? शक्ति सिंह को अपने वतन की माटी के इस प्रकार खिलाफ़ जाना कि वह उसके विरुद्ध मुग़ल अभियान में सम्मिलित हो शायद गवारा न हुआ। पूरे राजपुताना में उसकी क्या इज़्ज़त रह जायेगी? अपने लोगों के बीच उसकी छवि क्या रह जायेगी? यह सोच-सोचकर वह इतने अवसाद में आ गया कि वह उसी रात को मेवाड़ की ओर चल पड़ा। किन्तु मुग़ल शिविर से शक्ति सिंह के इस पलायन ने अकबर को एक पक्का बहाना भी दे दिया कि वह शक्ति सिंह के खिलाफ़ कार्रवाई करते हुए मेवाड़ के विरुद्ध अभियान को अमली जामा पहना सके?

जब राणा उदय सिंह को मुग़ल बादशाह के अभियान की खबर मिली, तब वह तुरन्त आवश्यक तैयारी में जुट गया। उसने चित्तौड़ के किले में पर्याप्त रसद आपूर्ति की व्यवस्था की; उसे सैन्य सामग्री से लैस किया; आसपास के समस्त इलाके को नष्ट कर दिया यहाँ तक कि घास का एक तिनका भी शत्रु (मुग़ल) को उपलब्ध

न हो सके। तत्पश्चात वह मेड़ता के राव जयमल राठौड़ के पाँच हज़ार बलिदानी जत्थे को किले में नियुक्त कर स्वयं उदयपुर के किले में चला गया। फिर वहाँ की स्थिति और मजबूत करने की नियत से आवश्यक सैन्य सामग्री क्रय करने गुजरात चला गया। इतना ही नहीं, उसने गुजरात जाने से पूर्व मेवाड़ के अन्य दुर्गों, यथा माण्डलगढ़, कुम्भल्मेर तथा गोगुन्दा की भी सैन्य व्यवस्था को सुदृढ़ किया; वहाँ भी रसद आपूर्ति को सुनिश्चित किया; अपने सर्वाधिक विश्वासी और योग्य सेनानायकों और राजपूत सरदारों को वहाँ नियुक्त किया। रणथम्भोर से वह पहले ही निश्चिन्त था, जहाँ राव सुरजन हाड़ा मेवाड़ की पताका की रक्षा के लिए दृढ़ संकल्पित था! उधर, अकबर धौलपुर से शिवपुर और कोटा विजित करते हुए एक माह में चित्तौड़ घेरने में कामयाब हो गया। किन्तु उसे चित्तौड़ विजित करने में छह माह लग गये थे। गुलबदन बेगम ने अपने दर्ज़ किए हुए विवरणों को पलटते हुए सबको बताया कि इतने समय में ही अलाउद्दीन खल्जी भी चित्तौड़ पर सफलता पा सका था। और मंगलवार 24 फरवरी, 1568 को अकबर का चित्तौड़ के दुर्ग पर अधिकार हो गया।

उधर, चित्तौड़ में मुग़ल परचम लहराता उससे पहले ही राजपूतानियों ने जौहर किया, जिससे मुग़ल हरम में गहरा शोक छा गया था। इसीलिए बादशाह इस फ़तेह के बाद सिर्फ़ तीन दिन दुर्ग में ठहरा और चौथे दिन आसफ़ खान को वहाँ नियुक्त करके अजमेर की तरफ चल पड़ा। राणा उदय सिंह ने अकबर की अनुपस्थिति का लाभ उठाते हुए चित्तौड़ वापस लेने के कई असफल प्रयास किये। राणा का यूँ पुनः सक्रिय होना और अधीनता स्वीकार न करना बादशाह को बहुत नागवार गुज़रा और उसने 1569 में पुनः मेवाड़ के विरुद्ध कूच किया। चित्तौड़ तो उसके अधिकार में था ही, अतः उसने रणथम्भौर के दुर्ग को जा घेरा। किन्तु कछवाहा नरेश भगवन्तदास की मध्यस्थता के कारण राव सुरजन हाड़ा ने इस शर्त पर उसकी अधीनता स्वीकार करते हुए दुर्ग अकबर को सौंप दिया कि राणा के विरुद्ध किसी भी अभियान में उसे लड़ने के लिए विवश नहीं किया जायेगा! बैरम खान के दौर में शाही सेना ने 1558 में भी यह किला घेरा था, किन्तु राव सुरजन हाड़ा ने सभी अभियान असफल कर दिये थे। अतः शायद बादशाह यह सब जानते हुए सुरजन की माँग स्वीकार करने के लिए तैयार हो गया!

इसी बीच एक घटना और घटी, राणा उदय सिंह ने अपनी शक्ति पुनर्गठित करने हेतु जैसलमेर के रावल हरराज की पुत्र नत्थीबाई से विवाह कर इस गठबन्धन से अपना आधार पुष्ट करने का विचार किया। ज़ाहिर है, इसकी सूचना मुग़ल हरम में पहुँचनी ही थी। मुग़ल शासन व्यवस्था में 'हरम' की मलिका को सारी खबर देनी

ही होती थी। उनका अपना पूरा महकमा था, जो अकबर की माँ के अधीन था। जैसे ही मरियम मकानी के कानों में यह बात पड़ी, उसकी त्योरियाँ चढ़ना स्वाभाविक था। मरियम मकानी अब बादशाह की माँ होने और हरम की सर्वप्रमुख या 'पादशाह बेगम' होने के चलते सर्वाधिक महत्त्वपूर्ण ही नहीं अपितु शक्तिशाली थी। उसे याद आया की कैसे वर्तमान बादशाह अकबर जब उसकी कोख में पल रहा था और उसका जन्म कभी भी सम्भव था तब शेरशाह की पीछा कर रही सेनाओं से बचने के लिए वे मालदेव के राज्य की ओर जा रहे थे, तब क्या हुआ था?

यह गर्भवती बेगम प्रसव के निकट की उस अवस्था में जब शाही शिविर के साथ जा रही थी, तब कैसे जैसलमेर के रावल ने सैन्य हमलों द्वारा शाही सेनाओं के लिए विषम स्थिति उत्पन्न की थी? उसे यह भी स्मरण हो आया कि कैसे बादशाह हुमायूँ ने अपनी नयी ब्याही और गर्भवती यौवना, हमीदा बानो (जो अब मरियम मकानी थी) की स्थिति से जैसलमेर के रावल को अवगत कराते हुए उससे शान्ति बनाये रखने का सन्देश भी कहलाया था? लेकिन उस पर कोई असर नहीं हुआ, वह हुमायूँ के खेमे को लगातार परेशान करता रहा और उससे ज़्यादा परेशानी मरियम को उठानी पड़ी थी? वह उसी अवस्था में बादशाह के साथ थट्टा की ओर गयी थी और वहाँ से मुश्किल हालातों का सामना करते हुए शेरशाह की सेनाओं से बचते-बचाते मालदेव के यहाँ पहुँचने को आकुल-व्याकुल थी।

अत: जैसे ही उसे राणा उदयसिंह के साथ जैसलमेर की राजकुमारी नत्थीबाई की सगाई की सूचना मिली, उसने तुरन्त कछवाहा राजा भगवन्तदास के माध्यम से जैसलमेर के रावल को सन्देश भिजवाया कि वह राणा के साथ नत्थीबाई की सम्भावित शादी से इनकार कर दे अन्यथा अपने विरुद्ध मुग़ल अभियान के लिए तैयार हो जाये? बादशाह ने तो इसमें रावल के ऊपर राणा के विरुद्ध युद्ध करने का भी निर्देश जोड़ दिया। उधर, राणा अपने विवाह की नियत से 1569 में ही जैसलमेर के लिए एक छोटी सैन्य टुकड़ी के साथ चला। रास्ते में, 11 नवम्बर, 1569 को मारवाड़ का राव चन्द्रसेन भी उसके साथ हो लिया। जब वे जैसलमेर पहुँचे तब रावल हरराज ने यह कहते हुए दुर्ग का मुख्य द्वार खोलने से इनकार कर दिया कि वह बिना निमन्त्रण के उपस्थित हुआ है? निराश राणा के पास कोई विकल्प नहीं था, वह तो शादी की नियत से एक छोटी-सी ही सैन्य टुकड़ी के साथ वहाँ गया था?

खैर, मरियम मकानी ने एक तीर से दो शिकार किये थे, दूसरे की योजना उसके दिमाग में बन रही थी, जो उसने अपनी सखी, नन्द और प्रसिद्ध मुग़ल इतिहासकार गुलबदन बेगम के साथ सलीमा सुल्तान और मरियम उज़-ज़मानी से साझा की थी।

अभी तो वह जैसलमेर और मेवाड़ के संघ की निर्मिति को रोकने में ही कामयाब हुई थी! इधर अकबर 1570 में उदयपुर, जोधपुर और बीकानेर के राजपूत शासकों पर नज़र रखने के लिए कई महीने अजमेर और नागौर में ही ठहरा रहा और इसका लाभ भी हुआ, क्योंकि राव चन्द्रसेन जो राणा के साथ जैसलमेर तक गया था, उसने एवं राव कल्याणमल ने अकबर की अधीनता स्वीकार कर ली! इसी समय समझौते को मजबूती प्रदान करने की नियत से अकबर ने राय कल्याणमल के बेटी, राज कुँवारी से शादी भी कर ली! 1570 में ही मेड़ता के राव विरमदेव के पौत्र, नर्हर्दास ने अपनी बहन, पुरम बाई का विवाह अकबर के साथ करा दिया, ताकि वह केशोदास को मेड़ता के शासक बनाने में मदद करे। इन तमाम शादियों में मुग़ल हरम ने अपनी महत्त्वपूर्ण भूमिका निभायी थी और राजपूताने के कई बड़े सरदारों के साथ मुग़ल बादशाह के वैवाहिक सम्बन्ध बन चुके थे और वे आपस में रिश्तेदारियों के बन्धन में बँध गये थे। मरियम मकानी को बहुत खुशी और सुकून का एहसास हुआ–उसे महसूस हुआ अब उसकी औलाद और आने वाली नस्लों को उस तरह से नहीं भटकना पड़ेगा, जैसे हुमायूँ बादशाह भटका था और उसके साथ-साथ वह भी भटकी और भुगती थी।

अब वक़्त आ गया था कि मरियम मकानी ने अन्ततः अकबर को विश्वास में लेकर ही अपनी दूसरी योजना को अमली जामा पहनाते हुए भगवन्तदास के माध्यम से जैसलमेर के रावल को अपनी उसी पुत्री नत्थीबाई का विवाह अकबर बादशाह से करने का सन्देश भेजा। असली योजना तो रावल को अपमानित कर के अपने साथ उस समय हुए अन्याय का प्रतिशोध लेना भी था? यह योजना संयोग से पश्चिमोत्तर में अकबर के सौतेले भाई मिर्ज़ा हाकिम के विद्रोह के कारण सम्भव हुई थी। मिर्ज़ा हाकिम के विद्रोह को दबाने हेतु अकबर को राजपूताने से अनुपस्थित होना था! वैसे भी राजपूताने का अन्य शासकों के साथ वैवाहिक गठबन्धन स्थापित करने के साथ उनको अपने अधीन कर के निश्चिन्त होकर वह मुल्तान के रास्ते लाहौर के लिए प्रस्थान कर गया। जैसलमेर के रावल हरराज ने मुग़ल बादशाह का एक आदेश मानकर राणा से अपनी पुत्री के विवाह से इनकार किया था यानी वह भयभीत तो था ही इसी वजह से अकबरी आदेश माना था।

अब अकबर से पहले ही फ़रमान लिखवा चुकी मरियम मकानी ने अपनी दूसरी योजना के तहत गुज़रे ज़माने के प्रतिशोध को पूर्ण किया और राजा भगवन्तदास को भेजकर नत्थीबाई का डोला मुग़ल राजधानी में मँगवा लिया। हर्र लगा न फिटकरी, न शादी, न विवाह की कोई भी रस्म निहायत अपमानित करते हुए बस जैसलमेर

की राजकुमारी नत्थीबाई का डोला उसकी इच्छा के विरुद्ध और अकबर के गैर-मौजूदगी में भी मुग़ल हरम में आ गया! यहाँ मरियम मकानी की दूरन्देशी और योजनाबद्ध तरीक़े से काम करने की विधि भी स्थापित होती है। वास्तव में अकबर की इस गैर-मौजूदगी में राजधानी का कार्यभार हमीदा बानो या मरियम मकानी ही सँभाल रही थी![2] इस प्रकार बिना रस्मो-रिवाज़ के राजकुमारी का डोला मँगवा लेने से राजपूताने में शासकों के बीच जैसलमेर के रावल का सर शर्म से झुक गया किन्तु वह कर भी क्या सकता था जब मेवाड़ छोड़कर शेष शासक अकबर की अधीनता स्वीकार कर चुके थे और उससे वैवाहिक गठबन्धन के लिए विवश हुए थे?

वस्तुतः इस पूरे प्रकरण से राणा का भी तो अपमान हुआ था? जैसलमेर की राजकुमारी नत्थीबाई ने राणा से दुहाई माँगी थी कि वही एक अभिमानी राजपूत शासक है और उसी से उसकी सगाई भी निश्चित हुई थी। अतः वही आकर उसे 'नरक में जाने से बचा ले?' किन्तु यह नयी परिस्थितियों और राजपूताने में मुग़ल उपस्थिति के चलते कतई सम्भव ही नहीं था? इधर, मारवाड़ के शासक राव चन्द्रसेन को रावल द्वारा राणा का इस तरह से अपमान किया जाना बहुत नागवार गुज़रा। हालाँकि उसने अकबर के समक्ष समर्पण किया था, किन्तु उसकी अनुपस्थिति से कुछ साहस बटोर कर उसने राणा का साथ देने का निर्णय लिया। इस फ़ैसले के चलते उसने अपनी पुत्री कर्मवती बाई का विवाह राणा से कर दिया! किन्तु दुर्भाग्य से 28 फरवरी, 1572 में राणा उदय सिंह की गोगुन्दा में इहलीला समाप्त हो गयी थी।

VI

1564 का बसन्त खुशहाली के साथ कुछ ऐसी सबा भी लाया, जिससे लगने लगा की कहीं माँ-बेटे, मरियम मकानी और बादशाह अकबर के बीच कोई गिरह-गाँठ न पड़ जाये? इस खुशगवार महीने में शाहेंशाह अकबर और राजमाता मरियम मकानी के बीच एक मौका ऐसा भी आया कि माँ-बेटे के रिश्ते में एक कड़वाहट आ भी सकती थी मगर दोनों की समझदारी, दरियादिली और राजसी ज़िम्मेदारियों ने खुले और आज़ाद ख़याल से उसको सुलझाया। यह जो सबसे बड़ी फज़ीहत हो सकती थी। इस जटिल से प्रकरण के लिए मरियम का सौतेला भाई ख़्वाजा मुअज़्ज़म ज़िम्मेदार था। जब बादशाह हुमायूँ ने हिन्दुस्तान से ईरान की तरफ कूच किया था

---

2 देखें पुर्तगाली फ़ादर मोंसरेट के संस्मरण।

तब उसके खेमे में हमीदा का यह सौतेला भाई भी शामिल था। ईरान में ही एक बार बड़ी ज़बरदस्त अनहोनी हुई। बादशाह के पास कुछ 'सुर्ख रंग' या माणिक्य थे जो उसने खास मुसीबत के वक़्त के लिए सम्हाल के रखे थे। इसकी जानकारी जब उसके सबसे भरोसेमन्द साथी और मुग़ल अमीर रौशन कूका को हुई तब उसकी नियत डोल गयी? यह आदमी बादशाह और 'पादशाह बेगम' के इतना करीब था कि उसी को मालूम था कि बादशाह के 'तूमार' या ताबीज़ वाले डिब्बे में ये नायाब और कीमती 'लाल' या 'सुर्ख रंग' रखे रहते थे। बादशाह, बेगम और उसके अलावा इसके बारे में और कोई भी कुछ नहीं जानता था।

हुमायूँ अगर कहीं बाहर जाता था तब वह यह अमूल्य धरोहर हमीदा को सौंप कर ही जाता था। एक मर्तबा जब शाह तहमास्प और शहज़ादा सुल्तानम ने बादशाह हुमायूँ और हमीदा बेगम के लिए मेहमाननवाज़ी के दौरान शहर के बाहर खुली हवा में दावत और तफ़रीह मुहैया का इन्तज़ाम किया था। चूँकि इन्तज़ाम बाहर खुली हवा में था और खेलकूद, नाच-गाना सभी कुछ था, इसीलिए हमीदा को लगा कि उसके बालों में कुछ धूल वगैरह पड़ गयी है, अतः इस दावत के दूसरे रोज़ हमीदा बेगम को बाल धोने की ज़रूरत महसूस हुई। जब वह नहाने जा रही थी तब बादशाह हुमायूँ रात की खुमारी मिटाता हुआ आराम फ़रमा रहे था। हमीदा बेगम ने एक रूमाल में उन माणिक्यों को बाँधकर बादशाह के बिस्तर में तकिये के नीचे ही रख दिया। इसी बीच शायद बादशाह को गहरी नींद आयी और इसका फ़ायदा उठाकर रौशन कूका ने ख़्वाजा गाज़ी के साथ उस रुमाल में बँधे माणिक्यों में से पाँच नगीने निकाल लिये। जब हमीदा बेगम वापस आयी तो बादशाह ने लगभग सोते-सोते ही उसे रुमाल में बँधे खास खज़ाने को उसके सुपुर्द कर दिया। अपने हाथ में पकड़ते ही हमीदा को उसके वजन में कुछ हल्काहट का एहसास हुआ और उसने बादशाह से फौरन ही कहा। बादशाह की तो नींद ही उड़ गयी उसने चौंकते हुए कहा भी 'ये कैसे हो सकता है...हम लोगों के अलावा इसका राज़ किसी को नहीं मालूम?' हमीदा को काटो तो खून नहीं? हुमायूँ तो दरियादिली के लिए मशहूर ही था मगर ये दौर ऐसा था जब एक-एक चीज़ कीमती लग रही थी और यह तो उसके पास सबसे कीमती चीज़ रखी हुई थी जो वक़्त ज़रूरत के लिए रखी थी...इसीलिए वह भी बेचैन हो गया...

जैसे ही ख़्वाजा मुअज्ज़म आया तो उसने अपनी बड़ी बहन की आँखों में नमी देखी और उसकी वजह पूछी, तब हमीदा ने अपने भाई से सब हाल कह सुनाया और उससे मदद की फ़रियाद यह कहते हुए करी कि 'वह चुपचाप अपने ढंग से

पता करने की कोशिश करे वरना वह हमेशा ही बादशाह के सामने खुद को गुनाहगार समझेगी। उसने वादा किया और जल्दी ही उसे सुराग मिल भी गया। इसी बीच गुनाहगारों–रौशन कूका और ख़्वाजा गाज़ी ने एक घोड़े के तिज़ारती से अच्छी नस्ल के घोड़े खरीदने का सौदा लगभग तय कर लिया था। बस उसको पैसे देना बाकी था। फौरन ही ख़्वाजा मुअज्ज़म ने हमीदा से लगभग शिकायती अन्दाज़ में चोरों की तरफ इशारा करते हुए कहा, 'कहाँ हम बादशाह के करीबी जिसके लिए कहा जाता है 'सारी खुदाई एक तरफ जोरू का भाई एक तरफ? फिर भी हम एक खच्चर भी खरीदने की औक़ात नहीं रखते हैं और कहाँ रौशन कूका और ख़्वाजा गाज़ी अच्छी नस्ल के तिपुचाक घोड़े खरीद रहे हैं?' ज़ाहिर ही है उसने इशारा दे दिया कि पाँच शाही माणिक्य की चोरी रौशन कूका और ख़्वाजा गाज़ी ने ही की थी?

जब उसे हमीदा से आगे की खबर पता करने की इजाज़त मिली तब वह सीधे घोड़े के तिज़ारती के पास पहुँचा। उस व्यापारी को यह समझते देर नहीं लगी कि यह हिन्दुस्तान से आये बादशाह हुमायूँ का साला है और ईरान के शाह के ये लोग खास मेहमान हैं। अगर कहीं शाह तहमास्प के कानों तक बात पहुँची तो उनकी खैर नहीं? इसीलिए जैसे ही मुअज्ज़म ने जब उससे सवाल पूछे तो उस व्यापारी ने सब राज़ फास कर दिया कि उन दोनों ने अभी न तो कोई रकम दी है और न ही आगे भी देने का वादा किया है। इस सौदे के बदले वे उसे बहुमूल्य रत्न देने का वादा कर गये हैं? उसने बहन हमीदा को बताने से पहले पूरी तफ़्तीश करने का फ़ैसला किया, ताकि चोरों को बेनकाब किया जा सके। वह सीधे ख़्वाजा हाजी के नौकर के पास पहुँचा और उससे दरियाफ़्त की कि 'ख़्वाजा अपने कपड़े और पैसे वाला रेशमी बटुआ कहाँ रखता है?' नौकर जो मुअज्ज़म के तेज स्वभाव से पहले से ही बहुत घबड़ाता था, अत: उसने डर के मारे मुअज्ज़म को बता दिया कि ख़्वाजा हाजी तो बटुआ रखता ही नहीं, बस एक ऊँची-सी टोपी पहनता है और जब वह सोने जाता है, तब वह उस टोपी को अपने सिर के नीचे रखता है–कभी-कभी तो वह उस पर अपना हाथ रखकर सोता है या फिर टोपी पर हाथ और हाथ पर सिर रखता है...'

इस बीच ख़्वाजा मुअज्ज़म ने हमीदा की मौजूदगी में बादशाह को सारी बातें तफसील से बतायीं और उसे भरोसा दिलाया कि वह ही किसी-न-किसी तरह से ख़्वाजा और रौशन कूका के गुनाह से पर्दा उठायेगा और अगर ये लोग उसकी शिकायत करें तो वह उस पर बादशाह गौर न करे। इसी के बाद उसने ख़्वाजा हाजी को अपने निशाने पर लिया और उसकी मज़ाक बनाने लगा और तरह-तरह से उनके नाम से चुटकुले बनाकर सुनाने लगा। जैसे की उम्मीद थी ख़्वाजा ने मुअज्ज़म की

शिकायत बादशाह से यह कहते हुए की कि 'वह एक साधारण-सा इन्सान है कोई शाही खानदान से तो ताल्लुक नहीं रखता, मगर इल्म और मज़हब की दुनिया में उसकी भी इज़्ज़त है और इस दूसरे मुल्क में मुअज़्ज़म मेरे साथ उल-जलूल हरकतें कर मेरा मज़ाक बनाता रहता है, जिससे हमें बहुत तकलीफ़ है।' बादशाह ने गौर से उसकी शिकायत सुनी और उसने ख़्वाजा से कहा, 'अरे जाने दीजिए मुअज़्ज़म अभी-अभी जवान हुआ है इसीलिए ऐसी हरकतें कर रहा है। आप तो खासे उम्र और तज़ुर्बेकार हैं, उसका बचपना समझ कर माफ़ कीजिए और उस की हरकतों पर गौर न कीजिए, वह अपने-आप सुधर जायेगा और अगर आप यूँ खिसियायेंगे तब वह और परेशान करेगा...।'

अभी ख़्वाजा ने शिकायत की ही थी और हुमायूँ ने अपने जवाब खत्म भर किया था कि ख़्वाजा मुअज़्ज़म आ गया और बादशाह और हमीदा दोनों को देखते ही उसने फ़ैसला किया और देखते-ही-देखते उसने उन सबके सामने ही ख़्वाजा हाजी से मज़ाक करते-करते उनकी ऊँची टोपी सिर से उतार ली और जैसे ही ख़्वाजा ने उसे वापस छीनने की कोशिश की तो छीना झपटी में वे पाँचों लाल चमकते माणिक्य उसके हाथ में आ गये और उसने उन्हें बादशाह और हमीदा के सामने उन्हीं दोनों को पेश कर दिये। हुमायूँ को शाह तहमास्प ने एक बार पहले ही इशारा कर दिया था कि ये दोनों ही अक्सर हुमायूँ के खिलाफ़ शाह के कान भरते रहते थे। अब शाह तहमास्प को उनका असली चेहरा दिख गया था और उसने हुमायूँ को अपनी तरफ से पूरी मदद का भरोसा दिया। हुमायूँ ने अब बाकी के माणिक्य शाह तहमास्प को भेंट कर दिये कि 'न रहे बाँस न बजे बाँसुरी'। शाह तहमास्प ने इस जुर्म के चलते ख़्वाजा हाजी और रौशन कूका को गिरफ़्तार करा दिया। हुमायूँ तो अपनी शख़्सियत और आदत से मजबूर था उसने हिन्दुस्तान लौटते वक़्त शाह तहमास्प से उन दोनों गुनाहगारों के माफ़ कर देने के लिए कहा और अपने साथ हिन्दुस्तान ले चला...

हिन्दुस्तान आकर ख़्वाजा मुअज़्ज़म ने बादशाह के रिश्तेदार होने का भरसक फ़ायदा उठाया और कभी-कभी उसकी हरकतें हुमायूँ और हमीदा को भी परेशान कर देती थीं, क्योंकि शिकायत तो उन तक आती ही थी? उदार हुमायूँ आखिर कब तक उसको माफ़ करता रहता, मगर वह अपने स्वाभाव से मजबूर था, अतः उसने उसे कई बार समझाने की भी कोशिशें की गयीं, मगर अब बड़े हो चुके ख़्वाजा मुअज़्ज़म के कानों में जूँ तक न रेंगी और उसका लापरवाहियाँ और अजीबो-गरीब हरकतें या एक तरह का बेमुरव्वत रवैय्या जारी रहा—वह लोगों को बेवजह परेशान

और किसी को भी उत्पीड़ित करने से नहीं चूकता था। उसे लगता था कि बादशाह का करीबी और ईरान में माणिक्य वाली घटना से बादशाह का भरोसा जीतने के चलते वह कुछ भी कर सकता है और उसे माफ़ी मिलती रहेगी—बादशाह नहीं तो बड़ी बहन हमीदा के बीच-बचाव से आखिर उसने उसे कितनी बड़ी शर्मिंदगी से बचाया था? लेकिन अब तो उसकी हरकतों में उसका अमानवीय व्यवहार ज़्यादा हो गया था। उसका यह व्यवहार किसी लाइलाज़ बीमारी की तरह बढ़ता ही रहा...

उसने तो अपने जूनून में हद्द तब पार कर दी थी जब बदख्शां के मोर्चे के दौरान उसने छोटे से विवाद में न केवल हुमायूँ के दीवान ख़्वाजा रशीदी पर तलवार से हमला बोल दिया, बल्कि उसको मौत के ही घाट उतार दिया। इस गुनाह के बाद उसे समझ आ गया था कि मरने वाले के रिश्तेदार, साथी और उसके नौकर वगैरह उसके खून के प्यासे हो जायेंगे, इसीलिए वह काबुल भाग गया...अपनी उदारता जैसी कमज़ोरी के चलते लोगों के कहने पर बादशाह हुमायूँ ने एक बार फिर अपने इस साले को माफ़ कर दिया। कुत्ते की दुम से उम्मीद करना कि वह सीधी हो जायेगी कुछ ज़्यादा ही था? मुअज्ज़म ने तो जैसे न सुधरने की कसम ही खा रखी थी—वह माफ़ी पाकर दरबार में लौटा, मगर उसकी नाजायज़ हरकतों की वजह से हुमायूँ ने उसे सज़ा देते हुए दरबार से निष्कासित कर दिया और वह हिजाज़ चला गया मगर उसकी हरकतों पर विराम नहीं लगा। वहाँ से भी वह वापस आने के लिए मजबूर हो गया।

दरबार में वह अपने-आपको किसी बादशाह से कम नहीं समझता था। जहाँ बादशाह उदार और संरक्षक की तरह व्यवहार करते वहीं उसका आचरण हैवान जैसा होता जा रहा था—शायद वह जिस महत्त्व की उम्मीद किये बैठा था। वह उसकी हरकतों और सिफ़त के चलते उसे नसीब नहीं हो रही थी। बस इतना ही बहुत था कि ख़्वाजा होने के चलते उसे मौत के घाट नहीं उतारा जा रहा था वरना उसने तो इसके लिए कोई कोर-कसर छोड़ नहीं रखी थी? जब शहंशाह के दरबार में सभी अमीर और वज़ीर इकट्ठे थे, तभी किसी नाराज़गी के चलते और उस समय बेवजह वह मिर्ज़ा अब्दुल्लाह मुग़ल की तरफ दुश्मनी और गुस्से में भरे हुए बढ़ा इससे पहले की अब्दुल्लाह कुछ समझ और सम्हल पाता, ख़्वाजा मुअज्ज़म ने उसके ऊपर लातों-घूंसों के प्रहार शुरू कर दिये। सब लोग बेबस से बस देखते ही रह गये...इतना ही नहीं अकबर के बादशाह होने के बाद एक रोज़ उसने वकील बैरम खान को भी नहीं बख्शा और उसके खंजर के मूठ पर अपना हाथ रखते हुए उसको चुनौती देने से भी गुरेज़ नहीं किया?

वकील-ए-मुतलक़ बैरम खान के हाथ में इस समय सत्ता की बागड़ोर थी और वह इसीलिए उससे जलता था, मगर बैरम खान ने उसे निष्कासित कर के दम लिया और मुअज्ज़म गुजरात चला गया। इसी दौरान गुजरात से उसकी बेजा हरकतों को खबर मुग़ल दरबार में आती रहीं और खिसिया कर बैरम खान ने वली बेग को उसकी गिरफ़्तारी के लिए भेजा मगर इसी बीच बैरम खान सत्ता से बाहर हो चुका था, इसीलिए मुअज्ज़म को एक जीवन दान मिल गया। इस बीच बैरम खान के पतन के बाद महम अंगाह अकबर के इस संक्रमण काल में सत्ता सम्हालने लगी थी और वह, मुग़ल बादशाह, हमीदा और मुअज्ज़म, चूँकि सब एक ही पुरखे के वंशज थे, इसीलिए उसने मुअज्ज़म को तवज्जोह दी। मगर उसकी उल-जलूल और इंसाफ़ के खिलाफ़ उद्दण्ड हरकतें तो थमने का नाम नहीं ले रही थीं। उसके सिफ़त और व्यवहार में कोई तब्दीली नहीं आ रही थी–हमीदा भी शिकायत सुनते-सुनते थक गयी थी। शायद शौहर से कुछ दबी जुबाँ कह भी दे वह अपने बेटे से कैसे किस मुँह से ऐसे बदतर इन्सान के लिए कुछ भी कहे? इसीलिए माँ-बेटे के बीच का माहौल भी अजब सा सांसत वाला हो गया था।

इस मामले में माँ मरियम मकानी हो या अकबर किसी को समझ नहीं आ रहा था कि वे दूसरे से क्या बात करें और कैसे शुरू करें? शायद शुरू करने के बाद बातों का सिलसिला शुरू हो जाता मगर अभी तो उसका कोई सिरा पकड़ में ही नहीं आ रहा था? इसी बीच ख़्वाजा मुअज्ज़म अपने सम्बन्धों और पवित्र घराने से तालुक्क रखने के चलते बचता ही रहा था और उसे अब लगने लगा था कि वह कानून ही नहीं आम आदमी से बहुत ऊपर है और शायद यही इन्सान की गलती होती है और इस गलतफ़हमी में वह मारा जाता है या उस अंजाम को हासिल करता है जिसके वह नालायक लायक था? बादशाह हुमायूँ के समय 'उर्दू-बेगी' के ओहदे पर तैनात बीबी फ़ातिमा निहायत नेक और आलिम महिला थी, जिसे अकबर के हरम में भी महत्त्वपूर्ण पद हासिल था। उसकी बेटी, ज़हरा आगा की शादी दुराचारी और जानवर होते जा रहे मुअज्ज़म से हुई थी। चूँकि वह हर गलत बात पर अपने शौहर को टोकती और उसे गलत कहती थी, वह उससे बहुत खफ़ा रहता था और अक्सर जान से मारने की धमकी देता था। अभी तक तो ज़हरा शाही हरम में अपनी माँ के पास सुरक्षित थी मगर अब मुअज्ज़म अपने परगने जाने की जिद्द में था...।

चूँकि नृशंस हो चुके मुअज्ज़म के बारे में अब किसी को कोई-कोई गलतफ़हमी नहीं थी, इसीलिए बीबी फ़ातिमा को मालूम था कि मुअज्ज़म उसकी बेटी को मौत के घाट उतार देगा...उसकी रातों की नींद छिन गयी और वह सिर्फ़ आँसू बहाती

रहती थी और ज़रा-सा पूछने पर ही सुबक पड़ती थी। हरम की मलिका मरियम मकानी से उसका हाल और उसका सबब छिपा हुआ नहीं था, मगर एक तरफ कुआँ दूसरी तरफ खाई...एक तरफ बीबी फ़ातिमा के बेटी-दामाद, दूसरी तरफ मरियम का सौतेला भाई और उसकी बीबी, जिसकी जान के वो पीछे पड़े थे। बीबी फ़ातिमा का रो-रोकर बुरा हाल था...ऐसे में खुद मरियम ने उसे बादशाह से फ़रियाद करने के लिए उकसाया–आखिर में वह भी तो माँ थी और अपने बेटे, अकबर के लिए उसी तरह परेशान रहती थी जैसे आज बीबी फ़ातिमा अपनी बेटी को लेकर है। मुग़ल हरम में तो उसकी बेटी ज़हरा का मुअज्ज़म बाल भी बाँका नहीं कर सकता था, इसीलिए ख़ुदा का वास्ता देने वाली और सही रास्ते पर चलने की बात से उसका दिल दुखाने वाली इस औरत को वह अपने रास्ते और ज़िन्दगी से ही हटाने का मन बना का था और उसने इसको राज़ भी नहीं रहने दिया था...उसका दिमाग ऐसा हो गया था?

मरियम जानती थी कि राजत्व के दैवी सिद्धान्त के अनुसार, राजत्व 'नियाबत-ए-खुदाई' है और राजा या बादशाह ही ज़िल्लू-अल्लाह है। इसीलिए मौत के घाट उतारने का हक़ सिर्फ़ उसका है और अगर उसका भाई मुअज्ज़म भी इस अधिकार को हड़पना चाह रहा है, तो वह गलत ही नहीं, अपराध भी नहीं पाप करने की सोच रहा है और इसीलिए उसको रोकना बहुत ज़रूरी है? बादशाह हुमायूँ के सामने तो वह उम्र में छोटा था, वे माफ़ करते थे, मगर अपने से छोटे भांजे के दौर में ऐसी हरकतों से बादशाह को मुसीबत में डालने से उसे खुद बचना चाहिए था? मरियम भी समझ गयी थी कि पानी सिर के ऊपर निकल चुका है। अकबर ने उस पुरानी वफ़ादार, समझदार और इज़्ज़तदार हरम की ऊँचे ओहदे पर बैठी महिला अधिकारी की बातें गौर से सुनीं और माँ मरियम मकानी के मौन को उनकी मंज़ूरी पढ़ते हुए तुरन्त कार्रवाई का फ़ैसला किया...

बादशाह अकबर के समय यमुना आगरा शहर को दो अलग-अलग भागों में बांटती थी, इसीलिए उसने कहा कि कल सुबह हम शिकार के बहाने निकलेंगे और अपना नाविक बेड़ा मुअज्ज़म के घर पर रोक लेंगे। वह अपने-आप शाही दीदार के लिए बाहर आकर इस्तकबाल करेगा ही तब हम उसे सभी से और खासतौर से अपनी बीबी से अच्छे से पेश आने की हिदायत देंगे और उसे ज़हरा को अपने जागीर ले जाने से रोकेंगे। उसने बीबी फ़ातिमा को भरसक समझाने की कोशिश की। मरियम को भी यही एहसास हुआ कि शायद अब उसका भाई सही राह पर आ जायेगा? और उसका सरदर्द दूर हो जायेगा? मगर मुअज्ज़म पर तो शैतान सवार था...अकबर हमेशा शिकार के बहाने सेना की कोई-न-कोई टुकड़ी को अभ्यास के

लिए ले जाता था। इसीलिए अगली सुबह ही वह नाव से अपने दल-बल के साथ निकला जिसमें दास्तम खान, ताहिर मोहम्मद खान, मीर फ़राघत, क़त्लग खान, मकबिल खान, शिमाल खान, पेशरू खान और हाकिम-उल-मुल्क शामिल थे।

बादशाह को उसकी सिफ़त और हरकतों की पूरी जानकारी थी, इसीलिए उसने कोई जोखिम न उठाते हुए मीर फ़राघत और पेशरू खान को आगे भेज दिया, ताकि वे मुअज्ज़म को बादशाह के आने की खबर दें और वह आखिर को सही राह पर आ जाये...मगर अकबर को न जाने क्या शक था कि कहीं मुअज्ज़म को पागलपन न सवार हो जाये इसीलिए उसने इन दोनों के पीछे-पीछे ताहिर मोहम्मद खान को भी भेज दिया। फिर भी भरोसा नहीं हो रहा था या उसे कोई इल्हाम हो रहा था, क्योंकि यह तो सच उसकी आँखों के सामने से गुज़रा है और दिमाग में ताज़ा है कि कैसे वह जानवरों की तरह जुल्म करता था? इसीलिए इन सब के पीछे उसने फिर दास्तम खान और मकबिल खान को भी भेजा कि कहीं कोई अनहोनी न हो जाये? वह मुअज्ज़म को कोई मौका नहीं देना चाहता था...उसे लगा था कि वह बिना माँ को नाराज़ या दुखी किये ही मुअज्ज़म को भी राह पर ले आयेगा। मगर होनी को कौन टाल पाया है?

उसे जब बादशाह अकबर द्वारा भेजे गये इन अमीरों ने अकबर के आने की खबर दी तो वह पागलों की तरह चीखने और चिल्लाने लगा कि वह बादशाह के इस्तकबाल को हरगिज़ हाज़िर नहीं होगा? और अनाप-शनाप बकते हुए अपना नंगा खंजर लेकर अपने हरम की तरफ लपका...उसकी बीबी ज़हरा अभी नहाकर निकली थी और कपड़े पहन रही थी कि उसने गालियाँ बकते हुए उसे मौत के घाट उतार दिया...इसके बाद भी उसका पागलपन ठण्डा नहीं पड़ा, तब उसने खिड़की के बाहर झाँकते हुए ज़हरा के खून से सना अपना खंजर शाही अमीरों की तरफ फेंकते हुए कहा कि इसीलिए बादशाह आ रहा था कि ज़हरा को बचा ले जायेगा– उसे जाकर बता दो उसका आना बेकार गया? यह खंजर दास्तम खान के कदमों के पास आकर गिरे उसने उसे उठाया और सभी वापस अकबर की तरफ चल पड़े... उस शैतान का यह खूनी खंजर देखकर अकबर का भी खून एकदम से खौल उठा वह सीधे उस शैतान के घर में दाखिल हो गया...

बिना किसी शर्म, अफ़सोस और जुर्म के एहसास के वह अपनी तलवार के मूठ पर हाथ रखकर बादशाह के सामने आया। उसने लगभग ललकारते हुए मुअज्ज़म को चेतावनी दी कि एक तो हुक्म-उदूली और ऊपर से तलवार के मूठ पर तेरा ये हाथ, काश कि हमें अपनी माँ का खयाल न होता तो अब तक तुमको

मौत के घाट उतार चुका होता। उसको फौरन ही गिरफ़्तार कर लिया गया मगर उसका एक सैनिक मुअज्ज़म के पीछे नंगी तलवार लिए खड़ा था जिसे फौरन ही क़तलघ क़दम खान ने तलवार के एक ही वार से मौत के घाट उतार दिया। मुअज्ज़म से जब अकबर ने जोर देकर पूछा कि उसने ज़हरा को क्यों मारा तब वह फिर से अपनी बीबी के खिलाफ़ गाली-गलौज की। अकबर के एक इशारे पर इन अमीरों ने मुअज्ज़म को लात-घूँसों से पीटना शुरू कर दिया और अकबर के गुस्से को देखते हुए उसे बाल पकड़कर मारते-पीटते यमुना में कई बार डुबोया मगर वह बेहिस इन्सान तब भी मरा नहीं। मुअज्ज़म को भरोसा था कि पवित्र सन्तों के वंशज होने के नाते बादशाह उसके खून से अपने हाथ कतई नहीं रंगना चाहेगा और फिर वह तो उसका मामू होता था? उसकी बड़ी बहन-सौतेली ही सही, बादशाह की माँ थी। चूँकि मुअज्ज़म इस सब के बावजूद जिन्दा बचा रह गया था इसलिए बादशाह ने उसे ग्वालियर किले में गिरफ़्तारी की हालत में भेजने के लिए मकबिल खान के ज़िम्मे कर दिया।

ग्वालियर के किले की गिरफ़्तारी सिर्फ़ आजीवन कैदी या उन कैदियों के लिए होती थी जो अन्ततः मौत के घाट उतार दिये जाने हैं। यही हश्र मुअज्ज़म का भी हुआ–वह अकेलेपन में और चिड़चिड़ा होता चला गया और आखिर में उसका ज़ेहनी तवक्कुल पूरी तरह से बिगड़ गया और वह आहिस्ता-आहिस्ता मौत के मुँह में समा गया। उसे पहले तो वहीं किले के बाहर अहाते में दफ़ना दिया गया था, फिर बादशाह अकबर ने पूरे सम्मान के साथ उसे दिल्ली में दफ़नाया...मगर जब उसे कैद कर मकबिल खान के जिम्मे कर दिया तब फौरन ही हरम में लौटकर माँ मरियम मकानी को सारे वाकये से अवगत कराया, ताकि किसी अफवाह और बे सर-पैर की खबर पहुँचने से पहले वह बेटे का फ़र्ज़ पूरा करे। उसने यथासम्भव मरियम को सफ़ाई दी कि वह खुद आजिज़ आ चुकी थी और बीबी फ़ातिमा की बेटी के साथ उसका अमानवीय व्यवहार तो कहीं से माफ़ी लायक था ही नहीं? यह बात मरियम को भी समझ आ रही थी कि मुअज्ज़म ने सारी हदें पार कर दी थीं और अकबर के पास इसके अलावा और कोई रास्ता बचा ही नहीं था...

मरियम ने अपने गम को सीने में दबाया और आंसू पी गयी कि कहीं अकबर बेचैन न हो जाये। इतना ही नहीं, उसने अकबर से साफ लफ़्ज़ों में कहा कि वह जितना कर सकता था उसने किया और जो भी किया वही एक बादशाह का फ़र्ज़ है! उसने बादशाह की मौजूदगी में ही फौरन बीबी फ़ातिमा को तलब किया और बादशाह के सामने उसे सब बताते हुए उसको अनेक प्रकार से सान्त्वना दी।

बादशाह ने भी अपनी लाचारी बयाँ की। बीबी फ़ातिमा ने सुबुकते हुए यही कहा कि उस शैतान के सर पर खून सवार था और बीबी फ़ातिमा को लगता था कि अकबर की मौजूदगी के चलते वह आगरा में ज़हरा की हत्या नहीं ही करेगा? वह यह भी मान गयी कि बादशाह ने पूरा एहतियात बरता था और बीबी की फ़रियाद पर ही मुअज्ज़म को समझा कर सही राह पर लाने के लिए सारी कोशिश की थी। बादशाह और मरियम ने भी बीबी फ़ातिमा को बारहा समझाया और सान्त्वना दी कि ख़ुदा को शायद यही मंज़ूर था? बीबी फ़ातिमा को भी एक तसल्ली थी कि अगर उसकी बेटी के साथ अन्याय हुआ है तो कम से कम बादशाह ने तो बिना कुछ सोचे फौरन इंसाफ़ किया ही? उसकी बेटी को मौत के घाट उतारने वाले के खिलाफ़ ज़रूरी कार्रवाई की जो उसके हाथ में था? उसने साफ सन्देश दे दिया था कि न्याय के मामले में वह किसी को भी नहीं बख्शेगा भले ही वह उसका खास रिश्तेदार ही क्यों न हो?

VII

इसी साल (1564) मई में अबुल माली की बगावत का खात्मा हुआ जब उसे मिर्ज़ा हाकिम के हुक्म से मौत के घाट उतार दिया गया। इसी साल अकबर की पगड़ी में एक और कामयाबी का सेहरा बँधा जब खान-ए-ज़माँ ने अफ़ग़ानों को बिहार में हरा दिया। इसी बीच गुजरात में बगावत की खबर आयी और अकबर ने खुद मोर्चे पर जाने का फ़ैसला किया। गुलबदन बेगम के मुग़ल हरम में रहने से सभी महिलाओं को और खासतौर से मरियम मकानी और सलीमा सुल्तान को बहुत फ़ायदा होता था। वे गुलबदन के रोज़नामचे से पुरानी तारीख या इतिहास की जानकारी लेती रहती थीं। खैर, मरियम मकानी ने तो अपने भाई की हरकतों और उसके साथ हुए इंसाफ़ को भुलाने के नज़रिये से भी गुलबदन के इतिहास के साथ-साथ सलीमा सुल्तान या 'मक्फ़ी' की नज़्मों, गज़लों और अशारों में चैन पाया। वह सलीमा को उसके तक्खलुस 'मक्फ़ी' ही पुकारने लगी थी और बादशाह हुमायूँ के साथ निकाह से पहले गुलबदन को जिस तरह से 'जियू' (बड़ी बहन) पुकारती थी वैसे ही पुकारती रही और पहले जैसा ही सम्मान देती रही। उसे हुमायूँ के गुजरात पर फ़तेह हासिल करने के किस्से में भी बहुत मज़ा आता था, इसीलिए जब अकबर ने गुजरात जाने का फ़ैसला किया तब वे सब भी साथ ही गुजरात जाने की तैयारी में जुट गयीं...

आगरा के बन्दोबस्त के लिए अकबर ने ख़्वाजा जहाँ और मुज़फ़्फ़र खान को छोड़ दिया था। चूँकि हरम भी साथ जाने को तैयार था, इसीलिए अकबर के खेमे को पीछे-पीछे मुग़ल हरम का खेमा चल पड़ा। चूँकि बरसात शुरू हो गयी थी, इसीलिए सबको दिक्कतों का भी सामना करना पड़ा, मगर खरामा-खरामा ये खेमे जुलाई की पहली तारीख को आगरा से चल पड़े। दो हफ़्ते बाद शाही खेमे चम्बल दरिया पार कर पाये। ग्वालियर से नरवर में जंगली हाथियों के शिकार करते हुए अकबर का यह काफिला सारंगपुर की ओर बढ़ चला...वहाँ से उज्जैन और फिर धार होते हुए आगे बढ़ा। अब्दुल्लाह खान जो माण्डू में था, उससे अकबर को समर्पण की उम्मीद थी, मगर वह शाही फ़ौजों की खबर लगते ही वहाँ से दक्षिण की तरफ भाग गया। अकबर ने गुजरात की तरफ रुख किया...राह में लवणी में उसने शिविर लगाया और अगले रोज़ बाग नामक गाँव में उसकी सेना और अब्दुल्लाह खान की सेना में जंग शुरू हुई। अकबर खुद भी पूरी तैयारी के साथ शामिल होने के लिए चल पड़ा और इसी वजह से अब्दुल्लाह की फ़ौज के पाँव उखड़ गये...उसका पीछा कर रही शाही टुकड़ी ने उसे फिर से चम्पानेर के पास हराया। अब्दुल्लाह खान का काफी खज़ाना और महिलाएँ अकबर की फ़ौज के हाथ आयीं।

कई वजहों से अकबर का ज़ेहन गुजरात की तरफ लगा था; एक तो विद्रोही मिर्ज़ा बन्धु जो सब मुग़लों के खानदानी थे और हुमायूँ के समय से ही गुजरात में पनाह पा रहे थे, उनको राह पर लाना था। दूसरे, अब गुजरात का सुल्तान मुज़फ़्फ़र तृतीय बेहद कमज़ोर और नाम भर का सुल्तान था, इसीलिए हुमायूँ के द्वारा जीते गये और अस्करी द्वारा हारे गये गुजरात पर फ़तेह हासिल करना उसका एक सपना था–इस सपने को बढ़ावा उसके हरम से भी मिलता था, शाही हरम में गुलबदन बेगम के 'हुमायूँ नामा' के पन्नों को पढ़ते हुए हमीदा अपने बेटे के सपनों में पंख लगाने से नहीं चूकती थी। तीसरी वजह जब मालवा और राजस्थान पूरी तरह से उसके राज्य के हिस्से हो चुके थे, तो यह जुदा हुआ खित्ता क्यूँ कर छोड़ा जाये? चौथी वजह यहाँ की दौलत और खुशहाली जो तिज़ारत के चलते दिन दूनी रात चौगुनी बढ़ ही रही थी...एक पाँचवीं वजह भी थी और वह थी ज़ियारत के लिए हज करने को सुरक्षित और सहज बनाना। मक्का की राह गुजरात से ही निकलती थी। अकबर की किस्मत भी उसका साथ देती दिख रही थी। गुजरात के सुल्तान की कमज़ोरी का फ़ायदा उठाने की नियत से वहाँ पर गृह-युद्ध छिड़ गया और इत्माद खान वाला एक गुट अकबर से मदद की फ़रियाद कर बैठा–बस अकबर को मौका भी मिल गया। उसने गुजरात जीतने के पक्के इरादे से पहले ही खान कलाँ की सरपरस्ती में

दस हज़ार घुड़सवारों की एक बड़ी फ़ौज रवाना कर दी थी और खुद भी मालवा से गुजरात जीतने के मकसद से बढ़ चला।

अकबर को अहमदाबाद में कोई खास विरोध का सामना नहीं करना पड़ा और बहुत आसानी से नवम्बर (1572) में अहमदाबाद पर मुग़ल परचम लहराने लगा। इतनी आसानी से मिली जीत ने अकबर के साथ हरम में भी खुशी को कई गुना कर दिया और पूरा माहौल इतना महफ़ूज़ और खुशनुमा था कि वे पूरी तरह से मौज-मस्ती में डूब गयीं। शायद इससे पहले इतनी आज़ादी से और जोश से वे कभी खुशी का इज़हार कर भी नहीं पायी थीं।[3] वाकई में नवम्बर का महीना आ गया था और आगरा में तो ठण्ड शुरू हो जाती जब अकबर ने 'हरम' को खम्बात की तरफ कूच करने की खबर दी तो उनका जोश फिर बढ़ गया, क्योंकि उन्हें पता था कि उन्हें समन्दर देखने का अनोखा मौका मिल रहा है और यहीं से मक्का की राह जाती है–न सही मक्का उस तरफ देख कर ही तसल्ली होगी?

खम्बात की खाड़ी में ही उसने तुर्की, सीरिया, फ़ारस, ट्रांसोक्सियाना और पुर्तगाल के व्यापारियों से न केवल मुलाक़ात की बल्कि तिज़ारत के बारे में बहुत-सी मालूमात हासिल की। साथ ही उसने समन्दर के रास्ते में होने वाली तकलीफ़ों और ज़रूरतों को भी जाना? शायद उसके ज़ेहन में मक्का के लिए राह की मालूमात चल रही थी। खम्बात में विदेशी व्यापारियों को अच्छी तरह मालूम था कि अकबर के साथ अच्छे तालुक्कात रखने से उनके व्यापार के लिए फ़ायदेमन्द है, इसीलिए उन्होंने उसे एक से एक नायब तोहफ़ों से लाद दिया और साथ ही हरम की औरतों के लिए भी ढ़ेरों तोहफ़े दिये–शायद वे जानते थे कि हरम कैसे बादशाहों पर असर डालता है। इन सब मामलों में हम पाते हैं कि पुर्तगाली व्यापारी सबसे आगे थे। ज़ाहिर ही है वे तो मुग़लों से पहले ही हिन्दुस्तान के तटीय इलाकों में आ चुके थे। व्यापारी वही जो फ़ायदे के जरियों को पहचाने? और इसमें पुर्तगालियों का जवाब नहीं था? तोहफ़ों में एक से एक नायाब विदेशी शराब भी थी और इसने मुग़ल हरम में जश्न के माहौल को कई गुना कर दिया था?

गुजरात की हलकी गुलाबी ठण्ड भी उन्हें बसन्त का सा एहसास कराने लगी होगी? इसीलिए मुग़ल अधिकारी और इतिहासकार निज़ामुद्दीन अहमद, जो इस अभियान में शाही फ़ौज के साथ था–भी इसे उनकी ज़िन्दगी का सबसे यादगार

---

3 देखें, ख़्वाजा निज़ामुद्दीन अहमद कृत तबकात-ए-अकबरी, बी. एन. डे का अंग्रेज़ी अनुवाद, सम्पादित बैणी प्रसाद, बिब्लिओथिका इंडिका, सं. 225, नयी दिल्ली, (1936) 1992 वॉल्यूम II।

समय की तरह दर्ज़ करता है। शायद आगरा, दिल्ली और लाहौर से दूर समन्दर के किनारे वे भी समन्दर की लहरों की तरह अजब उन्माद में गिरफ़्त हो गयी थीं? एक अजब सी आज़ादी जैसे समन्दर की हवाओं, फ़िज़ाओं में थी; जैसी गहराई उसमें थी और जैसी उफ़् तक उसकी पहुँच दिख रही थी, उसी तरह उनकी खुशी और उसके इज़हार की कोई हद्द न रही। जब हरम का यह हाल था तो ज़ाहिर ही अकबर भी अजब सी कैफ़ियत में रंग गया और उसपर भी जूनून तारी हो गया। उसने दिसम्बर 23 को समन्दर में दूर तक जाने का फ़ैसला लिया और सारी महिलाएँ और अमीर खुशी में झूम उठे–यह उनकी ज़िन्दगी का एक अजब और नायाब तज़ुर्बा हो सकता था?

एक तेज चलने वाले बड़े जहाज़ पर अकबर और हरम की महिलाएँ सवार हुईं तो दूसरी पर अमीर लोग। शाही सवारी में इन्तज़ाम मरियम मकानी के हाथ में थे उसने सबसे कमसिन लड़कियों से अकबर को बेहतरीन शराब परोस करा दी और उसकी तफ़रीह के लिए नाच-गाने का बेहतरीन इन्तज़ाम कर रखा था। जैसे माँ अपने बच्चे के खाने-पीने और खेलकूद या मनोरंजन का खयाल रखती है, उसी तरह मरियम ने भी बेटे की खुशी में चार चाँद लगाने की कोशिश की। आरिफ़ कान्धारी जो वहाँ मौजूद था बताता है कि 23 दिसम्बर (1572) को जितनी चहक कर शराब पी शायद उतनी कभी भी नहीं पी थी। मरियम ने पहले ही हुक्म देकर इन्तज़ाम कर दिया था कि कई छोटे जहाज़ इस बड़े जहाज के इर्द-गिर्द इसलिए चलते रहे ताकि कोई अनहोनी न होने पाये? पच्चीस तारीख को पुर्तगालियों ने ईसा मसीह के जन्मदिन पर फिर जश्न में सबको शरीक किया और फिर ढ़ेरों तोहफ़ों से सबको लाद दिया।

खम्बात में खुशी मनाकर बादशाह और उसका काफिला सूरत लौटा और दिसम्बर में सरनाल की जंग में इब्राहीम मिर्ज़ा को हारने में कामयाबी हासिल की। इसके बाद सूरत की घेरेबन्दी की गयी और उस पर फरवरी (1573) में जीत हासिल की। बादशाह ने जीजी अंगाह के बेटे, अपने दूध भाई और सबसे करीबी यार खान-ए-आज़म मिर्ज़ा अज़ीज़ कोका को गुजरात का गवर्नर नियुक्त किया। अकबर अब माण्डू लौट आया और यहाँ एक माह तक रुका। उसने यहाँ के बन्दोबस्त चुस्त-दुरुस्त किये और जहाज़ महल से लेकर रूपमती-बाजबहादुर से जुड़ी जगहों का सभी लोगों ने भरपूर लुत्फ़ उठाया। खैर, उससे ज़्यादा लुत्फ़ तो मुग़ल हरम की शाही औरतों ने उठाया और ढलती ठण्ड और बरसात में तो माण्डू की छटा ही निराली होती है। मरियम को अब समझ आया कि हुमायूँ को यह जगह क्यूँ इतनी ज़्यादा पसन्द थी। बरसात में तो खासतौर से माण्डू का महल बहुत ही दिलकश हो

जाता है, मगर अभी जाड़ों की बारिश में भी जब बादल इन्सान के चेहरे को छूकर जाते और हवाएँ ज़ुल्फ़ से चेहरे ढक देतीं तब ऐसा लगता कि कायनात ही आप पर मेहरबान हो गयी है! इसीलिए अकबर के एक महीने तक रुके रहने में सबको रूहानी तसल्ली ही हुई थी! आगरा के गर्दो-गुबार वाले माहौल के बाद यह एक निहायत सुकून वाली जगह थी।

यहीं एक रोज़ शाम को जहाज़ महल में दावत के आयोजन से पहले कुछ हलकी गुफ़्तगू बादशाह हुमायूँ के ज़िक्र से एकदम से संजीदा सी हो गयी। मरियम ने अकबर से कहा आज हमने और मक्फ़ी (सलीमा सुल्ताना बेगम) ने गुलबदन बेगम के रोज़नामचे में बादशाह हुमायूँ के माण्डू से गुजरात और फिर वापस आगरा के बारे में पढ़ा और एक बात जो हम दोनों के समझ में आयी, वह बेटे तुमसे साझा करना चाहते थे। इसीलिए नाच-गाने वालों को देर से आने का हुक्म दे दिया था...अकबर ने अपनी बेसब्री पर कोई क़ाबू पाने की कोशिश नहीं की और पूछ बैठा 'क्या साझा करना है...हमारी बेचैनी न बढ़ाइए, फौरन बताइए।' मरियम ने कहा देखा न तुमने बादशाह अभी तुम गुजरात कूच में घिरे हुए हो उधर पूरब से मिर्ज़ा, अफ़ग़ानों और उज़्बेगों के अदावत की खबर आने लगी है। हुमायूँ की हार की असली वजह यही बनी थी–पूरब और पश्चिम में एक ही समय पर बगावत! अकबर ने उनको आश्वस्त करते हुए बताया कि कैसे उसने खान-ए-खाना मुनीम खान को वहाँ तैनात कर रखा है और कड़ा-मानिकपुर, अवध वगैरह की फ़ौजों को भी उधर कूच करने का हुक्म दे दिया है। वह बोला, 'हमने कोई भी मोर्चा जंग की तैयारी के बिना नहीं छोड़ा है...आप मुतमईन रहें, वैसे इसी तरह समय-समय पर आपकी सलाह हमको बहुत अच्छी लगती है, हम आप की औलाद हैं और आपका यूँ फ़िक्र करना हमारे लिए अल्लाह की एक नायाब देन है! खैर, अकबर ने कड़ा के बहादुर खान को मालवा का गवर्नर और मुकर्रिब खान को हँड़िया का जागीरदार तैनात किया और वापस राजधानी आगरा के चल पड़ा।

अकबर अभी माण्डू से आगरा के लिए निकला भर था कि खानदेश के मीरान शाही सुल्तान ने अपनी बेटी की शादी उससे करने का फ़ैसला किया इसीलिए एत्माद खान को मीरान शाह की शहज़ादी को लाने के लिए रवाना कर दिया। वह लाव-लश्कर के साथ अनेक खानदेशी अमीरों के साथ आयी और मरियम मकानी ने उसका मुग़ल हरम में इस्तकबाल किया। पूरे जश्न के साथ बादशाह अकबर के साथ उसका निकाह सम्पन्न हुआ! खैर, अकबर अभी आगरा पहुँचा ही था कि गुजरात में बगावत की खबर आयी? जैसे बहादुर शाह गुजराती भाग गया था

और लौटकर गुजरात आकर अस्करी को वापस उत्तर भारत भागने को मजबूर कर दिया था वैसे ही मुहम्मद हुसैन मिर्ज़ा जो दौलताबाद भाग गया था शाही सेना के वापस जाते ही गुजरात वापस आ गया और सभी नाराज़ सरदारों, अमीरों के साथ अहमदाबाद पर आक्रमण कर दिया? क्या हुमायूँ के समय वाला इतिहास दोहराया जा रहा है? इसीलिए अकबर ने खुद कूच करने का फ़ैसला किया। उसने फतेहपुर सीकरी से अहमदाबाद तक के 450 मील लम्बी राह केवल नौ दिन में पूरा किया। उसके आने की भनक लगते ही सब सकते में आ गये! खैर, शाही फ़ौज उनको हराने में कामयाब रही और एक बार फिर मिर्ज़ा अज़ीज़ कोका के हवाले गुजरात कर दिया गया और टोडरमल को वहाँ की मालगुज़ारी वगैरह को दुरुस्त करने के लिए भी तैनात कर दिया। टोडरमल ने छह माह में सारा इन्तज़ाम दुरुस्त कर दिया।

जैसा कि माण्डू में माँ-बेटे में बातचीत हुई थी वैसी ही नौबत आ गयी–याद कीजिए, हुमायूँ के आगरा जाते ही गुजरात में बगावत हुई और अस्करी-तरदी बेग के बीच तकरार के बीच बहादुर शाह गुजराती वापस लौटा और शाही सेना को खदेड़ कर ही दम लिया। वैसे ही अकबर के लौटते ही गुजरात ने अपनी तारीख (इतिहास) दोहराते हुए बगावत का परचम बुलन्द किया मगर अकबर और हुमायूँ में बहुत फ़र्क था! मुहम्मद हुसैन मिर्ज़ा जो दौलताबाद भाग गया था वापस आकर उसने अहमदाबाद की घेराबन्दी शुरू कर दी। खान-ए-आज़म मिर्ज़ा अज़ीज़ कोका ने फौरन ही अकबर को खबर भिजवाई और अकबर ने फतेहपुर सीकरी से अहमदाबाद का कोई साढ़े चार सौ मील (450) का फ़ासला केवल नौ दिन में पूरा करके अहमदाबाद पहुँचकर सबको ताज्जुब में डाल दिया! अहमदाबाद के पास हुई जंग में शाही फ़ौजें जीतीं और गुजरात की बगावत की चिंगारी भी बुझ गयी... बादशाह हुमायूँ की तारीख दोहराने में गुजराती कामयाब नहीं हो पाये। अकबर के फतेहपुर सीकरी लौटने पर मरियम ने एक खास दावत का आयोजन किया था जिसकी शान-ए-शौकत की बातें कई महीनों तक चलती रहीं।

इसी समय अकबर ने अपनी नयी राजधानी आगरा के किले में पहुँचाने का फ़ैसला लिया और वहाँ काम शुरू हो गया...सीकरी की गर्मी और आगरा में किले के तामीर होने का शोर, और सबसे ऊपर माण्डू का जादू जो अकबर से लेकर पूरे हरम पर तारी था, उसने आगरा से सात मील दक्षिण और ग्वालियर जाने वाली सड़क से एक मील बायें तरफ बागों के बीच माण्डू की ही तरह की इमारतें बनवायीं और इस छोटे से शहर में सुकून पाने की गरज़ के चलते ही इसका नाम, 'नगर चैन' रखा जहाँ वे सब चैन से रहें...इसी समय मरियम उज्ज ज़मानी ने जुड़वाँ बच्चों को

जन्म दिया था–हरम से लेकर सभी जगह खुशी की लहर दौड़ गयी कि बादशाह को अपने उत्तराधिकारी मिल गये। इनका नाम मिर्ज़ा हसन और मिर्ज़ा हुसैन रखा गया मगर उन्होंने एक ही महीने की उम्र पायी थी। और जैसा हम शेख़ वसी के प्रकोप का असर देख चुके हैं। इसीलिए वली-अहद या उत्तराधिकारी की चाह ने बादशाह को शेख़ सलीम चिश्ती की पनाह में जाने को मजबूर किया था...

जब अकबर के जुड़वा बेटों, मिर्ज़ा हुसैन और मिर्ज़ा हसन एक ही महीने में गुज़र गये तब ही मरियम ने शेख़ की नाराजगी का कहर समझ लिया था और उसने अकबर को तभी खुले शब्दों में समझाने की कोशिश की अब इस बला से बचने का एक ही तरीका है कि इस समय के सबसे पहुँचे हुए गैर-दुनियावी सन्त की शरण में जाये तब ही कुछ भला हो सकता है। उस समय ऐसा ही एक सन्त सीकरी में रहता था जिसकी शरण में बैरम खान के जुल्मों से आहत शेख़ मुबारक भी जा बसे थे। यह सन्त शेख़ मुइनुद्दीन चिश्ती, शेख़ बख्तियार काकी, शेख़ निज़ामुद्दीन औलिया के परम्परा का सूफ़ी सन्त था और दरबार और सुल्तानों–बादशाहों से कोई वास्ता नहीं रखता था सियासी लोगों और बातों से खुद को बहुत दूर रखता था। उसने अकबर को उसी की शरण में जाने को कहा था।

अकबर के दिमाग के किसी कोने में माँ की हिदायत बस गयी थी, मगर उसको अपनी जंगों, मोर्चों, कूचों से फुर्सत ही कहाँ थी। जब तीसरी सन्तान भी नहीं रही तब उसे माँ की बात का एहसास होने लगा और शेख़ वसी का चेहरा रात-दिन खली समय में उसके सामने आ जाता...उसने कितना तो पता करने की कोशिश की मगर शेख़ का कुछ पता ही नहीं चला। बस इतनी-सी खबर थी कि वह दुखी और उदास मन से दक्खन की तरफ यह कहते हुए चला गया कि 'जब बादशाह ही इंसाफ़ की राह छोड़ दे, तब उस जगह रहना ही नहीं चाहिए'। अकबर जब उत्तराधिकारी के लिए बिल्कुल ही बेचैन हो गया तब मरता क्या न करता पहुँच गया शेख़ सलीम चिश्ती के दीदार के लिए। मगर अकबर पूरे लाव-लश्कर के साथ और शेख़ अपनी गुफा के अन्दर। उसने साफ लफ़्ज़ों में कह दिया कि वह एक ही बादशाह को जानता है और वह है परवरदिगार, इसलिए वह अकबर से मिल नहीं पायेगा। अकबर भी कहाँ हार मानने वाला दूसरे पहर वह फ़ौज-फट्टा छोड़कर बस मीर बख्शी, प्रमुख सद्र एवं क़ाज़ी, के साथ जा पहुँचा। उसे फिर वही टका सा जवाब देकर टरका दिया गया कि शेख़ सियासी लोगों से नहीं मिलता।

अब अकबर ने शेख़ मुबारक से सलाह ली और सिर्फ़ दरवेशी के लिबास में शेख़ से मिलने जा पहुँचा तब शेख़ के दीदार मुमकिन हुए और औलाद के

लिए गुज़ारिश की। इसीलिए 1569 में शेख़ सलीम चिश्ती के यहाँ ही गर्भवती मरियम-उज्ज़-ज़मानी को भेजा गया और तब सलीम पैदा हुआ था। चूँकि शेख़ साहब के नाम पर उसका नामकरण, सलीम किया गया, इसीलिए अकबर उसे नाम से पुकारने से कतराता रहा। वह अपने बेटे को शेख़ के आशीर्वाद मानते हुए ज़िन्दगी भर 'शेखू' ही पुकारता रहा। शायद उसके कारनामों को भी इसी वजह से नज़रन्दाज़ करता रहा, जबतक पानी सर के ऊपर से नहीं बहने लगा और सलीम ने हद्द ही नहीं कर दी।

जैसा अन्देशा था अकबर को पश्चिम में व्यस्त पाने के चलते उज़्बेगों ने बगावत का फ़ैसला किया। अकबर ने जब खान-ए-खाना, मुनीम खान को इनके खिलाफ़ भेजा तब ये उसे गुमराह करते रहे और आखिर में तीन तरफ मोर्चा खोलकर बादशाह को परेशान करने का फ़ैसला किया। उज़्बेगों को लगता था कि बैरम खान के खिलाफ़ उन्होंने अकबर का साथ दिया था और अकबर बेवजह ईरानी अमीरों को ज़्यादा तव्वजो दे रहा है। उनको केन्द्र में तैनात कर इन्हें पूर्वी इलाकों में अफ़ग़ानों का सामना करने के लिए भेज दिया गया है। इसलिए उन्हें लगा अकबर तो अभी नरवर में जंगली हाथियों के शिकार में मशगूल है मुनीम खान को वे आसानी से घेरकर हरा देंगे इसीलिए एक दल लखनऊ; दूसरा कड़ा-मानिकपुर और तीसरा गाज़ीपुर से लेकर पटना तक के इलाके के लिए तैनात किया गये। चूँकि पूर्वी क्षेत्रों के आसन्न खतरे की काफी बातें दरबार से लेकर मुग़ल हरम तक में हो चुकी थीं इसीलिए अकबर ने खुद जाकर मोर्चा सम्हालने और अपनी फ़ौज का हौसला बढ़ाने का फ़ैसला किया।

जब अकबर द्वारा भेजे गये अशरफ़ खान भी इस्कन्दर खान उज़्बेग को सही राह पर लाने में कामयाब नहीं हुआ तब इस्कन्दर और इब्राहिम खान लखनऊ के रास्ते कन्नौज; जबकि अली कुली खान और बहादुर कड़ा-मानिकपुर में मुग़ल जागीरदार, मजनूं खान काक्शाल को घेरें। इनका पहला सामना शाही सेना से नीम्खार में हुआ और शाही फ़ौज नीम्खार के किले में लौट गयी; इसी तरह काक्शाल ने भी कड़ा के किले में खुद को महफ़ूज़ कर लिया। उसने आसफ़ खान को खबर भिजवाई तो आसफ़ खान गढ़ा की इन्तज़ाम अपने अधिकारियों के हाथ में छोड़कर कड़ा की तरफ चल पड़ा। इधर अकबर ने भी अपनी फ़ौज को तैयार किया और इस बगावत को बड़ा या भीषण रूप धारण करने से पहले ही कुचलने का फ़ैसला किया। मगर जैसा कि होता ही था मरियम मकानी अपने बेटे के साथ साये की तरह लगी रहती थी, इसीलिए अकबर के फ़ौजी खेमे की सुरक्षा में हरम का खेमा भी 24

मई, 1965 की भयंकर गर्मी में पीछे-पीछे चल पड़ा। आगरा की ज़िम्मेदारी तरसून खान को पूरी हिदायतों के साथ दे दी गयी।

चूँकि गर्मी और लू के चलते फ़ौज को बहुत दिक्कत हो रही थी इसीलिए अकबर ने फ़ैसला किया कि वे सब शाम को कूच किया करेंगे और रात-भर सफ़र करेंगे। इस तरह शाही फ़ौजें कन्नौज जा पहुँचीं। वहाँ गंगा पार करने में फ़ौज को कई दिन लग गये। इसी समय अकबर को खबर मिली कि इस्कन्दर खान ने लखनऊ में खेमा लगा लिया है। उसने ख़्वाजा जहाँ, मुज़फ्फ़र खान, म्युइन खान वगैरह को वहीं छोड़ा और घोड़े पर सवार होकर पूरी रात और पूरा दिन चलता रहा। दूसरे दिन भोर में उसकी फ़ौज की टुकड़ी लखनऊ में हाज़िर थी–उसके आने की खबर जैसे ही फैली सभी चौंक से गये! इस्कन्दर के पास भागने के अलावा कोई और चारा नहीं था। शाही फ़ौज ने उसे दूर तक खदेड़ा और वह किसी तरह बेहाल सा अली कुली खान और बहादुर खान से जा मिला मगर उसकी हालत देखकर वे दोनों भी इतने घबड़ा गये कि कड़ा-मानिकपुर की घेरेबन्दी छोड़कर वे जौनपुर की तरफ भाग निकले।

बादशाह और हरम की औरतों ने लखनऊ में कुछ दिन बिताये अकबर अपनी फ़ौज के बड़े हिस्से के वापस आने का इन्तज़ार कर रहा था। इसी दौर में उसने लखनऊ के चौक में अपनी मौजूदगी की निशानी के तौर पर 'अकबरी दरवाज़े' को कुछ इस अन्दाज़ में बनवाया कि वह शर्की, स्थानीय पूर्वर्ती स्थापत्य और मुग़ल शैली के सुन्दर सम्मिश्रण का एक नायाब नमूना साबित हुआ! चूँकि अकबर लखनऊ में काफी समय रुकने पर मजबूर था, इसीलिए उसने यह दरवाज़ा अपनी देख-रेख में बनवाया था। जैसे ही अलग-अलग मोर्चों पर भेजी गयी टुकड़ियाँ वापस लखनऊ आयीं तब वह शाही परचम लहराता हुआ जौनपुर की तरफ कूच कर गया। इस बार वह इत्मीनान से धीरे-धीरे चला पर चला मुसलसल और जौनपुर से पहले ही अली कुली के खिलाफ़ मोर्चा खोले हुए आसफ़ खान और मजनूँ खान हाज़िर हुए। आसफ़ खान ने तो बादशाह को गढ़ा से प्राप्त हाथी बल्कि तुर्की और ईरानी घोड़े भी पेश किये। उसने बादशाह के समक्ष पाँच हज़ार घुड़सवारों की फ़ौज भी पेश की और इस बड़ी फ़ौज के पहुँचते ही जौनपुर में जुलाई के महीने में (13 जुलाई को) शाही मुग़ल परचम लहरा उठा! अब अली कुली खान वगैरह के पीछा करने के लिए आसफ़ खान, मजनूँ खान और शाह मुहम्मद खान आदि को भेज दिया। अली कुली ने बंगाल के अफ़ग़ान शासक से मदद माँगी मगर अकबर ने उसे निष्प्रभावी करने के लिए अपना दूत बंगाल के नवाब के पास भेजा और ओडिशा के हिन्दू शासक

राजा मुकुन्द देव के पास भी दूत भेजकर अपना दोस्त बने रहने का सन्देश भेजा और यह भी अनुरोध किया कि अगर नौबत आये तो वह बंगाल पर आक्रमण कर शाही स्थिति को मजबूत करे। जौनपुर से ही अकबर ने सैन्य तथा कूटनीति के जरिये पूर्वी क्षेत्रों पर अपना आधिपत्य पुनः स्थापित करने में सफलता पायी।

उधर, हरम की औरतों को जौनपुर बहुत भाया और उनके समझ में आ गया कि आखिर उस दौर में यह शहर पूरब का शिराज़ क्यूँ कहलाता था। यहाँ का किला, गोमती का पुल, जामा मस्जिद, अटाला मस्जिद, लाल दरवाज़ा मस्जिद, झंझरी मस्जिद के अलावा तमाम मकतब, मदरसे और शर्की दौर के एक-से-एक नायब इमारतें और संस्थाएँ...वे भी सब हैरत में पड़ गयीं। वे उस मकतब और मदरसे को भी देखना नहीं भूलीं जहाँ कभी शेरखान ने इल्म की दौलत कमाई थी और यह सवाल उनके ज़ेहन में उठा कि उसने उलमा होने की जगह फ़ौजी ज़िन्दगी क्यूँ चुनी? उसने इबादत और इल्म की जगह सियासत को तरजीह क्यूँकर दी? खैर ये उलझाने वाला सवाल था। शायद उसके मुक़द्दर में हुमायूँ को हराना था और न हुमायूँ हारता और न ही उसका और हमीदा की मुलाक़ात मुमकिन होती? और न ही अकबर का जन्म ही उसकी कोख से होता? यही एक बात तसल्ली की थी कि अकबर ने शेरशाह के पूरे पुराने इलाके में मुग़ल शाही परचम लहराने में कामयाबी हासिल की थी और यह मरियम के दिल को ठण्डक पहुँचाने के लिए काफी थी? वह शायद इसीलिए जौनपुर के प्रवास में बहुत सुकून महसूस करती रही...

मुग़ल दरबार और हरम से जुड़े संगीत वालों के लिए भी जौनपुर का अपना आकर्षण था, क्योंकि वे सब के सब जानते थे कि 'खयाल' गायकी की शुरुआत यहीं जौनपुर में शर्की घराने के दौर से हुई है, मगर जो पक्की तारीखी खबर पढ़ने में आयी तब वे गहरे अचम्भे में पड़ गये? अन्तिम शर्की सुल्तान, हुसैन शाह तो गीत-संगीत में ऐसा डूबा था कि उसने 'गान्धर्व' का विरुद या नाम धारण कर लिया और खयाल गायकी के विकास में खासा योगदान दिया। उसने तो कई नये राग तक बनाये, जैसे मल्हार-श्यामा, गौर-श्यामा, भोपाल-श्यामा और हुसैनी या जौनपुरी असावरी जिसे 'जौनपुरी बसन्त' भी पुकारा जाने लगा। वहाँ की चित्रकला और मुसव्विरों के नामों को देखकर ही सबको समझ आने लगा कि संस्कृति का कोई आयाम शर्कियों के दौर में नहीं छूटा था और अकबरी माहौल बनाने में जौनपुर के इस प्रवास ने बहुत अधिक प्रभाव छोड़ा—उसे और उसके 'हरम' को इसीलिए जौनपुर में बहुत अच्छा लगा था।

मरियम मकानी तो बादशाह हुमायूँ के चित्रकला के कारखाना या शिल्पखाना से भी वाकिफ़ थी, इसीलिए उसने यहाँ के अनेक चित्र अपने साथ ले लिए, ताकि दरबार और हरम के रंगसाज़ों या चित्रकारों को स्थानीय प्रेरणा भी मिल सके! लेकिन एक नायाब चित्र ने सबका ध्यानाकर्षण किया। किले की पुरानी और लगभग भुलाई जा चुकी कला दीर्घा में कल्पसूत्र का एक शानदार चित्र था। इसमें देवानन्द द्वारा चौदह शुभ-लक्षणों के दिखने के चलते महावीर स्वामी के जन्म की भविष्यवाणी की गयी थी। इन चौदह प्रतीकों और साथ ही महावीर स्वामी के जन्म को दर्शाता यह चित्र देखकर अकबर, उसके दरबारी, कलाकार, मुसव्विर, हरम की परिष्कृत महिलाएँ सभी दंग रह गये! वे पहली बार 1465 का बना यह चित्र दो सौ साल बाद देख रहे थे और न रंग फीके पड़े थे–ज़रा सी धूल हटते ही पूरी चमक-दमक के साथ महावीर स्वामी के जन्म का यह चित्र ऐसा लग रहा था जैसे अभी का बनाया हुआ है!

इस चित्र में ईरानी, मध्य एशियाई तत्त्वों के साथ स्थानीय तत्त्वों का मिश्रण और उसका असर जो चित्र को और बेहतरीन बना रहा था सबसे नायब लगा। इसीलिए मुग़लों ने अपनी रंगशाला में इसे 'जौनपुरी कलम' से वर्गीकृत कर दिया। इस स्थानीय तत्त्व के अनूठे मिश्रण वाले प्रयोग ने अकबर पर खासा असर डाला–खासतौर से जब रामायण (हमसानामा) और महाभारत (रज़्मनामा) के फ़ारसी अनुवाद में वह चित्रण करा रहा था! एक बात जो अकबर की राजनीति को सफल बना गयी वही भी इसी से कहीं-न-कहीं प्रभावित थी। उसकी माँ ने शाह तहमास्प द्वारा हुमायूँ को दी गयी सलाह तो बतायी थी, जिसके चलते स्थानीय शासकों से तो वैवाहिक गठबन्धनों द्वारा सम्बन्ध मजबूत हो रहे थे। लेकिन इस चित्र ने एक नयी रोशनी डाली–उसे समझ आया कि स्थानीय लोगों के विश्वासों को आदरपूर्वक जगह देकर वह उनके दिलों को जीत सकता है और जज़िया या धर्म-परिवर्तन के रोक के बाद यह बात उसे साफ नज़र भी आने लगी थी। इसीलिए उसने समझ लिया कि लगभग आगरा तक अपनी सत्ता बढ़ाने में शर्की क्यूँ कामयाब हुए थे? उसे भी स्थानीय लोगों के जरिये अपने शासन को सहज स्वीकार्य बनाने की राह मिल गयी! मुग़ल शासन की असली जड़ें मजबूत करने की असली नीति उसे सहज समझ आ गयी थी।

इतना कुछ देखने के बाद भी किसी का भी मन नहीं भरा था–वे बहुत इत्मीनान और बारीक नज़रों से सन्तराशों, मुसव्विरों और दूसरे फनकारों के हाथों कमालों को और गौर से देखना चाहते और चाहती थीं...एक रोज़ जब अकबर

हरम में अपनी माँ के पास बैठा था तब बरबस मरियम मकानी के मुँह से यह ब्रात निकल भी गयी कि 'अभी भी देखने समझने को बहुत बचा रह गया था, ख़ुदा ने चाहा तो फिर यहाँ आने का मौका देगा'। अकबर ने जोरदार ठहाका लगाया 'आप माँ होकर हमारी सुल्तनत को डाँवाँडोल देखना चाहती हैं? वैसे ही पूरब क्षेत्र के अफ़ग़ान आज तक बाबर बादशाह के बाद से मुग़लों को हिन्दुस्तान से भगाने की जुगत में ही रहे हैं...जब दिल्ली के सुल्तान, इब्राहिम लोदी के खिलाफ़ उसके चाचा, आलम खान लोदी बाबा बाबर के दरबार काबुल में हिन्दुस्तान पर कूच करने का न्योता देने गये थे और सरहद के जागीरदार, दौलत खान लोदी ने अपने बेटे को इसी मकसद से बादशाह बाबर के पास भेजा था, तब तक लोदी अमीर यही सोचते थे कि वे भी अपने पुरखे अमीर तैमूर की तरह आकर आक्रमण कर इब्राहिम को हराकर एक सियासी शून्य को जन्म देकर वापस काबुल चले जायेंगे और अफ़ग़ान अपने मर्ज़ी का सुल्तान तख़्त पर बैठा सकेंगे, मगर बादशाह बाबर का मकसद ही हिन्दुस्तान पर अपनी हुकूमत कायम करना था और ऐसा वे कर भी गये...'

'मगर अफ़ग़ानों ने दिल से कभी मुगाल सत्ता को स्वीकार नहीं की और वे मुसलसल कोशिश करते रहे और हमारे वालिद साहब के ज़माने में तो कामयाब भी हो गये थे? इसीलिए इनसे खुराफ़ात न करने की कोई उम्मीद नहीं रहती और हम इसीलिए चौकस रहते हैं। दूसरी तरफ उज़्बेग सोचते हैं कि अफ़ग़ानों के बीच उन्हें फंसा दिया गया है...तीसरी तरफ़, वकील रहे खान-ए-खाना, मुनीम खान जो पूरबी इलाके का जागीरदार है वह सोचता है कि उसे महम अंगाह और अधम खान का साथ देने के लिए अभी भी माफ़ नहीं किया गया है, इसीलिए अफ़ग़ान इलाके में यह तैनाती है? कहाँ तो वह दरबार में सबसे ऊँचा अमीर और कहाँ पूरब के मैदानों की धूल फाँकने को मजबूर? इसीलिए वह मन लगाकर न उज़्बेगों और न ही अफ़ग़ानों को दबाने में जी-जान से लगता है...इसीलिए यहाँ तो आना ही पड़ेगा...'

जैसे दोनों माँ-बेटे किसी इल्हाम की वजह से यह संवाद कर रहे थे, क्योंकि बंगाल के नये सुल्तान, दाऊद खान ने अपने पैर फैलाने शुरू कर दिया और ज़मनिया (गाज़ीपुर) तक बढ़ा चला आया। ऐसे में उसे रोके रखना मुनीम खान के बस में नहीं रहा। मुनीम खान ने बादशाह से पटना आने की गुज़ारिश की और बादशाह फतेहपुर सीकरी से आगरा आकर कूच की तैयारी में जुट गया। यह तय पाया गया कि सेना का मुख्य भाग, मिर्ज़ा यूसुफ़ खान रिज़वी के अधीन थल मार्ग से मगर बादशाह, कुछ प्रमुख अमीर और 'हरम' नाविक बेड़े से जलमार्ग से जायें

और पटना के इस पार ही मिल जायेंगे। अकबर ने आगरा की ज़िम्मेदारी खालिसा के दीवान, शिहाबुद्दीन अहमद खान नैशापुरी को सौंप दिया। नायब-दीवान, राय भगवानदास और द्वितीय बख्शी, राय पुरुषोत्तम को उसकी मदद के लिए वहीं तैनात कर दिया और खुद पूरी तैयारी के साथ को जल मार्ग से चलने की तैयारी में जुट गया।

शहज़ादा सलीम उन्नीस प्रमुख अमीर जिनमें कछवाहा भगवन्तदास, कुँवर मान सिंह, बीरबल, माधो सिंह, ज़ायेन खान कोका, फैज़ी, अब्दुन नबी और हकीम-उल-मुल्क वगैरह अपनी अपनी नावों में सवार हुए और इसी तरह 'हरम' की भी अलग नाव थी–यह बड़ा बेड़ा जमुना से अपना लंगर उठाकर 20 जून, 1574 को पटना के लिए चल दिया और बाकी विशाल फ़ौज नदी के किनारे-किनारे चलती रही...

जब अकबर जुलाई 13, 1574 को प्रयाग के संगम पर पहुँचा तब वहाँ पर किसी पर्व का स्नान चल रहा था और सैकड़ों लोग घाट पर जुटे हुए थे। इसीलिए यह शाही बेड़ा सीधे गऊघाट पर ही ठहरा और चूँकि हिम्मत खान के नेतृत्व में इलाहाबास के किले की नींव रखी जा चुकी थी और कुछ-कुछ भवन बनकर तैयार हो रहे थे, सभी लोगों ने उसके दीदार किया और वहाँ से खा-पीकर फिर यह शाही बेड़ा यहाँ से चलकर जुलाई महीने की पन्द्रह तारीख को बनारस पहुँचा। यहाँ शाही बेड़ा तीन दिन रुका। सबने बनारस देखा और मरियम उज्ज़-ज़मानी ने तो मन्दिरों और घाटों की सैर की और उसके साथ अनेक महिलाएँ भी उत्सुकतावश चल दीं–इलाहाबास के संगम में तो भीड़-भाड़ में घाटों, मन्दिरों का घूमना मुमकिन नहीं हो पाया था लगता है, उसकी कमी को बनारस में पूरा किया गया। बनारस के बाद फिर चुनार देखने गये। यहीं अकबर के हुक्म से शरीफ़ खान ने किले का पश्चिमी फाटक तामीर किया। चुनार में अकबर ने शिकार का भी लुत्फ़ उठाया। अब बादशाह ने अपनी माँ से कहा कि आपकी तमन्ना पूरब के शिराज़ को इत्मीनान से देखने, जानने और परखने की थी इसीलिए हाज़ीपुर और पटना जाने से बेहतर है आप लोग सब जौनपुर में रुकें और हम दाऊद खान से निबट कर लौटते हैं...

गाज़ीपुर का मैदान शाही शिविर का ठिकाना बना और ढेरों खेमे रातोंरात लगा दिये गये। इसी समय एत्माद खान जो पटना के मोर्चे पर तैनात था अपनी नाव से बादशाह के पास आया और उससे जितनी जल्दी हो पटना पहुँचने की गुज़ारिश की, क्योंकि वह एक स्वामिभक्त अमीर था, इसीलिए अकबर ने फौरन ही पटना जाने का फ़ैसला किया और अगला खेमा चौसा पर लगाया गया–ज़ाहिर है बादशाह

हुमायूँ और अफ़ग़ान शेर खान की यादें ताजा हो आयीं। हाज़ीपुर और पटना तक दाऊद खान की फ़ौज का पीछा किया गया और जहाँ भी आमना-सामना हुआ शाही फ़ौजें जो बादशाह की मौजूदगी में पूरे जोश-खरोश से लड़ रही थीं। वे हर बार कामयाब हुईं। बंगाल की फ़ौज पराजित होकर बस जान बचाकर भागने में कामयाब हो सकीं...एक बार तो शुरू में ही अकबर ने ऐसी मुस्तैदी दिखाई थी कि वह जौनपुर से जंगल के रास्ते गोरखपुर तक बंगाल की फ़ौज का पीछा करते निकल गया था। बंगाल के खिलाफ़ अपनी कामयाबी के बाद अकबर भी जौनपुर लौट आया और इस बार स्थानीय पकड़ की व्यावहारिकता को और बारीक ढंग से समझने के लिए पूरे तैंतीस दिनों तक जौनपुर में रहा और पूरब के इलाकों के बन्दोबस्त को मजबूत किया।

साथ ही उसने शर्की दौर के सन्तराशों और मुसव्विरों के एक-एक हुनर को देखा, जाना और परखा और अपने फनकारों को उनसे सीखने की सलाह देते हुए खुद भी इन बातों और विशेषताओं को जज़्ब करता रहा...इसीलिए बादशाह के लिए कहा गया है कि किताबी इल्म से ज़्यादा उसका व्यावहारिक ज्ञान था! उसने गोमती के पुल के साथ ही कई मस्जिदों, मदरसों, मकतबों की मरम्मत भी करायी... इसी दौर में चूँकि शहज़ादा सलीम भी अपनी दादी मरियम मकानी के साथ रहा था तब उसने अकबर को बताया कि कैसे दादी पूरे समय तस्बीह लिए अपने बेटे की सलामती की दुआ करती रहती हैं। अकबर मुस्कुराया और बोला, 'शेखू हमको तुम्हारी माँ और हरम के बाकी लोग पहले ही बता चुके हैं, इसीलिए वह और जोर देती हैं साथ चलने और रहने के लिए! हमें भी उनके साए में एक सुकून महसूस होता है–बचपन में चूँकि हम माँ से दूर रहे थे इसीलिए अब हम खुद भी साथ रहने की भरसक कोशिश करते हैं।'

VIII

इसी बीच जून 1576 में हल्दीघाटी का युद्ध हुआ जो अकेले बचे राजपूत राज्य मेवाड़ और उसके शासक राणा प्रताप को अपने अधीन करने के लिए लड़ा गया था। यह अनिर्णायक ही रहा बस रामप्रसाद नामक हाथी ही मुग़ल फ़ौज को हस्तगत हुआ था! राणा प्रताप आदि गोगुन्दा के पश्चिम कोलियारी की तरफ चला गया। गोगुन्दा पर कब्ज़ा कर भी मुग़ल राणा को पकड़ने में नाकामयाब ही रहे...शायद

अकबर के लिए हरम की फुसफुस ने उकसाया कि वह खुद गर्मी और बरसात के बाद राणा के खिलाफ़ मोर्चा सम्हाले। ख़्वाजा साहब के सालाना उर्स में शरीक होने के बहाने वह अजमेर पहुँचा और यहीं से राणा प्रताप के ख़िलाफ़ मोर्चाबन्दी शुरू करते हुए सिरोही के देवड़ा राय और जालौर के ताज खान के खिलाफ़ एक सेना भेजी। इन दोनों ने मुग़लों के खिलाफ़ राणा प्रताप का साथ दिया था। दोनों ने प्रतिरोध को नमुमकिन मानते हुए अकबर की अधीनता मंजूर कर ली। इसके बाद वह 12 अक्टूबर (1576) को अजमेर से गोगुन्दा की तरफ कूच कर गया। वह ईडर के राजा नारायण दास को भी राणा के साथ मुगल फ़ौज के खिलाफ़ सहयोग करने के लिए सजा देना चाहता था।

वह मेवाड़ के खिलाफ़ इस अभियान में अपने हरम को जानबूझकर साथ ले गया था, ताकि वे सब खुद राणा प्रताप की हार की चश्मदीद होकर मुग़ल नाकामयाबी की फुसफुसाहट बन्द या कम कर सकें। मगर उसे और उसकी इतनी शातिशाली फ़ौज को राणा प्रताप के खिलाफ़ कोई खास सफलता हासिल नहीं हुई–न तो वे राणा को पकड़ पाये न ही समर्पण करने के लिए बेबस कर पाये? अगले साल फरवरी के आखिरी हफ़्ते तक चले मुसलसल युद्धों में मुग़ल फ़ौजों को कोई खास कामयाबी नहीं ही मिली बस ईडर पर मुग़ल कब्ज़ा ज़रूर हो गया! अकबर ने डूंगरपुर और बाँसवाड़ा को अपनी सम्प्रभुता स्वीकार करने के लिए मजबूर कर दिया और वहाँ की राजकुमारियाँ भी अकबर के हरम में राजपूत रानियों की गिनती में इज़ाफ़ा कर गयीं...शायद यही एक कामयाबी अकबर को हासिल हुई। बूँदी के खिलाफ़ कूच में भी मुग़ल फ़ौज को कोई खास कामयाबी हासिल नहीं हुई मगर मुग़ल फ़ौजों ने पूरा इलाका तहस-नहस कर दिया था।

अपने इस अभियान से उसे लगा होगा कि शायद राणा प्रताप को दुर्दान्त पहाड़ों और दुर्गम जंगली इलाकों में शरण लेने के लिए बाध्य कर देने से उसके हरम में कुछ तो असर हुआ होगा–वह और उसकी राजपूत रानियाँ ज़रूर सहम गयी होंगी और अकबर के खिलाफ़ फुसफुसाहट कम सी हुई होगी? मगर यहाँ तो माहौल बहुत ही उल्टा हो गया था एक अजब-सा भारी माहौल जहाँ आपस की बातचीत भी बन्द हो जाये...मरियम को हरम का बोझिल माहौल और उसकी वजह समझ आ चुकी थी। वह हरम की मलिका थी उसकी नज़रों से क्या छिपता? उसने इस भारी होते माहौल को कम करने की भरसक कोशिश की। हरम में जो छोटे-छोटे खेलों का सिलसिला चलता था उसमें भी अजब-सी आक्रमकता दिखाई देने लगी साधारण सी प्रतियोगिता भी गला-काट संघर्ष में

बदलने लगी थी। अन्त्याक्षरी में जो भक्ति-सूफ़ी भजनों, नज़्मों, कव्वालियों की भरमार होती थी, उसमें भी भाईचारे की जगह संघर्ष, समर, जीत-हार ने जगह बना ली।

जो मुग़ल-राजपूत दोस्ती का माहौल बनाने की तमाम कोशिशें हुई थीं, वे सब धराशायी होती दिखीं...जिस खयाल और ख्वाहिश से अकबर इस राजपुताना कूच में 'हरम' लेकर चला था, उसी हरम में माहौल साम्प्रदायिक कड़ुवाहट लेने लगा था–पूरा मुग़ल ढाँचा और अकबरी जलाल ध्वस्त होता इससे पहले ही मरियम ने मोर्चा सम्हाला और उसका पूरा साथ दिया गुलबदन बेगम, सलीमा सुल्तान बेगम और अकबर की पहली राजपूत बेगम मरियम-उज़्ज़-ज़मानी ने और इन सब की मौजूदगी में ही उसने अकबर को दो-टूक शब्दों में यह सब समझा दिया। इसीलिए राणा प्रताप के खिलाफ़ बिना बहुत कुछ वास्तविक हासिल किये हुए और बढ़ती गर्मी से परेशान अकबर अपनी फ़ौज के साथ 12 मई, 1577 को फतेहपुर सीकरी लौट आया–इसके अलावा उसके पास कोई और चारा भी नहीं था! मगर उसे मेवाड़ के राणा का प्रतिरोध सालता रहा और उसने अपनी बड़ी फ़ौज उसके खिलाफ़ मोर्चा लेने के लिए लगाये रखी...1580 तक शहबाज़ खान राणा के खिलाफ़ युद्ध करता रहा, मगर अप्रैल 1578 में कुम्भलगढ़ जीतने के अलावा वह राणा का बाल बाँका भी नहीं कर सका और बिहार, बंगाल में बगावत के चलते शहबाज़ खान को वहाँ भेज दिया गया।

मुग़ल हरम की इतनी सारी राजपूत रानियों की सहानुभूति तो उस राजपूत राणा के साथ ही थी और मरियम मकानी की समझदारी भरी सलाह के चलते अकबर ने उसको और अधिक कुरेदना भी जायज़ नहीं समझा और राणा को अकेला छोड़ देने का फ़ैसला ही बेहतर समझा। वैसे भी अकबर की माँ मरियम मकानी ने ही उसे स्थानीय शासकों से मजबूत सम्बन्ध बनाने की नियत से एक सुनिश्चित राजपूत नीति की तरफ बढ़ने की राह सुझायी थी और अब वह वैवाहिक सम्बन्धों के अलावा बेवजह की जंग और खून-ख़राबे से आज़िज़ आ गयी थी। उसकी सलाह को अकबर ने हरम पर पड़ रहे असर और बाकी राजपूतों पर भी पड़ रहे असर को देखा था। उसने तो कुछ दिनों के लिए मान सिंह को दरबार से वंचित कर दिया था फिर खुद ही समझ गया कि बेवजह वह राणा प्रताप को केन्द्र में रखे हुए है, जबकि इसका कोई फ़ायदा तो हो नहीं रहा था अपितु उलटे असर ने उसे, हरम की बेगमों (खासतौर से राजपूत बेगमें) और मुग़ल अमीरों के साथ बहुसंख्यक हिन्दू समाज को उद्वेलित कर रखा था। इसीलिए राणा प्रताप के मसले

में अकबर के बदलते नज़रिये पर मरियम मकानी के नेतृत्व वाले मुग़ल हरम का असर साफ दिखाई दे रहा था। इतना ही नहीं, जब मिर्ज़ा अज़ीज़ कोका को माफ़ करते हुए पंचहज़ारी मनसबदार बनाकर मुहीम-ए-बंगाल पर तैनात किया। उसमें भी हरम की ही भूमिका थी। मरियम ने जीजी अंगाह के बेटे की तरफदारी करते हुए उसे एक मौका देने के लिए कहा और अकबर को समझाया कि आखिर को वह उसका दूध-भाई ही नहीं सच्चा शुभचिन्तक है और हाँ अपनी गलती भी मान रहा है और दुखी ही नहीं पर्याप्त प्रायश्चित्त भी कर चुका है तब क्यूँ न उसे एक मौका दिया जाये, ताकि वह मुग़ल साम्राज्य के प्रति अपनी वफ़ादारी साबित कर सके? इस तरह मिर्ज़ा अज़ीज़ कोका एक बड़ी फ़ौज के साथ बिहार-बंगाल में बगावत दबाने को निकल पड़ा।[4]

इसी बीच अकबर पंजाब की ओर चला गया और वहाँ के इन्तज़ाम दुरुस्त किये। अब उसके शासन का चौबीसवाँ साल (मार्च, 1579 को शुरू हुए साल) शुरू हो चुका था। उसका खेमा फतेहपुर सीकरी की तरफ बढ़ने लगा और वह बहिरा कस्बे के पास पहुँचा भर था, तब उसके पास खबर आयी कि राजमाता मरियम मकानी फतेहपुर सीकरी से पंजाब की तरफ निकल पड़ी हैं। वह हमेशा कोशिश करती थी कि अपने बेटे अकबर से कतई दूर न रहे और खासतौर से जब वह जंग के लिए कूच करे। हुमायूँ जो ज्योतिष में बहुत भरोसा करता था। इसीलिए भी सदा हमीदा को अपने साथ रखता था और सूफ़ी-सन्तों ने भी उससे ऐसा करते रहने को कहा था...। यह बात अकबर भी भली-भाँति जानता था और वह माँ के भरोसे पर खुद भी यकीन करने लगा था। जब उसे माँ के आगमन की खबर मिली तब उसने फौरन ही शहज़ादे सलीम को उनके इस्तकबाल के लिए भेजा और खुद भी पीछे-पीछे अपना आदर प्रकट करने के लिए निकल पड़ा। उसने पूरे आदर और सम्मान के साथ अपनी माँ का स्वागत किया। और यहीं उसने एक फ़ैसला किया जिसके तहत पंजाब का शासन सईद खान के सुपुर्द कर वापस राजधानी की तरफ कूच करने लगा। अभी वह खिज़राबाद के सुल्तानपुर नाम के गाँव में पहुँचा था कि उसने अपनी योजना बदली और मीर-बहर को हुक्म दिया कि अच्छी नावें इकट्ठी की जायें, ताकि आगे का सफ़र दरिया के रास्ते किया जाये। पंजाब के मीर बहर, मोहम्मद कासिम खान ने देखते-ही-देखते तीन सौ नावों का बड़ा बेड़ा बादशाह की खिदमत में लगा दिया।

---

4 देखें, ख़्वाजा निज़ामुद्दीन अहमद कृत तबकात-ए-अकबरी, बी. एन. डे का अंग्रेज़ी अनुवाद, सम्पादित बैणी प्रसाद, बिब्लिओथिका इंडिका, सं. 225, नयी दिल्ली, (1936) 1992।

यह शाही बेड़ा दिल्ली पहुँचा जहाँ ख़्वाजा ख़िज्र के मकबरे के सामने किनारे पर इस बेड़े में शामिल सभी नावों के लंगर डाल दिया गये। माँ मरियम मकानी के साथ सभी लोग बादशाह हुमायूँ के मकबरे पर अकीदत के लिए हाज़िर हुए और ख़्वाजा ख़िज्र, निज़ामुद्दीन औलिया वग़ैरह तमाम सूफ़ी सन्तों की दरगाहों में फ़कीरों और ज़रूरतमन्दों को धन बाँटते हुए ख़्वाजा मुईनुद्दीन चिश्ती के सालाना उर्स में शरीक होने के इरादे से फिर नावों पर सवार होकर चल दिये। एक रोज़ वहाँ रुककर अगली सुबह ही फतेहपुर सीकरी के लिए वे सब रवाना हो गये। सीकरी में इबादत खाना लगभग तैयार था और अकबर वहीं सन्तों, विद्वानों से संवाद में समय बिताने लगा। मरियम मकानी की सलाह मानते हुए उसने सीकरी के महल में जो आँगन में कुण्ड था, जिसमें अभी पानी का इन्तज़ाम नहीं हुआ था उसी में सोने, चाँदी और ताम्बे के सिक्के भरवा दिये। यह कुण्ड बीस गज़ लम्बा, बीस गज़ चौड़ा और तीन गज़ गहरा था। इतिहासकार निज़ामुद्दीन अहमद तो बताता है कि इसी में से विद्वानों, सन्तों, फ़कीरों वगैरह सबको सबाब के मद्दे-नज़र धन दिया जाता था–यह करीब बीस करोड़ टंके के बराबर धन था और तीन साल तक इसी में से धन दिया जाता रहा और दान पाने वाले मुग़ल साम्राज्य की समृद्धि के साथ बादशाह और राजमाता की सलामती की दुआ माँगते थे। इस धन के लिए राजा टोडरमल ने ही अकेले शाही खज़ाने से सत्रह करोड़ रुपये का इन्तज़ाम किया था।

इतना ही नहीं, अकबर भी काबुल अभियान में लग गया और राणा की तरफ से उसका ध्यान हट ही गया। चूँकि अकबर ने जब 'महज़र' की उद्घोषणा की तब पूरबी इलाकों के बगावती तत्त्व भी इसके विरोध में उतरे उलेमा का साथ देने का मन बना लिया और इतना ही नहीं, उन्होंने अकबर को अपदस्थ कर उसके सौतेले भाई मिर्ज़ा हाकिम को बादशाहत सौंपने का फ़ैसला कर लिया और इसी नियत से मिर्ज़ा हाकिम ने हिन्दुस्तान पर हुकूमत करने के लिए कूच कर दिया। मगर यह विद्रोह सिर्फ़ संकीर्ण उलमा (धर्माधिकारी) और बगावत पर उतारू पूरबी क्षेत्रों के उमरा (अमीर वर्ग के महत्त्वाकांक्षी सदस्य) तक ही सीमित था आमजन से इसका कोई वास्ता नहीं था इसीलिए यह कामयाबी की राह पकड़ ही नहीं सका... इधर अकबर ने अनेक अमीरों को पूरबी क्षेत्रों में तैनात किया, वहीं वह खुद मिर्ज़ा हाकिम के विरुद्ध 50 हज़ार घुड़सवारों और पाँच सौ हाथियों के साथ एक बड़े तोपखाने के साथ विशाल फ़ौज लेकर 6, फरवरी 1581 चल पड़ा। वह अपने

पुत्रों, सलीम और मुराद को भी साथ ले गया था। इस अभियान में शाही फ़ौज के साथ जेसुइट फ़ादर मोंसेरेट को भी अकबर ले गया था।[5]

मिर्ज़ा हाकिम इस भरोसे के साथ काबुल से चला था कि पूरे हिन्दुस्तान में ही अकबर के खिलाफ़ लोग उठा खड़े हुए थे और यहाँ वह लाहौर तक आ पहुँचा था, मगर न कोई मुल्ला, न अमीर, न सिपाही, न आमजन कोई उसके खेमे में नहीं आया था, तब ज़ाहिर ही है वह पूरी तरह से निराश लाहौर की घेरेबन्दी उठाकर रावी नदी को पार करते हुए वापस काबुल की तरफ चला गया। अब अकबर ने भी मिर्ज़ा हाकिम के पीछे ही जाना बेहतर समझा। उसने कलानौर में रावी पार की और काबुल की तरफ बढ़ चला...हमें याद रखना चाहिए कि कलानौर ही वह स्थान था, जहाँ हुमायूँ के मृत्योपरान्त उसका सिंहासनारोहण हुआ था। अत: वह यहाँ आकर भावुक हो गया! इसीलिए जब उसकी माँ ने भी पंजाब में न रुककर काबुल जाकर अपने ससुर के प्रति श्रद्धा अर्पित करने पर जोर दिया तब वह मना नहीं कर सका। उसे याद आया कि कैसे वह बैरम खान से बचकर दिल्ली पहुँचा था और दिल्ली के बाद सारे फ़ैसले और इन्तज़ामात मरियम मकानी ने ही किये थे जिसको वजह से वह वास्तविक बादशाह और शासक बना था। उसे मरियम की बहादुरी, शरीर की ताकत और प्रखर बुद्धिमता पर पूरा भरोसा था। उसके सदैव साथ रहने वाली वे तीन सेविकाएँ भी सैनिकों के लिबास में पूरे समय साथ रहने ही वाली थीं...

उसे यह भी मालूम था कि कैसे मरियम मकानी ने ईरान तक का सफ़र तय किया था और वह हर तरह की सवारी अब भी उतनी ही मुस्तैदी से कर सकती थी। मगर ऐसे हालात में राह की दुश्वारियों से वह भली-भाँति वाकिफ़ था और इसी के चलते ही वह 'हरम' के खेमे को साथ ले चलने के हक़ में नहीं था, मगर माँ की इच्छा टालना उसके बस में नहीं था। मरियम ने तो ईरान जाते और लौटते हुए भी औरतों के कपड़ों से परहेज़ किया था और वह कभी घोड़े तो कभी ऊँट पर मुस्तैदी से सवारी की थी। इसीलिए अलग से पहचान होने की गुंजाइश ही नहीं थी। फिर भी अकबर ने एतिहातन अपनी माँ के चारों तरफ एक सुरक्षा घेरा तैनात कर दिया था ताकि उसे कोई दिक्कत भी पेश न आये।

इस तरह वह अगस्त में काबुल के किले में दाखिल हुआ और वहाँ बीस रोज़ रुककर काबुल के सूबे का इन्तज़ाम दुरुस्त किया। माँ मरियम मकानी की सलाह पर मिर्ज़ा हाकिम को माफ़ करते हुए अकबर ने मिर्ज़ा हकीम की बहन

---

5 अत: हमें इस पूरे अभियान का एक वस्तुनिष्ठ विवरण भी मिलता है।

बख्तुन्निस्सा को काबुल का सूबेदार नियुक्त किया। उसने मरियम मकानी के साथ बाबर के मज़ार पर अकीदत पेश की और जलालाबाद लौटा जहाँ सलीम के अधीन एक सशक्त फ़ौज के भरोसे वह अपन 'हरम' छोड़ गया था। 'हरम' में मरियम के सकुशल लौटने पर खुशी की लहर दौड़ पड़ी और सबने उसे घेर कर काबुल के बारे में और उसकी राह के बारे में भी सभी जानकारियाँ लीं। मरियम ने जब उनको सेब, खजूर, खुबैनी, बादाम जैसे मेवों के बीज दिखाये तो वे भी उसकी सोच पर बिना फ़िदा हुए रह नहीं पाये। मरियम मकानी ने इसका सारा श्रेय गुलबदन बेगम को दिया कि कैसे उसके पास रखी तुज़ुक-ए-बाबरी पढ़कर ही उसके दिमाग में उनके मज़ार पर जाने का खयाल आया था। बाबर ने काबुल की इतनी तारीफ़ लिखी थी कि वह अपने-आपको काबुल देखने से रोक नहीं पायी

पिछली बार तो मरियम ने ईरान जाते समय काबुल हड़बड़ी में अफ़ग़ान फ़ौज से बचते और भागते हुए देखा था और वहाँ से लौटते हुए हुमायूँ के साथ कामरान से हो रही जंग के बीच देखा था। उसका आधा दिमाग जंग में और आधा अपने बेटे अकबर से मिलने में ही लगा रहा था...अकबर ये सब बातें जानता-समझता था, इसीलिए वह खुश भी था कि शैशव अवस्था में जहाँ कामरान के हरम से छूट कर अपनी माँ से वह मिला था अब वही अपनी माँ को वहाँ ले जा रहा था, ताकि उसके दिल को सुकून आ सके। चूँकि मरियम ने तुज़ुक में पढ़ा था कि कैसे बाबर के द्वारा काबुल से लाकर तमाम फलों, फूलों और मेवों के बाग लगवाये गये थे। उसने उनकी विरासत और याद को बरकरार रखने के लिए उन्हीं पेड़ों को दोबारा यहाँ लगाने का फ़ैसला किया। बाबर ने भी ढेरों मेवों के पौधों को रोपा था, मगर बाद में अफ़ग़ान काल में उनका रख-रखाव ठीक से नहीं हो पाया थी–अब नये सिरे से वह बाबर की विरासत को सँजोना चाह रही थी और इस चाहत को इस शक्ल में देखकर अकबर भी अपनी माँ का कायल हुए बिना नहीं रह पाया...और तब उसे माँ के काबुल जाने के फ़ैसले पर और भी फ़ख्र हुआ!

अब अकबर ने सिन्धु के इस पार के इन्तज़ाम को दुरुस्त करते हुए यहाँ के पूरे इलाके में कछवाहा राजा मान सिंह को तैनात किया और टोडरमल जो पूरबी क्षेत्रों की बगावत को दबाने के बाद सिन्धु नदी के पूर्वी तट पर अकबर के सामने हाज़िर हुआ था उसे यहाँ का प्रान्तीय दीवान-वज़ीर नियुक्त कर दिया। दिसम्बर की पहली तारीख (1581) को वह पश्चिमोत्तर के इन्तज़ाम को दुरुस्त कर फतेहपुर सीकरी वापस आ गया था। अब उसने थोड़ी चैन की साँस ली और आगरा के किले के चल रहे निर्माण को देखा-समझा, ताकि यह जल्दी पूरा हो सके। जिस तरह से उसने

अपने फैलते हुए साम्राज्य को सूबों में बाँटा था, उसी तरह उसने सूबों को सरकारों और उन्हें परगनों में विभक्त कर के प्रान्तीय प्रशासन को दुरुस्त किया।

इसी बीच खबर ने उसे झकझोर के रख दिया...अकबर को अपनी सौतेली माँ हाजी बेगम से बहुत मुहब्बत थी। वह अपनी माँ जैसा ही आदर और प्यार उनके प्रति प्रदर्शित करता था। काफी लोगों को तो यही गलतफ़हमी थी कि अकबर की माँ हाजी बेगम ही हैं? अकबर ने बहुत मुश्किल से उनको मक्का जाने की इजाज़त दी थी। वे गुलबदन बेगम के साथ मक्का गयी थीं, मगर एक बार पहले भी मक्का हो आने की वजह से उनका यही नाम हाजी बेगम चलन में आ गया था! हाजी बेगम बहुत ही सूफ़ियाना क़िस्म की औरत थीं और गरीबों की मदद के लिए हर समय तैयार रहती थीं। उनकी इसी खासियत के चलते लोगों के बीच उनका बहुत सम्मान था और गुलबदन की प्रिय भतीजी होने के कारण वे मरियम की भी बहुत खास थीं। हाजी बेगम ने हज पर जाने से पहले ही अपने पति हुमायूँ के मकबरे के निर्माण का काम दिल्ली में शुरू करा दिया था। इस वजह से वे मरियम और अकबर की नज़र में और चढ़ गयी थीं।

मरियम मकानी और अकबर, दोनों माँ-बेटे हाजी बेगम का बहुत सम्मान करते थे, चूँकि वे अपना ज़्यादातर धन गरीबों, फ़कीरों और धार्मिक कार्यों में खर्च कर देती थीं, इसीलिए मरियम बेगम की सिफ़ारिश को जायज़ मानते हुए अकबर ने उनको और भी धन देना मंज़ूर कर दिया था। हाजी बेगम की गैर-हाज़िरी में खुद मरियम बेगम हुमायूँ के मकबरे का काम देखती थीं और अकबर यथासम्भव मदद करता था। हाजी बेगम मक्का से लौटकर उसी मकबरे को पूरा करने में मसरूफ़ रही थीं। हुमायूँ के मकबरे का काम लगभग पूरा होने को था कि हाजी बेगम गुज़र गयीं। उनके गुज़रने के गम में अकबर ने कई दिनों तक न शिकार किया था और न ही संगीत की महफ़िल या शाही दावत का आयोजन किया था। पूरा मुग़ल हरम और दरबार शोक के माहौल में डूब गया था!

राजपुताने के मुद्दे पर जो हरम की राजपूत औरतें वहाँ के माहौल को उबाऊ और बोझिल बना चुकी थीं अब वे फिर से शहंशाह अकबर के प्रति सहृदय हो चुकी थीं और तौहीद-ए-इलाही (जिसे, दीन-ए-इलाही भी कहते हैं) के बाद से तो उसकी हिन्दू-मुस्लिम एकता का भाव स्थापित हो चुका था और उसकी उदारता असन्दिग्ध हो चुकी थी–इस इबारत की लिखावट उसके हरम में राजपूत स्त्रियों को दी गयी धार्मिक आज़ादी से भी स्थापित हो रही थी, इसीलिए अब वे और सुधार के लिए मुखर हो गयीं। जोधपुर के राजा मालदेव की पौत्री और मोटा राजा उदय सिंह की

बेटी जयमल की पत्नी थी। जयमल की मृत्यु बंगाल की तरफ कूच करते हुए चौसा में हो गयी थी और उसका शव अन्तिम संस्कार के लिए आगरा लाया गया। जयमल के पुत्र उदय सिंह ने परम्परा का हवाला देते हुए अपनी माँ के सती होने पर दबाव बनाया। पूरा हरम और खासतौर से राजपुतानियों ने उस विधवा के सती होने का ज़बरदस्त विरोध किया और ऐसे रिवाज़ के खिलाफ़ अपनी आवाज़ पुरजोर तरीक़े से बुलन्द की। इन महिलाओं के मुखर विरोध का असर अकबर पर हुआ और वह स्वयं अकेले ही घोड़े पर सवार होकर चल पड़ा।

जैसे ही अकबर के अकेले जाने की खबर जंगल में आग की तरह फैली वैसे ही मरियम के हुक्म पर मुग़ल अमीर, नौकर-चाकर, परिचर, अधिकारी उसके साथ जुड़ते चले गये। उसने यमुना तट पर पहुँचकर न केवल सती होने से जयमल की पत्नी को बचाया, बल्कि कुछ समय के लिए जयमल के बेटे उदय को कैद भी कर दिया, ताकि वह बाद में भी अपनी माँ को सती होने के लिए मजबूर न कर दे। अकबर इसके साथ ही सभी अमीरों और खासतौर से राजपूतों को साफ ढंग से यह सन्देश दे देना चाहता था कि अगर उन्होंने अवैध घोषित किये गये 'सती रिवाज़' को अपनाया या किसी भी महिला को उसके लिए मजबूर किया तो वह राजाज्ञा के उल्लंघन के जुर्म में सज़ा का हक़दार होगा! वह इस प्रथा को अमानवीय मानते हुए उसके पक्ष में हरगिज़ नहीं था और जब मरियम ने हरम में अपनी राजपूत बहुओं से यह सब कुछ समझ लिया तब उसने ही अकबर तक यह उनका यह मशविरा पहुँचाया था और अकबर ने बिना कोई देर किये ही ज़रूरी कार्रवाई करते हुए सती की रोकथाम कर जनता और खासतौर से राजपूत आभिजात्य को एक स्पष्ट सन्देश दे दिया था।

इधर, मुग़लिया सुल्तनत का लगातार विस्तार हो रहा था–मगर जैसा कि होता ही है, जितनी बड़ी सुल्तनत उतनी ही ज़्यादा ज़िम्मेदारियाँ और जो भी ज़रा सा नाराज़ वही अदावत और बगावत की राह पकड़ लेता था, मगर 1580 ई से जब से सूबेदारी इन्तज़ाम कायम किया तब से इन बगावतों को दबाने में कोई दिक्कत कभी पेश नहीं आयी। पूरे पूरब को नियन्त्रित करने के लिए उसने इलाहाबाद के सूबे का गठन किया था और यहाँ के किले के निर्माण के पूरे होते ही वह वहाँ जलमार्ग से पूरे लाव-लश्कर के साथ पहुँचा और चार माह तक रुक कर उसने तमाम इन्तज़ामों को अमली जामा पहनाया। मुग़ल हरम में राजपुतानी बेगमों के लिए तो गंगा-जमुना-सरस्वती के संगम में नहाने का सुख ही सुकून दे गया, जबकि मरियम मकानी के नेतृत्व में सभी ने घूम-घूमकर इस पूरे इलाके को देखा जाना।

चूँकि किले के पश्चिम जमुना के उत्तरी किनारे पर इलाहाबाद शहर की बसाहट भी हो गयी थी, इसीलिए यहाँ के मदरसों, मकतबों, सूफी दायरों और मन्दिरों-मठों को भी देखकर उन्हें ज़रूरी मदद-ए-माश के अलावा धन आदि दिया गया। पातालपुरी के मन्दिर के पुजारी को इसीलिए बड़ी मदद दी गयी, ताकि वह रात-दिन देशी घी का दिया जला कर साम्राज्य की तरक्की और खुशहाली के लिया बराबर दुआ और इबादत कर सके। तीन तरफ दरिया से घिरा यह किला और कुछ नहीं तो बेगमों के लिए सुबह शाम तफ़रीह के लिए नौका-विहार के जरिये ही सुकून और खुशी का तरीक़ा बन गया था। किले में बनी सीढ़ियों से आसानी से नदियों में उतर कर नहाया भी जा सकता था–ये शाही घाट आमजन के नहाने की जगह से अलग और पूरे परदे में महफ़ूज़ बनाये गये थे।

हर सूबे में बादशाह की पसन्द और भरोसेमन्द एक सूबेदार तैनात होता था। चूँकि इलाहाबाद का सूबा और किला पूरबी इलाकों पर नज़र बनाये रखने के लिए निर्मित किया गया था, इसीलिए उसने सबसे भरोसेमन्द व्यक्ति की नियुक्ति के हिसाब से शहज़ादा सलीम को ही यहाँ नियुक्त किया था! इस सूबे और किले का अपना महत्त्व इसलिए भी ज़्यादा था, क्योंकि राजधानी के पूरब में यही सबसे पहला सूबा था और यहाँ से नदी की राह से दूर बंगाल तक नज़र रखी जा सकती थी। सूबेदार ज़्यादा शक्तिशाली होकर मिर्ज़ा हाकिम की तरह या मिर्ज़ा भाइयों की तरह बगावत का मंसूबा न बाँधें इसलिए सूबों की फ़ौज प्रान्तीय बख्शी के अधीन रखी गयी थी। वह केन्द्र में मीर बख्शी के अधीन था और उसी के प्रति उत्तरदायी भी–आवश्यकता पड़ने पर ही सूबेदार को उससे फ़ौज या कुमुक के लिए कहना पड़ता था। इतना ही नहीं, हर सूबे में एक खुफ़िया अधिकारी को भी तैनात किया गया, जिसे वाकिया-नवीस कहा जाता था। इसका काम ही था कि प्रान्त के प्रत्येक विभाग की गतिविधियों की पूरी और सही जानकारी केन्द्र को भेजे। इस तरह सभी अधिकारी अपना काम ढंग से करते कि कहीं बादशाह तक शिकायत न पहुँच जाये?

इस तरह राजस्व और आय-व्यय पर नज़र रखने के लिए सूबे में प्रान्त के दीवान को तैनात किया गया था, जो केन्द्रीय दीवान के प्रति उत्तरदायी था न कि सूबेदार के प्रति! इतना ही नहीं, जलमार्गों के इन्तज़ाम को दुरुस्त रखने के लिए सूबे के स्तर पर मीर-ए-बहर को तैनात किया था। इंसाफ़ के लिए सूबों में काज़ी और धार्मिक मामलों के लिए सूबे में सद्र को भी तैनात किया गया। इसी तरह के इन्तज़ाम इलाहाबाद के सूबे में भी किये गये। इसीलिए अकबर को यहाँ चार महीने रुकना पड़ा था और मरियम की सलाह पर 'चिहर सैतून' या खुला सा दुमंज़िला भवन

बनाया गया जहाँ दक्षिण से यमुना और पूरब तथा उत्तर से गंगा के पानी के ऊपर से आती हवा सुकून और दिलकश माहौल बना दे। इसका काम तो दिन-रात काम करा कर हफ़्ते-भर में ही पूरा कर दिया गया। यह भवन चारबाग शैली वाले एक बाग के बीचोंबीच में स्थित था। इसी के ठीक सामने बाग के बीचोबीच एक नक्काशीदार फव्वारा भी था। जबतक अकबर और उसके हरम का यहाँ प्रवास रहा इस खुली बारादरी में नृत्य और संगीत की महफ़िल सजती थी!

इस तरह इलाहाबाद में पूरे हो चुके इस किले को ही सूबे का मुख्यालय बनाया गया–यह हर हाल में कड़ा-मानिकपुर से बेहतर था, क्योंकि तीन तरफ नदियों के चलते ज़्यादा महफ़ूज़ भी था तथा और यहाँ से पूरब के मिर्ज़ा बन्धुओं और अफ़ग़ानों पर पूरी तरह से नियन्त्रण रखा जा सकता था। इस सूबेदारी व्यवस्था के चलते ही, सुल्तनत में जहाँ-जहाँ भी बगावत हुई उसे कामयाबी के साथ इलकाई स्तर पर ही दबा दिया गया। जब बादशाह अकबर इलाहाबाद में चार माह गुज़ार चुका तब उसको खबर मिली कि गुजरात में कुतबुद्दीन के मारे जाने के बाद बगावत हो गयी है इसीलिए वह फौरन ही गुजरात जाने की नियत से इलाहाबाद से जलमार्ग द्वारा ही आगरा और वहाँ से फतेहपुर सीकरी के लिए चल पड़ा...अभी वह इटावा तक ही पहुँचा था कि उसे खबर मिल गयी कि गुजरात की बगावत दबायी जा चुकी है। मरियम ने वहीं जमुना में अपनी तरफ से इस मुबारक मौके पर नाविक बेड़े में ही शाही दावत का इन्तज़ाम कराया और गरीबों, फ़कीरों को धन बँटवाया। गुजरात के सूबेदार मिर्ज़ा खान को खान-ए-खाना का खिताब और निज़ामुद्दीन अहमद को बाकी अमीरों के साथ तरक्की दी गयी। बादशाह गुजरात जाने की जगह अब फ़तेहपुर सीकरी में ही ठहर गया।

धीरे-धीरे अकबर के शासन का इक्तीसवाँ साल शुरू हो गया (11 मार्च, 1585)। इसी साल उसे अपने सौतेले भाई, मिर्ज़ा हाकिम के गुज़र जाने की खबर मिली। भले ही मिर्ज़ा ने अकबर के खिलाफ़ बगावत की हो और हमेशा उसकी मुखालफ़त भी करता रहा हो मगर बड़े भाई की हैसियत से वह हमेशा मिर्ज़ा को माफ़ ही करता रहा। मरियम ने अपने पति हुमायूँ और कामरान के बीच की कटुता और शत्रुता भरी जंग देखी और झेली थीं। इसीलिए वह उसे मिर्ज़ा को माफ़ करने की सलाह ही देती थी और अकबर ऐसा करता भी रहा। उसकी तो तमन्ना थी कि काबुल मिर्ज़ा के बेटों के नाम कर दिया जाये मगर कामरान को झेले हुई मरियम इस सरहद के सूबे के महत्त्व को समझती थी। कैसे ईरान के शाह की फ़ौज की मदद से काबुल फिर से जीता गया था–इसकी वह चश्मदीद गवाह रही थी–तब अकबर

शिशु ही था–इसीलिए वह किशोर बच्चों को यह सूबा देने के पक्ष में कतई नहीं थी। इसी वजह से अकबर ने काबुल की तरफ कूच करने का फ़ैसला किया...

फतेहपुर सीकरी से दिल्ली तक वह मुसलसल चलता ही रहा। दिल्ली पहुँच कर हुमायूँ के मकबरे पर अपने वालिद को सम्मान प्रकट करने को गया। उसने निज़ामुद्दीन औलिया के मज़ार पर भी दरवेशों, गरीबों, फ़कीरों को दान दिया और फिर वहीं दिल्ली में उसने ईद मनायी। यहाँ से चलकर उसने सतलज के किनारे पहुँचकर खेमे लगवाये। कुँवर मान सिंह ने एक फ़ौज पेशावर की तरफ रवाना की; अकबर ने सादिक खान को भक्कर का शासन सौंपा और फिर चेनाब पर शाही खेमे लगाये गये। इधर, मानसिंह आसानी से काबुल में दाखिल हो गया और अकबर को बहुत खुशी हुई। इसी समय मुग़ल हरम ने ईद जैसी खुशी का इज़हार किया और नाच-गाने की महफ़िल सजी...अटक पहुँचकर बादशाह ने राजा भगवानदास, शाह कुली महरम वगैरह को पाँच हज़ार घुड़सवार के साथ कश्मीर फ़तेह करने के लिए रवाना किया।

इसी बीच पंजाब और काबुल के बीच अफ़ग़ानों के रोशनाई सम्प्रदाय के सामना करने के लिए तैनात जैन खान कोका की मदद के लिए सईद खान गक्खर और राजा बीरबल को भेजा। लेकिन करागर की तंग घाटी में ये लोग फँस गये और लगभग आठ हज़ार फ़ौजियों के साथ राजा बीरबल भी मारा गया और अकबर तथा उसका हरम और दरबार सभी शोक में डूब गये। घबड़ाये हुए अकबर ने ऐसी घड़ी में मरियम के माध्यम से हरम को समझा-बुझाकर मरियम के नेतृत्व में फिलहाल कश्मीर ने जाने के लिए मना लिया। वे सब अटक (पंजाब) में ही रुके रहे। इसी बीच टोडरमल के नेतृत्व में एक विशाल सेना को भेजकर कुछ तसल्ली हुई कि अब यूसुफ़ज़ाहियों को नियन्त्रित किया जा सकता है। बादशाह इसीलिए लाहौर लौट गया। जहाँ शहज़ादा सलीम की शादी रायसिंह की बेटी से सम्पन्न हुई। मरियम मकानी ने ही इस शादी का सारा इन्तज़ाम किया और कई दिन तक जश्न का माहौल रहा–नाच-गाने और दावतों का सिलसिला चलता रहा। इन सब से फुर्सत मिलते ही कश्मीर में शाही फ़ौजों की कामयाबी की खबर भी आयी और अगले साल (1588) की शुरुआत में कुँवर मानसिंह ने रोशनियों को पूरी तरह से हराने में कामयाबी हासिल की। उससे अच्छी खबर हरम से आयी–राजा भगवानदास की बेटी और मानसिंह की बहन से शहज़ादा सलीम को खुसरू जैसा बेटा मिला और सलीम की इस बेगम को मरियम मकानी ने फौरन 'शाह बेगम' खिताब से नवाज़ा और अकबर ने उसे शाही संस्तुति प्रदान कर दी।

अकबर ने जैन खान कोका को काबुल का सूबेदार बनाया और कुँवर मानसिंह को बिहार और बंगाल का सूबेदार बना दिया। इसी बीच चूँकि सब इलाकों से सुकून की खबर आ रही थी तब बेगमों ने कश्मीर जाने और खासतौर से वहाँ के गलीचों, केसर, फलों-फूलों, घाटियों, पहाड़ों, झीलों वग़ैरह देखने की ख़्वाहिश पूरी करने के लिए बादशाह पर दबाव बनाया। अकबर ने फ़ैसला लिया और वह दल-बल सहित भिम्भर पहुँचा–यहीं से हिमालय की पहाड़ियों का सिलसिला शुरू होता था। कश्मीर के लोग भिम्भर को काजीदार पुकारने लगे थे। हरम की सुरक्षा के मद्‌देनज़र मरियम और उसके छोटे से दल के अलावा बाकी बेगमों और औरतों को भिम्भर में ही छोड़ा और उनकी हिफाज़त के लिए शहज़ादा मुराद के साथ एक बड़ी सेना भी तैनात की गयी। उधर, मरियम अपने घोड़े पर सवार अपनी तीन-चार बन्दियों और पच्चीस ख़्वाजासराओं से घिरी फ़ौज के बीचोबीच सुरक्षा घेरे में चल रही थी...अकबर ने अपनी रफ़्तार तेज ही रखी और श्रीनगर पहुँचकर ही दम लिया।

शाही पड़ाव श्रीनगर में कई दिनों का रहा और वहाँ के सभी झीलों, पहाड़ों, घाटियों, बागों-बगीचों की सैर की गयी। चूँकि बरसात शुरू हो गयी थी इसीलिए अकबर ने शहज़ादे मुराद और हरम की बेगमों को रोहतास के किले में रहने के हुक्म वाला फ़रमान भेजा। वहीं रुककर उन्हें बादशाह के आने का इन्तज़ार करना था...इधर बादशाह ने काबुल जाने का फ़ैसला किया और बेगमों सहित पूरे हरम को रोहतास से अटक आने का हुक्म दिया और मरियम से भी वहीं जाने के लिए पूछा? मरियम ने एक बार फिर से काबुल जाने की अपनी इच्छा व्यक्त की तो अकबर टाल नहीं सका...शाही खेमे ने सिन्धु दरिया पार कर काबुल की तरफ कूच किया। इस बार मरियम ने बड़े ढंग और इत्मीनान से काबुल की सैर की क्योंकि अकबर यहाँ दो महीने रहा। काबुल में बाबर के बाग और मकबरे में भी मरम्मत और पुताई वग़ैरह के काम कराये गये। यहीं उसे खबर मिली कि अमीर-उल-उमरा (कछवाहा) राजा भगवानदास और वकील-उस-सुल्तनत राजा टोडरमल लाहौर में गुज़र गये हैं, इसीलिए उसने काबुल से वापसी की तैयारी की। काबुल में अब उसने मोहम्मद कासिम (जो अब तक मीर बहर था) को सूबेदार नियुक्त किया और उसकी मदद के लिए तोखता बेग काबुली और कुछ और अमीरों को तैनात किया और शाही खेमा काबुल से वापस चल दिया। शासन का पैंतीसवाँ साल जब शुरू हुआ तब लाहौर में ही शाही लश्कर मौजूद था, वहीं जश्न मनाया गया और आयोजनों के सिलसिले कई दिनों तक चले।

अकबर इस दौरान कई सालों तक पंजाब में रहा था, क्योंकि उसकी सूबेदारी व्यवस्था के चलते वह काफी हद्द तक मुतमईन रहा। वैसे तो बगावत न के बराबर हुई, मगर हुई भी तो उसके अमीर और अधिकारी लोग उसे फौरन ही दबाने में कामयाब होते रहे। पश्चिम से पूरब और उत्तर भारत पर तो अकबर की पकड़ मजबूत हो गयी थी, अब उसकी चाहत थी कि उसी तरह उत्तर की सरहद कश्मीर और पश्चिमोत्तर की सरहद काबुल के सूबे को भी उसी तरह की मजबूती प्रदान कर दे। चूँकि लाहौर काबुल, कश्मीर और मुल्तान का द्वार था इसीलिए उसे पंजाब को मुख्यालय बनाकर अनेक सालों तक यहाँ डेरा डालना पड़ा। इससे लाहौर में उसने अपने किले को बिल्कुल ही नया रूप दे दिया था। लाहौर के महत्त्व को समझते हुए उसने बाहरी परकोटे के रूप में एक मजबूत दीवार से पूरे शहर को सुरक्षित किया और इस परकोटे के भीतर उत्तरी हिस्से में उसने लाहौर का किला बनाया। शहर के परकोटे में किले के द्वार मिलाकर कुल बारह बड़े दरवाज़े बनाये गये थे। इस किले में सुन्दर हाथियों के तोड़ों पर टिके बारजों, छज्जों का प्रयोग सम्मिश्रित हिन्दू-इस्लामी स्थापत्य का नायाब नमूना था।

उसने किले में ख़्वाबगाह बनाते समय अपनी ख़्वाबगाह के साथ ही हरम की मलिका अपनी माँ मरियम मकानी और अपनी बेगमों के ख़्वाबगाह भी बनवाये। उसने बेगमों के ख़्वाबगाह को माँ के ख़्वाबगाह के बड़े खुले बाग वाले आँगन के तीन तरफ बनवाये, ताकि सब पर मरियम नज़र रख सकें। चौथी तरफ बादशाह की ख़्वाबगाह थी और उसके साथ ही जुड़ा हुआ एक बारजा था जो आम जनता को दर्शन देने के लिए 'झरोखा दर्शन' के लिए इस्तेमाल होता था। उसके थोड़ा और पश्चिम में उसका दौलतखाना-ए-खास-ओ-आम और अकबरी दरवाज़ा था! इसी तरह सिन्धु नदी की सुरक्षा के मद्देनज़र उसने अटक में भी एक मजबूत किले का निर्माण कराया। इस किले का निर्माण ख़्वाजा शमसुद्दीन की देखरेख में हुआ था। इसकी नींव खुद अकबर ने 1581 में डाली थी और यह 1583 में बनकर तैयार हुआ। इसमें भी तमाम भवन और इन्तज़ाम बिल्कुल लाहौर के किले के समान था मगर यह उसकी तुलना में छोटा था।

जब अकबर पश्चिम और पश्चिमोत्तर सरहदों को यूँ सुरक्षित कर चुका तब उसने आगरा जाने का फ़ैसला किया। उसका मुग़लिया राज्य अब इतना बड़ा हो गया था कि उसे सन्तोष हो जाता, मगर इतनी बड़ी फ़ौज को कहाँ लगाया जाये और दूसरे नर्मदा के पार तो फैलने की गुंजाइश थी? इससे एक फ़ायदा और था–इससे फ़ौज भी व्यस्त रहती। मिरन शाह के साथ वैवाहिक सम्बन्ध स्थापित करने के बाद

से ही यह फ़ितूर उसके दिमाग में था मगर अब वह उत्तर और पश्चिमोत्तर की समस्या से आज़ाद हो चुका था। उसके लिए दो ही मुद्दे बचे थे–एक, मेवाड़ और दूसरा दक्खन के मीरन शाही, आदिल शाही, कुतबशाही आदि राज्य जो दिल्ली के सुल्तानों के काल में बहमनी राज्य के विकेन्द्रीयकरण के बाद बने थे और जिनको ईरान मुग़लों के खिलाफ़ इस्तेमाल करता और मुग़ल बादशाहों के लिए परेशानी खड़ी करने से बाज न आता था। खानदेश, अहमदनगर बीजापुर और गोलकुण्डा जैसे चारों राज्यों को अकबर ने चार दूत-मण्डल इस आशय से भेजे कि वे अकबर की अधीनता स्वीकार कर लें और उसे वार्षिक खराज दिया करें। मगर खानदेश के अलीखान के अलावा वे इसके लिए हरगिज़ तैयार न थे। खानदेश की सरहदें मुग़ल सरहदों से जुड़ी हुई थीं, इसीलिए उसके पास और कोई रास्ता भी नहीं था? अब अकबर ने अब्दुर रहीम खान-ए-खाना को एक बड़ी फ़ौज के साथ रवाना किया और उसके साथ शहज़ादे मुराद को 1593 में भेजा। रहीम और मुराद की आपस में पटरी न खाने की वजह से उसने पहले अबुल फज़ल को वहाँ भेजा और पीछे-पीछे 1599 में वह भी दक्खन की तरफ कूच कर गया और मानसिंह के साथ शहज़ादे सलीम के साथ अजमेर से मेवाड़ की तरफ कूच करने का हुक्म दिया।

इस बार उसने मरियम मकानी की बढ़ती उम्र और ढलती सेहत के चलते यात्रा की दुश्वारियों से बचने की सलाह दी और पंजाब में डेढ़ दशक बिताकर मरियम मकानी ने खुद महसूस कर लिया था कि अब उसे बुढ़ापे ने आ घेरा था। जवानी भर की मेहनत और भाग-दौड़ ने अपनी कीमत वसूलनी शुरू कर दी थी। सलीम के मेवाड़ और अकबर के दक्खन कूच के बाद मरियम मकानी आगरा में ही रही और उसने अपने बेटे की गैर-मौजूदगी में शासन पर अपनी नज़र बनाये रखी।

IX

अकबर से ज़्यादा उसकी माँ मरियम मकानी सलीम के जन्म पर खुश हुई थी क्योंकि उसको बहुत आरज़ू थी कि अकबर की उम्र बढ़ रही है और कोई सन्तान नहीं हो रही थी या जीवित नहीं रह रही थी। मरियम को खासतौर से सन्तान में भी एक बेटे की कामना थी, ताकि मुग़ल ताज को कोई वली-अहद या वैध उत्तराधिकारी मिल सके। शायद मरियम को इस बात की भी कामना रही होगी कि जो प्यार शिशु अकबर को वह हुमायूँ के साथ पलायन में अकबर के पीछे छूट जाने से नहीं दे पाई

थी वह उसके बेटे को लुटाकर कुछ तसल्ली पा जायेगी! इसीलिए उसने अकबर की कछवाहा पत्नी को शेख़ सलीम चिश्ती की उस बन्द-सी कोठरी में रहने के लिए तैयार कर दिया था, ताकि उनकी दुआओं के असर से अकबर को बेटा और उसे पोता मिल सके! ऐसे में जब बुधवार दोपहर, 30 अगस्त, 1569 को पुत्र रत्न की प्राप्ति हुई तो सबसे ज़्यादा खुशी मरियम मकानी को ही हुई थी और हरम के साथ दरबार में भी आयोजनों की झड़ी लगा दी गयी थी। इन आयोजनों की पूरी ज़िम्मेदारी मरियम मकानी ने ही निभायी थी।

इस बेटे के जन्म से पहले अकबर की एक पुत्री, फ़ातिमा बेगम (1562-63) और जुड़वा बेटे हसन और हुसैन (1564) हुए थे, मगर जन्म के कुछ फ़ासले पर ही वे गुज़र गये थे। इसीलिए सबकी सलाह पर और माँ के इसरार पर वह फरियादी की तरह शेख़ सलीम चिश्ती की शरण में पहुँचा था और शेख़ के आशीर्वाद और दुआओं का ही असर था कि उसे बेटे की न केवल प्राप्ति हुई, बल्कि वह तन्दुरुस्त भी था। इस बेटे का नाम शेख़ के नाम पर सलीम रखा गया, मगर शेख़ के नाम के चलते ये माँ-बेटे, अकबर और मरियम मकानी उसे 'शेखू बाबा' ही पुकारने लगे थे। वैसे भी मूल से ब्याज़ ज़्यादा प्यारा होता है, इसीलिए मरियम मकानी की खुशी का कोई ठिकाना ही न रहा! इसी खुशी में उसने कछवाहा राजकुमारी का नया नामकरण 'मरियम-उज़-ज़मानी' कर दिया यानी हरम में बादशाह की माँ 'मरियम मकानी' और खास बेगम, 'मरियम-उज़-ज़मानी'! और शायद इसीलिए सलीमा सुल्तान के बहुत करीब होने के बावजूद उसका रिश्ता मरियम-उज़-ज़मानी से और भी खास हो गया था!

दादी मरियम मकानी सलीम के जन्म को खुशनसीबी की शुरुआत मानने लगी। इसीलिए बाकी गर्भवती बहुओं को भी शेख़ सलीम चिश्ती की कनखाह में भेजा, क्योंकि उसे भरोसा था कि सलीम के पैदा होने के बाद मुग़ल हरम में सब कुछ बेहतर ही होगा! वाकई इतिहास गवाह है कि सलीम के पैदा होने के बाद मरियम मकानी की खुशी में और भी इज़ाफ़ा हुआ जब अकबर के हरम में एक उप-पत्नी से बेटी, शाहज़ादी खानम (1569) और फिर एक दूसरी बीबी से बेटे मुराद का जन्म हुआ (1570); उसके बाद पैदा हुआ दानियाल (1572)। मुग़ल हरम में जैसे-जैसे बच्चों का जन्म होता गया दादी मरियम मकानी उसके आगमन को शुभ मानकर सलीम को किस्मत वाला मानने लगी थी। मगर दादी के लाड़-प्यार और हर समय उसकी तरफ़दारी ने उसे बचपन से ही जिद्दी बनाना शुरू कर दिया था। वह अपनी हर जिद्द पूरी कराने के लिए दादी की शरण में जाता था। इतना ही नहीं वह अब

मानने लगा था कि हरम, सीकरी, आगरा और मुग़ल राज्य में हर चीज़ पर बादशाह के बाद पहला हक़ उसका है! इसी मानसिकता ने उसे एक बिगड़े हुए शहज़ादा के रूप में बड़ा किया और हर बार अकबर की गुस्सा और सलीम के बीच मरियम मकानी के आ जाने से उसकी बेजा हरकतों को एक बढ़ावा ही मिलता रहा...

सलीम जब सिर्फ़ पन्द्रह साल का हुआ था तभी उसका ब्याह आमेर के शासक और अकबर के ससुर राजा बिहारीमल की पौत्री और राजा भगवानदास की पुत्री मानबाई के साथ तय हुआ और बसन्त की शुरुआत में (फरवरी, 1585) में बसन्तोल्लास के साये में धूम-धाम से सम्पन्न हुआ। दादी के लाड़ प्यार में सलीम और बिगड़ने लगा। उसने अपने सौतेले ही सही मगर छोटे भाइयों पर बेवजह नज़र रखने के लिए गुप्तचर रखवा दिये थे। अपने शराब और बाकी नशों के ऐब को छिपाने के लिए उसने अपने दूतों और लोगों के जरिये मुराद और दानियाल को भी उन्हीं नशों का आदी बना दिया। इतना ही नहीं, वली-अहद या वैध उत्तराधिकारी होने के बावजूद वह न केवल अपने भाइयों को शक की नज़र से देखता और उनके हर काम और बातचीत की खबर रखता, बल्कि एक बार (1591 में) तो अकबर को भी नहीं छोड़ा! वह तख़्त के लालच में अकबर के खाने में ज़हर मिलाने से भी नहीं चूका और अकबर ने हकीम और सलीम दोनों को नज़रबन्द करा दिया। इलाज के साथ मरियम ने गरीबों में बहुत दान दक्षिणा किया और तब जाकर कई दिनों बाद ज़हर का असर खत्म होने पर अकबर को आराम मिला था। अब मरियम ने अकबर से सलीम को माफ़ कर देने के लिए कहा...

अकबर ने इस मुद्दे पर मरियम की मौजूदगी में सलीम से कहा 'शेखू बाबा ये पूरी मुग़लिया सुल्तनत तो वैसे भी तुम्हारी है...तुम्हें ये हरकत करने की क्या ज़रूरत थी? अगर तुम्हें लगता है कि तुम्हारे और मुग़लिया तख़्त-ओ-ताज केस बीच में हम हैं और इसीलिए तुम्हें हमारी जान चाहिए तो हमसे साफ लफ़्ज़ों में कहो तो हम खुशी-खुशी अपनी जान भी दे देंगे मगर तुमने इतनी गिरी हुई हरकत क्यूँ की?' सलीम सर झुकाए बस घुटनों के बल बैठा रहा और अकबर ने मरियम की आँखों में अपने प्रिय पोते के लिए दया की भीख देखी और उसे माफ़ करने को मजबूर हो गया...उसे सलीम शेख़ सलीम चिश्ती का प्रसाद मानता था और उसे लगा जैसे-जैसे उम्र बढ़ेगी और उसके ऊपर जिम्मेदारियों का बोझ बढ़ेगा वह सुधर जायेगा। इसीलिए उसे न केवल इलाहाबाद का सूबेदार ही बनाया था, बल्कि जब वह दक्खन कूच के लिए जाने लगा तब सलीम को मेवाड़ के खिलाफ़ कूच करने के लिए छोड़ दिया था।

अकबर दक्खन में और सलीम उत्तर हिन्दुस्तान में अजमेर में तैनात! वह खुद को उत्तर हिन्दुस्तान का मालिक ही समझने लगा और अकबर ने ऐसा होने भी दिया था–शायद यह ज़िम्मेदारी और आने वाले दिनों में बादशाहत सम्हालने की दस्तक उसे सुनाई देने लगी थी और बादशाह के दूर जाते ही अब उसके ऊपर उसकी नज़र भी नहीं रह गयी थी, इसीलिए वह अपनी हरकतों, नशों और मनमाने कामों में फँसता चला गया। उसने अकबर की इस तरकीब को भी कामयाब नहीं होने दिया कि वह बड़ी ज़िम्मेदारियों और नेक रास्तों पर चलने का आदी हो जाये...अकबर ने उसके साले मानसिंह को उसके साथ कर दिया था; साथ ही शाह कुली खान जैसे अमीर और सेनापति के अधीन एक बड़ी फ़ौज उसके मेवाड़ अभियान के लिए तैनात की थी। सलीम ने किसी बादशाह की तरह अपनी सेनाओं को मेवाड़ के खिलाफ़ कूच करने का तो हुक्म देकर उनको रवाना भी कर दिया मगर खुद, सुरा-सुन्दरी, नाचने-गाने, मांस-मदिरा में ही डूबा रहा। उसके लम्पट साथी उसकी हर नाजायज़ हरकत पर उसकी तारीफ़ कर, उसकी हरकतों को बढ़ावा ही देते रहे, जिसके चलते वह लंपटता में गिरता ही चल गया।

मान सिंह को अफ़ग़ान सुगबुगाहट के चलते उनकी बगावत को शुरुआत में ही कुचलने के नज़रिये से अपने सूबे बिहार-बंगाल की तरफ कूच करना पड़ा–अपने साले के जाते ही सलीम का जो थोड़ा-बहुत संकोच था वह भी जाता रहा और वह बिल्कुल ही बेलौस हरकतें करने लगा। उसने मुग़ल अमीर शहबाज़ खान कम्बू के गुज़र जाने के बाद उसकी एक करोड़ की चल-अचल सम्पत्ति पर बलात कब्ज़ा कर लिया और अब वह पंजाब जीतकर अपने पिता की अनुपस्थिति का फ़ायदा उठाकर बादशाह बनने का सपना देखने लगा। मानसिंह ने बिहार की तरफ जाने से पहले ही दक्खन में बादशाह को 'सलीम की बगावत के अन्देशे' की खबर अपने खास दूत के हाथों भिजवा दी थी...हालाँकि वफ़ादार सूबेदारों, फ़ौजदारों, किलेदारों और अमीरों के चलते सलीम अपने ख़्वाब पूरे करने में कामयाब नहीं हो सका और मरियम मकानी ने मध्यस्थता कर अपने पोते को अपने बेटे के गुस्से से बचाने के लिये प्रयास किया।

चूँकि मरियम मकानी अकबर के दक्खन जाने के बाद उत्तर हिन्दुस्तान पर नज़र रखने के लिए रुकी हुई थी इसीलिए उसने कुलिच खान को खबरदार रहने के लिए अपना व्यक्तिगत दूत भेज दिया था और उसे यह भी सूचित कर दिया था कि उसने भी अकबर को सलीम की बेजा हरकतों की खबर भेज दी है। इस समय आगरा के किले में सुरक्षा का इन्तज़ाम और चाक-चौबस्त किया गया क्योंकि

आगरा राजधानी थी और इसके खज़ाने में बीस करोड़ से अधिक धन रखा था। जब शहज़ादा सलीम आगरा पर कब्ज़े की नियत से वहाँ पहुँचा, तब कुलिच खान किले के बाहर पूरे अदब और कायदे से वली-अहद, शहज़ादे सलीम से मिला, उसको भेंट और नज़राना भी दिया और निहायत शालीनता से उससे बातें कीं मगर अकबर के प्रति अपनी वफ़ादारी निभाने का इशारा देकर किसी भी हालत में आगरे के किला शहज़ादे को सौंपने से इनकार कर दिया। सलीम के इरादों पर पानी फिर गया था–उसे शायद कुलिच खान से यह उम्मीद नहीं थी। इधर वह कुलिच खान से बातें कर ही रहा था कि खबर आयी कि उसकी दादी अपने लाड़ले पोते को समझाने के लिए खुद तशरीफ़ ला रही हैं...

शहज़ादे सलीम को उसके वालिद की गुस्सा से बचने वाली दादी के आने की खबर सुनकर सलीम के मन में न जाने कौन से संशय ने जन्म लिया कि उसने उनके आने के पहले इलाहाबाद जाने का फ़ैसला कर लिया। उसने अपनी फ़ौज को ज़मीन के रास्ते आने का हुक्म देकर खुद नाविक बेड़े में फौरन सवार होकर पलायन करना कहीं बेहतर समझा। उसे अपनी हरकतों के बाद दादी के सामने जाने की हिम्मत नहीं हुई?! मरियम मकानी ने जब सलीम की यह हरकत सुनी कि राजमाता के आने की खबर हो जाने के बाद भी वह उसके प्रति आदर व्यक्त करने और सामान्य शिष्टाचार निभाने के लिए भी नहीं रुका तब उसे अफ़सोस के साथ आश्चर्य भी हुआ! इतना ही नहीं, वह अपनी परवरिश के बारे में सोचने लगी कि कहाँ उससे चूक हुई कि सलीम ऐसा व्यसनी निकल गया...शायद उसके लाड़-प्यार और अकबरी गुस्से के बचाने का ही यह नतीजा है? मगर मरियम मकानी ने पूरी ज़िन्दगी यूँ ही नहीं गुज़ारी थी, अत: उसके दिमाग ने बहुत तेज काम करना शुरू किया...

उसने अपनी खास बाँदियों को, जो हमेशा साये की तरह उसके साथ रहती थीं और अब वे भी दुनिया देखकर उम्रदार ही नहीं तज्ज़ुर्बेदार भी हो गयी थीं, उनको खास मकसद से अलग से तलब किया। गुल-अफ़शां और महबूबा को तो 'हरम' की हर फुसफुसाहट पर कान खुले रखने, दीवारों को सुनने और हर हरकत पर नज़र रखने को कहा। उधर, समीना से अजमेर में खासतौर से तैनात की गयी पाँच बाँदियों से सभी खबरें प्राप्त करने के लिए कहा। समीना ने बताया कि इनमें से दो तो सलीम के ही दल के साथ इलाहाबाद जा चुकी होंगी, एक अजमेर में ही थी मगर दो अन्य हरम की व्यवस्थापिका से छुट्टी लेकर अपने घर गयी हैं। उनको गाँव में खबर भेजकर दूसरे दिन ही हाज़िर होने को कहते हैं...मरियम के अनुभवी दिमाग ने दिल पर क़ाबू पा लिया था। अगर वह बेइन्तिहा मुहब्बत कर सकती थी

तो सख़्त भी हो सकती थी। सलीम प्यारा था, मगर अकबर की मुखालफ़त कर हरगिज़ नहीं! उसे सलीम के आचरण ने शक के दायरे में डाल दिया। अकबर उसी के भरोसे तो दक्खन चला गया था...? अब उसकी ही ज़िम्मेदारी थी कि वह इस मामले की तह तक पहुँचे।

सलीम के यह सुनने के बाद कि दादी खुद उससे मिलने आ रही हैं, वह न केवल हड़बड़ी में भाग गया, बल्कि जासूसों के साथ ही यमुना तट पर तैनात मुत्सद्दी और मीर बहर के आदमियों ने यह खबर भी दी कि अपनी नाव में बैठते ही उसने नाविकों को तेजी से चलने को कहा और कई बार कहा? मरियम मकानी तो बेचैन हुई ही पूरा हरम सलीम की बगावत और दादी से बिना मिले चले जाने से उद्वेलित हो उठा–वे सब किसी अनहोनी से घबड़ा गयी थीं। मरियम कई मोर्चे पर काम कर रही थीं। उसमे हरम में शान्ति बनाये रखना भी एक अहम ज़िम्मेदारी थी और वही हरम अफ़वाहों और तरह-तरह की बातों के बाज़ार में तब्दील होता जा रहा था। जितने मुँह उतनी ही बातें और बातों में मिर्च-मसाला लगाने वालों की भी कमी नहीं थी। खैर, उसकी खास चेलियाँ अपना काम बखूबी कर रही थीं और मरियम मकानी उन खबरों, अफ़वाहों को निरन्तर छानती-जाँचती थी। उसको अपनी जियू गुलबदन बेगम और बहु सुल्तान सलीमा तथा मरियम-उज्ज़-ज़मानी की बुद्धिमता का सहारा न होता तो उसके लिए यह मुश्किल ही नहीं नामुमकिन ही हो जाता। इन्हीं लोगों की वजह से ढलती उम्र वाली गुलबदन और मरियम मकानी भी मुतमईन रहीं।

इतना तो साफ हो गया था कि उसका दूध-भाई खूबू जो शेख़ सलीम चिस्ती का पौत्र था वह उसको बगावत के लिए भड़काने में अहम् किरदार निभा रहा था। अकबर के दक्खन में रहने से उत्तर भारत में मुग़ल सत्ता हड़पने का इससे अच्छा मौका और कौन-सा होता? इस पूरे षड्यन्त्र में सय्यद अब्दुल्लाह और ज़माना बेग (जो बाद में महाबत खान के नाम से मशहूर हुआ) उसके साथी थे। वह बारह दिनों में यमुना के जलमार्ग से इलाहाबाद पहुँचा और उसकी जान में जान आयी...मगर मरियम मकानी ने घोड़े दौड़ाते हुए सलीम की फ़ौज में कई लोगों को मुग़ल सत्ता के मददगार के रूप में तोड़ लिया और उनके माध्यम से सलीम के हरम में मौजूद अपनी दोनों बाँदियों से खबर पाने का पुख्ता इन्तज़ाम कर लिया। तभी उसे पता चला कि उसने बिहार तक अपनी सत्ता का विस्तार कर लिया था; खूबू को इनाम देते हुए उसे कुतबुद्दीन खान का खिताब देकर बिहार का सूबेदार बना दिया, बिहार के खज़ाने का तीस लाख रुपये खुद हस्तगत कर लिए; इसी तरह, लाल बेग को जौनपुर तो कालपी में यतीम बहादुर को अपने अधिकारी के रूप में तैनात किया है।

ये सारी खबरें मरियम मकानी ने अपने खास दूत के हाथों अकबर को भी भिजवा दीं, जो इस समय असीरगढ़ के किले के सामने मौजूद था। उसने निहायत भरोसे और ठण्डे दिमाग से सोचते हुए कोई हड़बड़ी भरा कदम न उठाकर सलीम को एक मौका देने की नियत से एक ज़िम्मेदार पिता और बड़े दिल वाले बादशाह की तरह ही उसे समझाने की कोशिश वाला कदम उठाया। उसने न जाने कितने अदावत करने वालों को कितनी बार माफ़ किया था–फिर ये तो वली-अहद है; शेख़ सलीम चिश्ती की दुआओं का असर और ख़्वाजा मुइनुद्दीन चिश्ती की अनमोल देन; उसकी माँ मरियम मकानी का लाड़ला पोता और बेगम मरियम-उज्ज़-ज़मानी का बेटा! बादशाह ने पूरा वात्सल्य दिखाते हुए निहायत सधी हुई भाषा में एक पिता की हैसियत से सलीम से उसकी इन बेजा हरकतों के बारे में जानना चाहा कि आखिर उसने जो किया वह क्यूँ किया? इतना ही नहीं, खूबू के अलावा उसके बचपन के दूसरे दोस्त, ख़्वाजा मुहम्मद शरीफ़ को शान्ति के प्रस्ताव के साथ सलीम के पास रवाना किया...

शहज़ादे ने अपने दोस्त का इस्तकबाल एक शाही दूत की तरह ही आगे बढ़कर किया और वे दोनों ज़रा-सी औपचारिकता के बाद एक दूसरे से लिपट गये। सलीम ने अपने दोस्त को भी अपनी तरफ मिला लिया और उसे अपना वकील घोषित कर दिया जैसे कि वह खुद बादशाह हो...उधर उसने अपनी पूरी मासूमियत का नाटक करते हुए अकबर को पूरा सम्मान प्रदर्शित करते हुए खत का जवाब भेज दिया। उसने अकबर को दक्खन में फँसा मान रखा था और वह सोचता था कि वह जल्दी आगरा की ओर नहीं लौट पायेगा। इसीलिए उसने एक बड़ी फ़ौज इकट्ठी करनी शुरू कर दी थी, जिसकी खबर बादशाह को सूबे के खुफ़िया नवीस के जरिये मिल गयी। अकबर को शहज़ादे के इरादे बिल्कुल साफ हो गये थे, इसीलिए उसने फौरन से पेशतर आगरा लौटने का फ़ैसला किया।

इधर अकबर आगरा पहुँचा उधर सलीम ने तीस हज़ार की बड़ी फ़ौज के साथ आगरा की तरफ कूच करने का फ़ैसला किया और रास्ते भर लूट-मार करते हुए वह बढ़ने लगा। उसने बादशाह को खबर भेजी कि वह बादशाह के प्रति सम्मान प्रकट करने आ रहा है, मगर उसकी लूट-मार की हरकत ने उसके इरादों को साफ कर दिया था...अकबर ने पहले काफी सन्तुलन और नम्रता का परिचय देते हुए उसे सही राह पर लाने की कोशिश की मगर जब उसे ये तरीक़ा कामयाब होता नहीं दिखा तब उसने ऊँगली टेढ़ी करने का फ़ैसला करते हुए एक बादशाह की तरह तल्ख़-सा खत लिखा जिसमें उसे हुक्म दिया कि उसके पास दो विकल्प हैं वह

पूरी फ़ौज को बर्खास्त करते हुए कुछ साथियों और सहायकों के साथ बादशाह के समक्ष उपस्थित हो या फिर फौरन ही अपने सूबे इलाहाबास (इलाहाबाद) को लौट जाये। सलीम को अपने सूत्रों से खबर मिल गयी थी कि बादशाह ने उसका जंग में सामना करने की पूरी तैयारी कर ली थी? वह इटावा तक आ गया था, मगर उसकी हिम्मत जवाब दे गयी थी–इलाहाबाद से मुग़ल तख़्त पर कब्ज़ा करना आसान लग रहा था, मगर अब समझ आया कि दूर के ढोल सुहाने लगते ही हैं इसीलिए आगरा के पास पहुँचते-पहुँचते और राजधानी की तैयारी देखते हुए उसकी हिम्मत पस्त होने लगी थी। रही-बची कसर बादशाह के तल्ख़ लहजे वाले फ़रमान ने पूरी कर दी थी! राजधानी की तैयारी और मुग़ल अमीरों/मनसबदारों और अधिकारियों की अकबर के प्रति निष्ठा के साथ ही जब मुग़ल हरम में उसके खिलाफ़ एक माहौल बनने लगा तब उसके पास इलाहाबाद लौटने के अलावा कोई सूरते-हाल न था।

मगर अकबर को उसके जैसे उपद्रवियों से निबटने का एक पूर्ण और लम्बा अनुभव था। उसने हुक्म मानने के चलते सलीम को इलाहाबाद के साथ ही बंगाल और उड़ीसा की सूबेदारी भी बख्श दी–अकबर अच्छी तरह से जानता था कि अब वह पूर्वी इलाकों की समस्या में खुद उलझकर अपना जोश खोने लगेगा और ज़ाहिर सी बात है होश में आने लगेगा? सलीम भी कच्ची गोली नहीं खेले था उसे जल्दी ही बादशाह का इरादा समझ आ गया–वह अपने वफ़ादार अधिकारियों और फ़ौजी टुकड़ियों को वहाँ भेजकर अपनी ताकत क्यूँकर कम करता? इसीलिए उसने खुद को इलाहाबाद में ही महफ़ूज़ माना। उसने खुद को आज़ाद सुल्तान और अकबर को बड़ा बादशाह माना और इलाहाबाद में एक स्वतन्त्र शासक की तरह शासन करने लगा; उसने इलाहाबाद की टकसाल से अपने नाम के सिक्के भी निकलवाये और उनको जारी किया! वह अपना दरबार लगाने लगा और इंसाफ़ करने लगा, जिसमें नाइन्साफ़ की शिकायतें आम-सी बात थीं? उसने गोवा के ईसाई मिशनरियों से अपने दरबार में भी दूत भेजने को कहा और परोक्ष ढंग से उनसे सैन्य मदद की गुहार भी की। एक बादशाह की तरह वह अपने नाम से फ़रमान निर्गत करने लगा और अमीरों को पद और पदवियाँ बाँटने लगा, ताकि लोग उसकी तरफ इसी लालच में आयें और उसके साथ बने भी रहे।

अब अकबर को अपने सबसे वफ़ादार अबुल फ़ज़ल की याद सताने लगी। उसके समझ में आ गया कि जो कुछ उसने नहीं सोचा था वह अबुल फ़ज़ल ने सोच-समझ देख लिया था? असीरगढ़ में उसी ने अकबर को सलाह दी थी कि सलीम से मुलायमियत से पेश नहीं आना चाहिए, बल्कि उलटे उसकी बगावत को

शुरू में कड़े हाथों से दबा देना चाहिए, ताकि उसको एक सबक मिल जाये... मगर अकबर ने उसकी सलाह न मानकर इस सपोले को बढ़ने का खुद ही मौका दे दिया था...अब जब सलीम की बादशाहत वाली खबरें आने लगीं और सारे सूत्र हाथ से निकल रहे थे, तब अबुल फ़ज़ल की बात और सलाह याद आ रही थी। अबुल फ़ज़ल ने अपने खास दूत से बादशाह को सलीम से सम्बन्धित कोई बहुत ही खास और निहायत वाहियात खबर देने की खबर भिजवायी। उसने साफ लफ़्ज़ों में कहलवाया कि इसी खबर में सलीम की बगावत का राज़ छिपा है और वह खुद ही बादशाह को यह खबर और वह भी अकेले में सुना सकता है–यह ऐसी भयानक और उच्छृंखलता वाली खबर है जिसमें अपराध के साथ पाप भी जुड़ा हुआ है!

अकबर ने अबुल फ़ज़ल को फौरन ही आगरा में हाज़िर होने के आशय का फ़रमान भेजा। मुग़ल दरबार में सलीम के लोग भी थे तो बादशाह से किसी वजह से नाराज़ और असन्तुष्ट लोग भी थे–उन्होंने अबुल फ़ज़ल को बुलाने की यह खबर सलीम को पहुँचायी। सलीम और अबुल फ़ज़ल में कतई नहीं बनती थी और उसे अबुल फ़ज़ल के ऊपर अकबर का अतिशय भरोसा कभी रास नहीं आता था बाकी अमीर वगैरह जब अकबर से कुछ भी कहने से हिचकते थे। अकेला अबुल फ़ज़ल ही था, जो दो-टूक और कुछ भी कह सकता था। संकीर्ण उलमा के सदस्यों की अकबर की सारी लड़ाई इबादतखाने से लेकर दरबार और मुग़ल सुल्तनत में वही तो खुल कर लड़ता था? अबुल फ़ज़ल का इतना असर बादशाह पर था कि उसे अपना स्वतन्त्र खुफ़िया जाल बिछाने की आज़ादी खुद अकबर ने दी थी, ताकि जासूसों और वाकिया-नवीसों से भी जो खबर छूट जाये वह बादशाह के कानों तक पहुँच जाये। वाकि्या-नवीसों, दारोगा-ए-डाक चौकी और जासूसों के अलावा यह एक अतरिक्त खुफियातन्त्र जिससे अकबर के पास सारी खबरें बिना छाने ही आ सकती थीं। अब सलीम को डर सताना वाजिब ही था कि जो हरकतें ज़ाहिर नहीं हुई थीं, कहीं वे खास खबरें या खबर अबुल फ़ज़ल के जरिये अकबर तक न पहुँच जाये? सलीम को जैसे ही अबुल फ़ज़ल के दक्खन से आगरा के कूच की खबर मिली उसकी रात की नींदें और दिन का चैन जैसे छिन गया हो? उसकी बेचैनी और बेकरारी बढ़ती ही जा रही थी और उसके समझ में नहीं आ रहा था कि वह क्या करे?

शहज़ादा सलीम अब असमंजस में पड़ गया था–मरता क्या न करता वाली नौबत थी कोई रास्ता नहीं सूझ रहा था। ऐसे में उसके विद्रोही, स्वार्थी और लम्पट किस्म के साथियों ने आखिरी रास्ता सुझाया–अबुल फ़ज़ल को दरबार में पहुँचने ही

न दिया जाये? उसे रास्ते में हमेशा के लिए मार्ग से हटा दिया जाये। मन्त्रणा करने पर उन सबको ऐसा एक व्यक्ति भी मिल गया, जिसका नाम वीर सिंह देव बुन्देला था।[6] उसने यमुना के दक्षिण के तमाम इलाकों पर कब्ज़ा जमा लिया था और मुग़ल फ़ौजें उसको जंगलों में खोजती घूमती थीं। जब उसे सलीम का सन्देश मिला और उसके साथियों ने सलीम के बादशाह बनने की राह के काँटे को निकालने के लिए कहा तब वह फौरन ही तैयार हो गया, क्योंकि वह जानता था, सलीम के बादशाह बनने के बाद उसकी राह भी आसान हो जायेगी! इसीलिए वर्तमान मुग़ल शासन के खिलाफ़ वह सलीम का साथ देने को तैयार हो गया।

जैसा कि हम जानते ही हैं कि अबुल फ़ज़ल का सूचना तन्त्र बहुत मजबूत था, जैसे ही उसके जासूसों ने उसे इस षड्यन्त्र की खबर दी उसने गर्व से कहा कि ऐसे तुच्छ डकैत उसका कुछ नहीं बिगाड़ सकते हैं। होनी बहुत प्रबल होती है; उसके साथियों ने मार्ग परिवर्तित करने की सलाह दी; एक फ़कीर ने उसे चेतावनी भी दी; मगर वह सिरोंज से सराय-बरार होकर आगे बढ़ा ही था कि वीरसिंह देव के सिपाहियों ने उसपर धावा बोल दिया अबुल फ़ज़ल की सैन्य-टुकड़ी ने उन्हें मार भगाया...मिर्ज़ा मोहसिन ने आगे बढ़कर जायज़ा लेकर बताया कि आगे तो बुन्देलों की फ़ौज ही खड़ी है। यहाँ से चार मील पर राजा राय सिंह और राय रयान दो हज़ार की मजबूत फ़ौज के साथ मौजूद थे–अबुल फ़ज़ल ने वहाँ उनसे मदद लेने से भी इनकार कर दिया और वह सीधे मौत के मुँह में चला गया और वीरसिंह देव बुन्देला ने उसे बेरहमी से मौत के घाट उतार दिया। उसका कटा हुआ सर सलीम के पास इलाहाबाद भेज दिया गया और धड़ वहीं अँतड़ी गाँव में दफ़ना दिया गया।

किसी की भी हिम्मत नहीं पड़ रही थी कि अकबर को इसकी खबर दे सके... जबकि वाकिया नवीस और अबुल फ़ज़ल के भी जासूसों से यह खबर मुग़ल दरबार तक पहुँच गयी थी। चगताई तुर्कों में एक रिवाज़ था कि इस तरह की शाही परिवार के शहज़ादों और प्रमुख सदस्यों की मौत की खबरों को कैसे प्रकट किया जाये– कोई अमीर अपनी बाँह पर नीले रंग का कपड़ा बाँधकर बादशाह के सामने हाज़िर हो जाता था। ऐसे में मुग़ल दरबार में रहने वाले अबुल फ़ज़ल के वकील को ऐसा करने के लिए कहा गया, ताकि बादशाह को साफ समझ आ सके कि किसकी साथ इतना बुरा गुज़रा है? वह दरबार से फौरन अपने हरम की तरफ लगभग भागता हुआ

---

6 फ़ारसी स्रोतों में उसको नरसिंह देव लिखा गया है; यह गहरवार राजपूतों के बुंदेला वंश के मधुकर शाह का बेटा था। केशव दास कृत वीरसिंह देव चरित्र से इसी नाम की पुष्टि होती है।

चला गया और उसका रो-रोकर बुरा हाल हो गया। बादशाह किसी बच्चे के मानिन्द फूट-फूटकर रोता रहा और पूरे दरबार, हरम और राजधानी में कोहराम मच गया... सलीम ने वीरसिंह देव बुन्देला के हाथों अनहोनी हत्या की थी और उसकी अनहोनी सी प्रतिक्रिया थी बादशाह का रुदन!

किसी की भी बादशाह को सम्हालने की हिम्मत नहीं थी और मरियम मकानी ने गुलबदन और सलीमा सुल्तान को साथ लिया और अकबर का सर सहलाना शुरू किया और अकबर अपनी माँ की गोद में सर रखकर किसी बच्चे के माफ़िक रुदन कर उठा—माँ और बेटे के आँसू एक हो गये। चौबीस घण्टे तो अकबर गुमसुम-सा ही रहा और होश सम्हालते ही राय रयान को तुरन्त इस हत्यारे के खिलाफ़ कार्रवाई का हुक्म दिया। और आखिर में अबुल फ़ज़ल के बेटे को ही हत्यारे के ख़िलाफ़ एक बड़ी फ़ौज के साथ तैनात कर दिया, ताकि वह अपने पिता के हत्यारे को दण्डित कर उसी तरह मौत दे सके! मगर सारा कसूर तो शहज़ादे सलीम का था और अकबर किंकर्तव्यविमूढ़ हो गया...मुराद पहले ही गुज़र गया था और दानियाल भी उसी राह पर था। सलीम का बेटा खुसरू अभी किशोरवय का था और शहज़ादा सलीम तो घोषित वली-अहद था? अपने उत्ताराधिकारी के रूप में उसके जन्म के लिए कैसे शेख़ सलीम चिश्ती की शरण में अकबर गया था—यही सब उसके दिल-दिमाग में घूमने लगा। इधर बादशाह की माँ, मरियम मकानी और सलीम की सौतेली माँ सलीमा सुलतान अभी भी उसकी तरफदारी करते हुए इस हत्या के लिए सलीम की संगत को गुनाहगार करार कर रहे थे...

तुर्क राजत्व सिद्धान्त जो बलबन ने पहले-पहल अपनी वसैया में परिभाषित किया था और जो प्रचलन में रहा वह साफ तौर पर कहता था कि 'राजत्व बन्धुत्व नहीं जानता/मानता', अतः इंसाफ़ के आधार पर सलीम को मृत्यु-दण्ड दिया जाना चाहिए, मगर अकबर का विवेक कुछ और कह रहा था। इतना ही नहीं, मरियम मकानी से लेकर सुल्तान सलीमा बेगम जो गुलबदन बेगम के बाद सबसे ज़्यादा पढ़ी-लिखी और विवेकशील महिला मानी जाती थी, खुद गुलबदन बेगम और सलीम की माँ मरियम-उज्ज़-ज़मानी सब ही सलीम के खिलाफ़ सख़्त कार्रवाई के खिलाफ़ थीं? अकबर से यह बवाल न निगला जा रहा था और न ही उगला जा रहा था। मुग़ल हरम अलबत्ता इसी फिराक में रहा कि किसी तरह अकबर को कुछ महीने कोई कार्रवाई न करने दी जाये और जब मामला ठण्डा पड़ जाये तब हरम से अगली पहल की जाये? इस बाप-बेटे की तकरार में मरियम मकानी की तबीयत बिगड़ने लगी थी और उम्र के साथ नींद के गायब हो जाने से उसकी सेहत पर बुरा

असर पड़ना लाज़मी ही था–शायद इस मुद्दे ने भी कोई तत्काल कदम उठाने की स्थिति पैदा नहीं होने दी।

कई महीने बीत जाने के बाद भी न तो वीरसिंह देव पकड़ा जा सका और न ही शहज़ादे सलीम के खिलाफ़ कोई सख़्त कार्रवाई ही हुई थी। अतः उसका जोश भी ठण्डा होता गया और उसे अपनी गलती का कुछ एहसास सा ज़रूर हुआ–उसने तो खाज में खुजली का काम किया था, खुद ही जले पर नमक छिड़कता रहा और अब उसे अकबर बादशाह की जगह बाप की शक्ल में दिखने लगा था और उसे समझ आने लगा था कि जो उसके साथी लोग कह रहे थे, वह कुछ भी नहीं हुआ अबुल फ़ज़ल को राह से हटाने के बाद भी मुग़ल ताज उससे दूर ही था...और जब उसे पता चला कि अकबर ने रोते-रोते भी सलीम को शेखू कहकर तख़्त की चाहत में खुद बादशाह को मारने की गुज़ारिश की थी...वह कहता रहा कि उस बेकसूर अबुल फ़ज़ल को मार कर नहीं अकबर को मार कर ही तख़्त हासिल हो सकता था–उसकी राह का काँटा तो अकबर था उस बेचारे को क्यों मारा? उसके लोगों ने मुग़ल हरम का हाल भी कह सुनाया कि ऐसे उसकी हरकतों और उनके चलते अकबर की हालत की वजह से मरियम मकानी की सेहत बिगड़ने लगी थी। अब वह भी पसोपेश में था...

तभी सुलतान सलीमा बेगम ने बाप-बेटे के बीच मध्यस्थता करने के फ़ैसले से सबको राहत सी दी–कम-से-कम कहीं से शुरुआत होनी ही थी...मुग़ल हरम का मुग़ल सियासत पर सबसे बेहतरीन और सकारात्मक असर रहा था! वह खुद शहज़ादे को सही राह पर लाने के लिए इलाहाबाद जाने को तैयार थी, क्योंकि मरियम मकानी की तबीयत इस सफ़र के लायक कतई नहीं रह गयी थी। सुल्तान सलीमा बेगम इलाहाबाद में बगावत पर उतारू सलीम को सही राह पर चलने के लिए लाड़-दुलार से मनाने में काफी हद्द तक कामयाब हो गयी, रही-बची कसर दादी मरियम मकानी के ख़त ने पूरी की जिसमें उन्होंने सुल्तान सलीमा वगैरह के साथ मिलकर बादशाह को सलीम की हरकतों को माफ़ करने के लिए तैयार करने का भरोसा दिलाया बशर्ते वह माफ़ी माँगते हुए अकबर की हर शर्त को स्वीकार कर ले! सलीम को समझ आ रहा था मुराद ज़िन्दा नहीं रहा था; दानियाल भी कुछ दिन का मेहमान है और वह अपनी बगावत के बावजूद अभी भी वली-अहद है–इसीलिए मुग़ल तख़्त तो उसका है ही!

ऐसी परिस्थिति में शहज़ादा सलीम अपनी सौतेली माँ सुल्तान सलीम के साथ राजधानी के लिए चल पड़ा और इटावा पहुँचकर उसने बादशाह को खत लिखकर

अपना माफ़ीनामा भेजते हुए बादशाह के समक्ष सजदा करने की इजाज़त माँगी। आगरा से एक कोस पहले मरियम बावजूद अपनी अस्वस्थता के खुद अपने लाड़ले पौत्र की अगवानी के लिए आयी...और सलीम जैसे ही पैबोस करने के लिए मरियम के कदम की तरफ झुका, बूढ़ी दादी ने उसको अपने सीने में भींच लिया यानी तीन साल पहले जिस दादी को नज़रन्दाज़ कर वह भागा था वह न केवल उसको माफ़ कर चुकी थी, बल्कि अकबर से भी उसको माफ़ी दिलाने के लिए तैयार थी। वह अपनी दादी के हिस्से के एक कमरे में रहा और दरबारी नजूमियों और ज्योतिषियों से बादशाह से मिलने के लिए अच्छे मुहूर्त निकलवाने की बात करने लगा। अकबर ने जवाब देते हुए उसे साफ कर दिया कि माफ़ी माँगने, सुलह करने और आदर प्रकट करने के लिए हर वक़्त शुभ होता है...इसके लिए समय नहीं देखा जाता!

जैसे ही अकबर ने माँ मरियम के हरम में प्रवेश किया दोनों मरियम और सलीमा सुल्तान ने उठाते हुए सलीम को बादशाह और पिता अकबर के कदमों में डाल दिया...वह आँसुओं से रोने लगा था, अकबर ने उसे उठाकर अपने गले से लगा लिया।[7] इस निहायत मार्मिक मिलन के दृश्य के बाद उम्मीद जगी कि सलीम अपने रंग-ढंग बदल देगा। इतना ही नहीं, सलीम ने अपनी फ़ौज को कम करते हुए बादशाह को तीन सौ चौवन (354) हाथी भेंट कर दिये। साथ ही उसने एक सूबेदार की हैसियत से अपने बादशाह को भेंट स्वरूप एक हज़ार मुहरें भी दीं। बादशाह ने अपनी तरफ से सलीम को माफ़ करते हुए शानदार पोशाकें, रत्नजड़ित तलवारें, एक खास हाथी और स्वयं अपनी पगड़ी उतार कर सलीम को पहनाते हुए नये सिरे से उसे 'वली-अहद' या वैध उत्तराधिकारी घोषित किया! आगरा में इस अवसर पर जश्न का माहौल रहा...मुग़ल सुल्तनत एक बड़े संकट से उबर गया था! अकबर ने उसे अपने इलाहाबाद के साथियों के प्रभाव से अलग रखने के इरादे से उसे मेवाड़ अभियान पर भेजने का फ़ैसला किया। यह वही अभियान था जिसे 1699 में वह बीच में छोड़कर बगावत पर उतर आया था।

अत: वह दरबार में विजयदशमी के उत्सव वाले दिन मेवाड़ के खिलाफ़ आगरा से कूच कर गया, किन्तु वह अपने जन्मस्थान, फतेहपुर सीकरी पहुँचकर

---

7 तुज़ुक-ए-जहाँगीरी (रॉजर्स आने बेवेरिज का अनुवाद), वॉल्यूम I, पृष्ठ 65-68। इसमें जहाँगीर खुसरू की बगावत के समय ज़िक्र करता है कि उसे इलाहाबाद में कुछ लोगों/साथियों ने उसे भी उस समय बगावत के लिए भड़का दिया था। हमको शीघ्र समझ आ गया था कि पिता की बगावत पर बना हुआ साम्राज्य कैसा होगा...,अत: अपने तर्क और ज्ञान पर भरोसा करते हुए अपने पिता के आगे समर्पण कर दिया, वे मेरे वालिद, मेरे किबला और प्रत्यक्ष ख़ुदा ही थे...इससे हमें बहुत फ़ायदा भी हुआ।

दुविधा में फँस गया...वह कछवाहा (राजपूत) माँ की सन्तान था उसकी बेगम, मान बाई राजा भगवान दास की बेटी और मान सिंह की बहन ही नहीं थी उसके बड़े बेटे खुसरू की माँ थी। जैसे ही उसने खुसरू को जन्म दिया था उसकी दादी और पिता ने उसे सलीम को वली-अहद देने के लिए 'शाह बेगम' के खिताब से नवाज़ा था और सलीम की माँ मरियम-उज्ज़-ज़मानी की भी खुशी का ठिकाना नहीं था। उसने इस मौके पर सन्तों, फ़कीरों को बहुत दान-दक्षिणा दिया था। सलीम अब सोच में डूब गया...मेवाड़ में तो बादशाह अकबर, राजा भगवानदास, मानसिंह और तमाम बड़े सेनापति फ़तेह हासिल नहीं कर सके थे, तो वह क्या हासिल कर पायेगा; फिर नाकामयाबी उसकी प्रतिष्ठा में दाग लगा देगी। उसे लगा वह अपनी फ़ौज, मुग़ल अमीरों और आमजन की नज़रों में गिर जायेगा? उसे अपनी कमियों का एहसास भी था...

वह न तो अब अच्छा सिपाही था; न सेनापति की भाँति कुछ खास अर्जित कर पाया था; इलाहाबाद के आसपास तक तो ठीक था उसके आगे बिहार और बंगाल पर भी कब्ज़ा करने की उसकी इच्छा पूरी नहीं हो पायी थी? क्या पिता से बगावत कर चुके और अबुल फ़ज़ल के गुनाहगार को मुग़ल उमरा (अमीरों) का साथ और सच्चा भरोसा हासिल होगा? क्या माँगने पर उसे और फ़ौज राजधानी से भेजी जायेगी या नहीं–क्या उसे इसी मिली हुई फ़ौज से मेवाड़ जीतने की कोशिश करनी होगी? उसके कदम और इरादे फतेहपुर सीकरी में ही डगमगाने लग गये। वह तो इलाहाबाद से इसी इरादे से सलीमा सुल्तान के साथ आया था कि उसे माफ़ी और वली-अहद का पद मिलने के साथ दरबार में रहने की इजाज़त मिल जायेगी, मगर उसे लगा कि अबुल फ़ज़ल के चाहने वाले और अज़ीज़, मिर्ज़ा अज़ीज़ कोका और मान सिंह जैसे उसके खिलाफ़ शहज़ादे खुसरू के पक्षधर हो गये थे–क्या वे उसे दरबार से दूर रखने की यह चाल चल रहे थे? जो खुद षड्यन्त्रकारी होता है वह दूसरों को भी उसी नज़र से देखता और अपने जैसा ही समझता है...उसकी सोच बस कोल्हू के बैल की तरह उतने में घूमती-फिरती है।

उसे भली-भाँति मालूम था कि वह अपनी आखिरी चाल चलकर हार चुका है। जैसे-तैसे सलीमा सुल्तान और दादी मरियम मकानी की वजह से उसे माफ़ी मिली है, इसीलिए खुली बगावत तो न मुमकिन है और न ही उसके कामयाब होने की कोई सूरत है? वह अब फतेहपुर सीकरी में ही रुककर बादशाह को खत भेजकर शाही मीरबख्शी से लेकर अजमेर सूबे के बख्शी सब की शिकायतें भेजने लगा कि कब किसने उसकी माँग पूरी नहीं की। कभी वह और कुमुक न देने की बात लिखता तो

कभी तोपखाने में कम तोप होने की शिकायत करता और कभी और घुड़सवारों की माँग करता। वह दरबार में बादशाह को यही सन्देश भेजता रहा कि वह इन ज़रूरतों के अभाव में आगे नहीं बढ़ पा रहा है? उसने तो यहाँ तक लिखा कि इन अतिरिक्त सैन्य कुमुक के उसकी जान और प्रतिष्ठा दोनों ही दाँव पर लग जायेंगे?

वह निरन्तर बादशाह से और धन के साथ और सैन्य सहायता की माँग करता रहा...ताकि सब को यही लगे कि वह इन्हीं कारणों से आगे नहीं बढ़ पा रहा है। अपने आखिरी खत में उसने बादशाह और पिता अकबर को लिखा कि बार-बार माँग करना और उनका पूरा न होना, न उसके लिए और न बादशाह के लिए ही उचित था? मगर इस इन्तज़ाम से कामयाबी मुमकिन नहीं थी...इसीलिए उसने पूरी माज़रत के साथ इलाहाबाद की अपनी जागीर जाने की इजाज़त माँगी कि वह अपने संसाधनों से अपनी ज़रूरत की फ़ौज और बाकी चीज़ों का इन्तज़ाम कर सके और एक कामयाब अभियान को अमली जामा पहना सके, क्योंकि शाही संसाधन जो उसे उपलब्ध कराये गये थे, वे उसके हिसाब से पर्याप्त नहीं थे। अकबर ने एक आखिरी कोशिश की शक्ल में अबकी बार उसकी चाची बख्तुननिस्सा बेगम को उसको समझाने की नियत से भेजा, मगर सलीम की माँगें पूरी करना मुमकिन नहीं था, क्योंकि वे सिर्फ़ बे-सर पैर की माँगें थीं जो कतई वाजिब नहीं थीं। उसकी माँगें सिर्फ़ मेवाड़ अभियान से बचने का बहाना था ये सबको समझ आ रहा था, मगर अकबर पसोपेश में था...

चालीस सालों के निरन्तर जंगों और एक जुंगी की तरह काम करते रहने की उसकी आदत ने उसकी अपनी सेहत से कीमत वसूलनी शुरू कर दी थी। साथ ही, उसकी गिरती हुई सेहत को मानसिक आघातों और पुराने लोगों की मृत्यु ने भी बढ़ा दिया था। हकीम हुम्माम ने उसे दवाइयाँ तो दीं और आराम करने की सलाह देते हुए किसी जंग से भी परहेज़ करने और परेशान करने वाली बातों-मुद्‌दों से भी बचने की सलाह दी। यह बात बेगमों की मौजूदगी में कही गयी थी इसीलिए फौरन ही जंगल की आग की तरह हरम से महल तक फैल गयी। मरियम मकानी अपने प्रिय बेटे के हाल के चलते बेहाल हो गयी, मगर उसको एक बात और परेशान कर रही थी–ऐसे में वली-अहद सलीम का बगावत से भरा रुख? कितना तो अकबर उसके चलते झुका था और वह था कि सुधरने का नाम ही नहीं ले रहा था? अकबर मन-मसोस कर भला चुप भी रह गया, मगर मरियम मकानी को तो उसकी खामोशी और हरम की औरतों की नज़रों से सब समझ आ रहा था–वे सलीम के इन तेवरों और हरकतों के लिए काफी हद्‌द तक उसकी दादी को ही ज़िम्मेदार मान रहे थे– वही

तो हर बार बादशाह की गुस्सा से उसे बचाती रही थी; उसके ऐब और हरकतों को छुपाती रही थी?

ऐसे में मरियम मकानी को सोचते-सोचते फ़ातिमा की एकदम से याद आयी... वह उसकी खास चेलियों, गुल-अफ़्शां, महबूबा और समीना की उन पाँच चेलियों में से एक थी, जिसे सलीम पर नज़र रखने के लिए उसके हरम में तैनात किया गया था, मगर सलीम के मेवाड़ जाने की जगह अजमेर रुक जाने और वापस इलाहाबाद चले जाने के बाद भी वह अपने गाँव से न तो वापस आयी थी और न ही सलीम के साथ अजमेर या इलाहाबाद गयी थी? हरम में जो सागर-पेशा था, वह तो गजब-गजब अफ़वाहों को जन्म देता ही था? कोई कहती कि शायद वह सलीम के बच्चे की माँ बनने वाली है। बाकी को जलन होती कि वली-अहद के बेटे को जन्म देते ही उसका रुतबा बढ़ जायेगा, क्योंकि रखैलों के बेटे भी मुग़ल तख़्त के हक़दार माने जाते थे? शायद इस वजह से ज़्यादा काना-फूसी और अफ़वाहें फैल रही थीं?

जब मरियम के कानों तक कुछ-कुछ बातें पहुँची तब उसने सबसे पहले महबूब और समीना को उसका हाल जानने के लिए रवाना किया और उसे बातों में उलझाये रखने के लिए कहा, ताकि पीछे से गुल-अफ़्शां फ़ौज की एक छोटी-सी टुकड़ी के साथ पहुँचकर उसे ज़बरदस्ती भी लाना पड़े, तो ले आयें...आखिर इस माजरे से पर्दा तो उठे और सलीम की बातों, चालों और हरकतों की भी पूरी जानकारी हो सके तो शायद कोई सूरत नज़र आये कोई सुराग मिले उसे राह पर लाने और अकबर का दु:ख-दर्द दूर करने का...इसी उधेड़बुन में उसने अपनी तीन खास चेलियों को दो दलों में फ़ातिमा के गाँव फ़र्रा की तरफ रवाना किया। आगे-आगे महबूबा और समीना और उनके दो मील पीछे गुल-अफ़्शां फ़र्रा पहुँचीं। उनको पहली नज़र में ही समझ आ गया कि उसके पेट से होने की बात महज़ एक अफ़वाह के अलावा कुछ नहीं थी...मगर वह पहले जैसी भी नहीं थी–बिल्कुल गुमसुम। उसके घरवालों ने भी यही शिकायत की कि जबसे वह सलीम के हरम के साथ आगरा आयी और वहाँ से इजाज़त लेकर गाँव आयी है तब से इसका यही हाल है।

फ़ातिमा बड़ी हँसमुख लड़की थी, जिसे छोटे हथियार चलाने में महारत तो थी ही साथ ही हर बाहरी खेल और शिकार की शौक़ीन चुलबुली-सी लड़की, जिसकी वजह से वह बाकी कई बाँदियों की बेवजह ही जलन की वजह भी थी। उसकी फुर्ती और होशियारी के चलते ही उसे शहज़ादे सलीम पर नज़र रखने के लिए तैनात करना लाजिम माना गया था, मगर वह अपनी खास सहेलियों को भी देखकर यूँ खामोश ही रही...कभी आसमान को टकटकी बाँधे देखती तो कभी

ज़मीन को। ऐसा लग रहा था, जैसे कहना चाह कर भी गला रुँध रहा है खामोशी ही बयाँ कर रही थी कि न जाने क्या फ़ातिमा के भीतर-ही-भीतर घुमड़ रहा है जो बयाँ नहीं हो पा रहा है? सबने यही सलाह की कि इसे आगरा ले जाकर ही कुछ कहा-सुना या पूछा जाये? और लौटते में एक ही दल में सब आगरा पहुँचे तब हरम में जहाँ मरियम मकानी और बेगमों को तसल्ली हुई वहीं सागारपेशा में भी एक तसल्ली हुई कि वह गर्भवती नहीं है उसका रुतबा और पद कुछ बढ़ने नहीं वाला है। इतना ही नहीं उसका खिलन्दड अन्दाज़, चुस्ती-फुर्ती न देखकर उन्हें ताज्जुब भी था और बात फिर से निकली कि वह बीमार है; कुछ तो उसे फ़कीरों, आलिमों, हाफ़िज़ों के पास जाने की बात करतीं तो कुछ हकीम से दवा लेने की। फिर जितने मुँह उतनी बातों का सिलसिला शुरू हो गया। इनकी बातों के केन्द्र में कई दिनों तक फ़ातिमा ही रही!

मरियम मकानी ने सबको समझा दिया कि वह गहरे सदमे में है, इसीलिए उसे कतई छेड़ा न जाये और उसे उसी की सेवा के बहाने हमेशा उसके पास रहने का मौका दिया जाये...उसे मरियम मकानी के पास अकेले रहने का ज़्यादा-से-ज़्यादा मौका दिया जाये। मरियम मकानी का तजुर्बा और समझदारी ने कुछ ऐसा जादू किया कि चार-पाँच दिन बीतते-बीतते वह उनसे बातें करने लगी और पाँचवें दिन शाम को जमुना की ठण्डी हवा में बारादरी में आफ़ताब ढलने के बाद फैलती चाँदनी में मरियम मकानी ने एक प्याले में अपने लिए और दूसरे में फ़ातिमा के लिए बढ़िया अंगूर की बेटी उड़ेलते हुए उसे हुक्म दिया कि आज से वह मरियम का साथ देगी– बढ़िया जायकेदार मुर्ग-मुसल्लम और भुने हुए गोश्त के साथ जब शरूर चढ़ने लगा और रात गहराने लगी तब धीरे-धीरे वह बेगम को सलीम के कुछ किस्से सुनाने लगी। मरियम ने अपनी तरफ से कुछ पूछा नहीं बस उसे बोलने दिया...

फिर दूसरी शाम को इत्तिफ़ाकन चौदवीं का चाँद था और मौसम भी खुशगवार, ठण्डी हवा, चाँदनी रात, और बेला-चमेली, रात की रानी के साथ दूर से आती चम्पा की खुशबू–आज फ़ातिमा ने खाया कम मगर पी ज़्यादा और एक समय ऐसा आया कि वह मरियम से लिपट गयी, उसकी सिसकियाँ बँध गयीं। उसने सलीम की हरकतों और कारस्तानियों के किस्सों का जो सिलसिला शुरू किया तो आधी रात तक चलता रहा और मरियम होशियारी से उसका जाम भरती रही उसे अपने हाथों से कुछ न कुछ खिलाती रही...तब उसने हिचकियों और सिसकियों के बीच मरियम से कहा राजमाता क्या आज कुछ समय के लिए हम आपको अपनी माँ मान लें? मरियम ने मौका हाथ से न जाने देने की गरज से और कोई खास राज़ जानने के

लिए उसे गले से लगाया और सर पर हाथ फेरते हुए उसके सर को अपनी गोदी में रखकर हमेशा माँ मानने को कहा सिर्फ़ कुछ समय के लिए नहीं? तब उस लड़की ने मरियम मकानी से एक कसम-सी ले ली जब उसने गुज़ारिश-सी करते हुए बेगम से कहा, 'अपनी जान की अमान पाऊँ तो कुछ सच बयाँ करूँ?'

मरियम ने पूरा सच सुनने के लिए फ़ातिमा को साहस बँधाते हुए उससे वादा कर दिया कि उसको कोई नुकसान नहीं होने पायेगा। इस तरह मरियम मकानी से पक्का आश्वासन पाकर फ़ातिमा ने जो कुछ रोते-रोते उसे बताया उसे सुनकर मरियम के पैरों तले ज़मीन ही खिसक गयी..."एक रोज़ शहज़ादे सलीम ने शाम होते ही अफ़ीम खा ली और शाम ढलते-ढलते शराब का दौर शुरू हो गया। वैसे तो यह हमेशा का सिलसिला था, मगर आज कुछ तल्खी-सी थी–शायद अपनी कछवाहा बेगम (शाह बेगम) से बेटे शहज़ादे खुसरू को लेकर कुछ ज़्यादा ही कहा-सुनी हो गयी थी। बाद में समझ आया कि वजह शाह बेगम का भाई कुँवर मान सिंह था, जो अकबर को उसके सारे कारनामे बताता रहता था? उसको भरोसा हो गया था कि वह अकबर के दूध भाई और जीजी अंगाह के बेटे, मिर्ज़ा अज़ीज़ कोका के साथ उसकी जगह खुसरू को वली-अहद बनवाने की जुगत बैठा रहे हैं? उसे भरोसा होने लगा था कि बादशाह उसकी जगह उसके बेटे को अपना वली-अहद घोषित करने वाला है।"

"आपको तो पता ही है, तब तक शहज़ादे मुराद का इन्तकाल हो चुका था[8] और दानियाल को किनारे लगाने के लिए उसने एक कुत्सित चाल चली जो अपराध के साथ ही पाप भी था!" मरियम मकानी का पहली बार मन हुआ कि वह जल्दी से उस मुद्दे के बारे में पूछे जिसे वह अपराध और पाप दोनों ही करार दे रही थी? मगर उसने अब बोल रही फ़ातिमा को बिना रोक-टोक के सुनना ही बेहतर समझा... फ़ातिमा ने एक घूँट मारकर कहना जारी रखा, "उसने शहज़ादे दानियाल को शराब में डुबाना शुरू कर दिया...जब बादशाह के हुक्म पर उसके ससुर अब्दुर रहीम (खान-ए-खाना) ने उसकी शराब पर रोक लगा दी, तब भी शहज़ादे के आदमी दानियल को दुनाली बन्दूक में छिपाकर शराब पहुँचाते रहे, उस बन्दूक की जंग ने शराब से होने वाले नुकसान को दुगना कर दिया और उसकी हालत बिगड़ती गयी थी? और चालीस दिन की गम्भीर बीमारी के बाद अभी कुछ पहले[9] उनका

---

8 मई 2, 1599 को, डॉ. बेनी प्रसाद लिखते हैं, इससे अकबर को अपार दुःख मगर सलीम को राहत पहुँची (शायद एक मुग़ल ताज के लिए एक प्रतिद्वन्द्वी दूर हुआ?), देखें, हिस्ट्री ऑफ़ जहाँगीर, पृष्ठ 40

9 अप्रैल 1604, देखें, डॉ. बेनी प्रसाद, पूर्वोधृत, पृष्ठ 60-61।

भी इन्तकाल हो गया...वह पाप अभी बताती हूँ बेगम साहिबा, मेरी प्यारी अम्मी, राजमाता मगर कैसे पता चला इस लौंडी-बाँदी को वह भी तो समझ लीजिए।"

"जब नशे में शाह बेगम से उल-जलूल कहने लगे तो बेगम ने कहा, अगर आपको अपने वालिद और अपने बेटे दोनों से तकरार है तब कसूरवार कौन है? आप क्यों मन में ऐसे खयाल लाते हैं कि आपकी जगह खुसरू को वली-अहद बनाया जा सकता है? ऐसा क्यूँकर होगा? आपने तो कितनी बार अदावत करी है और हर बार बादशाह की दरियादिली कि वे आपको माफ़ करते हैं? तब यह शक़ आपको क्यूँ बेवजह सता रहा है? आपने तो उनके सबसे करीबी अबुल फ़ज़ल तक को मार दिया तब भी आपको सज़ा की जगह माफ़ी ही मिली? आप मेवाड़ अभियान पर गये तो आपने इलाहाबाद में अपने लोगों से कहकर बिहार-बंगाल में इतना कोहराम मचवा दिया कि भाई मान सिंह को फौरन ही वहाँ भागना पड़ा था ...वैसे भी आप कहाँ कूच पर जा ही रहे थे? और, आप इलाहाबाद लौटने से पहले आगरा पर कब्ज़ा करने की नाकामयाब कोशिश कर आये थे? इतना ही नहीं, वह दादी जो आपके लिए हमेशा बादशाह से लड़ती रहती है, उससे भी मिलना आपने मुनासिब नहीं समझा...और अब एक बादशाह की तरह अपने सिक्के ढलवा रहे हैं...लाल छत्री लगा रहे हैं और मौत की सज़ा सुनाने में भी कोताही नहीं बरत रहे हैं, जबकि आपको भी मालूम है ये मुग़ल बादशाह के ही विशेषाधिकार हैं? जो कुछ भी काला है वह आपकी दाल मैं है न कि बादशाह की?"

"आपके हुक्म पर ही हम शाह बेगम और नाज़नीन शहज़ादे के साथ रहते थे, ताकि हम दोनों ही हर समय शहज़ादे पर नज़र रखने में कोई चूक न करें। उस शाम हम दोनों ही वहाँ एक साथ थे, इसीलिए आपको पूरा किस्सा सुना रहे हैं जो इतने दिनों और महीनों से जज़्ब किये रहे हैं और जिससे मेरी तबीयत भी बिगड़ी...शाह बेगम के इतना कहते ही शहज़ादे ने निहायत गुस्सा करते हुए नाज़नीन को अपने सीने में भींच लिया और बोले 'आज ही कुछ ऐसा करते हैं कि तुमसे हमको बेटा मिले और हम उसके लिए ही मुग़ल तख़्त पक्का कर देंगे, जैसा अपने लिए कर रहे हैं।' हम इलाहाबाद के बादशाह हैं और जो मन में आयेगा करेंगे, जो हमको रोकेगा उसको जलील करना रास्ते से हटाना हमें बखूबी आता है...तो सुनो आज तुम्हे बताता हूँ कि हम कैसे लोगों को जलील करते हैं—चाहें वह बादशाह ही क्यूँ न हो? इसीलिए उस दानियाल की माँ, जो ज़ियारत के लिए अजमेर शरीफ़ पहुँची थी—उसके प्रति आदर प्रकट करने जाना ही था और ज़ियारत से पहले ही उनके जिस्म की ज़ियारत हमने कर दी थी, जैसे इस बाँदी की करेंगे तेरे ही नहीं जितने लोग

यहाँ हैं, उन सबके सामने और फिर इसी के बेटे को वली-अहद बनायेंगे। बादशाह की इस उप-पत्नी यानी दानियल की माँ अनारकली के साथ जो किया वह जायज़ था, क्योंकि एक तीर से हमने बादशाह और दानियाल दोनों को जलील कर दिया है...एक वली-अहद के बाद बादशाह बनना चाह रहा था और दूसरा बादशाह बना बैठा है और जितने भी हमारे दुश्मन हैं उन सब का साथ दे रहा है...। हम अच्छी तरह समझ गये थे कि हमारे साथ ना-इन्साफ़ी की तैयारी हो चुकी है इसीलिए जो किया सो किया...।"

"अजमेर के वाकिया-नवीस की हिम्मत नहीं थी कि बादशाह से ऐसे मुद्दे पर मुँह भी खोल सके और वो बादशाह अपना इतिहास लिखवाने के नाम पर अबुल फ़ज़ल को हक़ दिये हुए थे कि सब लोग रोज़नामचे लिखें और वाकिया नवीस भी अपने रोज़नामचे की एक प्रति अबुल फ़ज़ल को भी भेजा करें? अजमेर के वाकिया-नवीस ने अबुल फ़ज़ल को ही यह खबर अपने एक खास खबरी के हाथों भिजवाई थी, जिसकी खबर हमें लग गयी थी, उस वाकिया-नवीस को तो तुरन्त मौत के घाट उतार दिया था, ताकि यह घृणित घटना पर पर्दा पड़ा रहे मगर अब अबुल फ़ज़ल जब दक्खन से चला तभी हम समझ गये थे कि अब अनारकली वाला राज़ बादशाह के सामने उजागर हो जायेगा, तब हमने उनके उस जिगर के करीबी को वीर सिंह देव बुन्देला से कहकर अल्लाह मियाँ के पास पहुँचा दिया...उसी शाम जब मान सिंह और खुसरू के साथ उसके श्वसुर अज़ीज़ कोका से नाराज़ सलीम अफ़ीम और शराब के नशे में जब नाज़नीन के शरीर के साथ खुले तौर पर खेला और तब भी उसके मन का ज़हर नहीं निकला–तब वह अपना रहा बचा गुस्सा निकालने शिकार के बहाने खुल्दाबाद के बाग[10] की तरफ चला गया तब ज़ाहिर है, शाह बेगम जो इतने समय से सलीम और बादशाह के अनबन से दुखी थी अब अपने इकलौते बेटे और भाई को कतई न बर्दाश्त करते हुए सिर्फ़ नफ़रत और हिकारत रखना और आज उसे जलील करने के लिए खुलेआम नाज़नीन के साथ यूँ बेशर्मी–यह जलालत उसका दुखी मन बर्दाश्त नहीं कर पाया और सलीम के बाग की तरफ जाते ही उसी की रखी हुई ज़्यादा-सी अफ़ीम खाकर हमेशा के लिए सो गयीं...। हम शहज़ादे के वहशीपन की शिकार नाज़नीन की देखभाल कर रहे थे तभी हमें शाह बेगम के इन्तकाल की खबर मिली...।"

अब फ़ातिमा ने एक लम्बी साँस ली और बेगम की तरफ देखा–शायद बेगम और भी सुनना चाह रही थीं? उसने फिर कहना जारी रखा, "उस समय उस कमरे

10. यही बाग अब खुसरू बाग कहलाता है।

में बस शहज़ादे सलीम खुद, शाह बेगम और हम दोनों ही थे, इसीलिए बाकी किसी को कोई खबर नहीं हुई...। शाह बेगम तो गुज़र गयीं, नाज़नीन पूरी तरह से शहज़ादे की होकर रह गयी, इसीलिए जब हम सब आगरा आये, तब हमें लगा कि यहाँ रहे तो कभी हमारे मुँह से कुछ निकल गया तो बहुत गुस्ताख़ी होगी इसीलिए हमने गाँव जाना बेहतर समझा। हम ठहरे लौंडी-बाँदी–तलवार से तो हमारा ही सर कलम होगा, ताकि यह राज़ भी राज़ ही रह सके...। इसीलिए हम आ नहीं रहे थे, बोलते भी कम थे कि कहीं मुँह से अनजाने और अनचाहे ही कुछ ऐसा न निकल जाये? मगर आपका हुक्म हो और हम न आयें...आयें और सच न बतायें ये भी तो हो नहीं सकता। अब बाँदी आपकी है चाहें तो जान ले लें और चाहें जो भी हमारे लिए मुक़र्रर करें हमें सब मंज़ूर।"

इस रात के बाद जैसे-जैसे फ़ातिमा की हालत में सुधार होता गया, वैसे-वैसे मरियम मकानी की तबीयत बिगड़ती गयी...। गुल-अफ़्शां हो या महबूबा या समीना सबने जानना चाहा कि फ़ातिमा ने ऐसा क्या कहा है कि बेगम साहिबा अब गुमसुम हो गयी हैं? मगर मरियम मकानी की यह हालत देखकर फ़ातिमा खुद हदस गयी थी और उन तीनों ने जैसा उसको गाँव में पाया था आज भी वैसी ही थी–उनको यह पता ही नहीं चला कि वह एक शाम को देर रात तक बिल्कुल ठीक रही थी! वे सब ही इस सबसे अनजान ही रहे? इधर बादशाह हर रोज़ की तरह अपनी जनता को झरोखा-दर्शन देने के बाद जब अपनी माँ के पास सम्मान प्रकट करने आया तो वह उनकी यह हालत देखकर सन्न रह गया। उसने फौरन ही हकीम हम्माम को तलब किया और मरियम के इलाज का मुकम्मल इन्तज़ाम किया। बादशाह परेशान–न वह दरबारे आम न खास कहीं भी नहीं गया। ज़रूरी मसलों को वहीं माँ मरियम मकानी (हमीदा बानो बेगम) के बिस्तर के पास बैठा निबटाता रहा। जैसे-जैसे दवाई का असर शुरू हुआ तो वह कुछ बड़बड़ाने लगी...। जब-जब कुछ होश आता तब वह बस 'शेखू' कहती और इतना कहते ही फिर बेसुध हो जाती! बादशाह को यह समझते देर न लगी कि कुछ-न-कुछ राज़ तो है जिसने उसकी माँ को ऐसा ज़बरदस्त सदमा दिया है और इस हालत में पहुँचा दिया है और उसकी वजह भी साफ है यह शेखू या शहज़ादे से जुड़ा कोई मुद्दा है...मगर जब तक होश न आये, वह सिवाय इन्तज़ार करने के अलावा और कर भी क्या सकता था?

खैर, सूबों से भी हकीमों का बुला लिया गया, वैद्यों से भी सलाह ली गयी उधर पुर्तगाली जेसुइट मिशन ने भी अपने दो डॉक्टर भेजे। सबका एक ही मानना था कि मरियम मकानी को कोई बहुत गहरा दिमागी सदमा लगा है जिसकी वजह से यह

हालत हुई। साथ ही बढ़ती उम्र में इस सदमे ने हालात और भी तकलीफ़देह कर दिया है। इनको दवाई और पूरी तरह से आराम की ज़रूरत हैं...बादशाह ने उनकी तीनों खास बाँदियों को बारी-बारी से उनके पास रहने की हिदायत दी, ताकि जो उनकी हरेक बात से वाकिफ़ हो ऐसा कोई एक हमेशा साथ रहे! बादशाह ने सदका निकाला, अजमेर शरीफ़ से लेकर हर जगह दान-दक्षिणा किया; गरीबों में अन्न और धन बाँटने में भी कोई कोर-कसर नहीं छोड़ी। इन सब का नतीजा यह हुआ कि मरियम की हालत में कुछ सुधार हुआ और जब अकबर ने माँ का हाल जानना चाहा तब उसने उलटे उसकी और उसकी सुल्तनत के लिए दुआ माँगी! और वह इतना कहकर फिर मूर्च्छित हो गयी!

अब अकबर को एक बात तो समझ आने लगी कि कोई मामला तो है जो सलीम से जुड़ा हुआ है तभी अपने कलेजे के टुकड़े के चलते ये हालत हुई है? उसने फौरन ही अजमेर, इलाहाबाद और आगरा के वाकिया-नवीसों को अलग-अलग तलब किया और शहज़ादे सलीम की हरकतों की जानकारी लेनी शुरू की। इसी क्रम में अजमेर के वाकिया-नवीस ने बिल्कुल अकेले में बात करने की गुज़ारिश की–उसने बताया कि 'जब आप दक्खन कूच कर गये थे और सलीम को मान सिंह के साथ मेवाड़ अभियान पर भेजा था, तब कैसे वह टालमटोल करता हुआ रंगरेलियाँ मनाता रहा था। ऐसे में ही दानियाल की माँ अनारकली वहाँ आयी थी और परम्परा के हिसाब से शहज़ादे सलीम साहब उनके इस्तकबाल के लिए हाज़िर भी हुए थे और उन्हें अपने शिविर में ले आये थे। उसके बाद उस समय के वाकिया-नवीस के रोज़नामचे में कुछ भी नहीं लिखा है। इतना ही नहीं, वे खुद भी अबुल फ़ज़ल के पास रवाना हो गये थे और हम सब उनके अचानक हुए इन्तकाल की खबर से चौंक गये थे!'

अब बादशाह को कुछ-कुछ समझ में आ रहा था–मगर क्या जो वह समझ रहा था, वही कुछ हुआ था? क्यूँकर अबुल फ़ज़ल तभी बादशाह के सामने हाज़िर होने की इजाज़त माँग रहा था? वे दोनों ही दक्खन के अलग-अलग मोर्चों पर जुटे हुए थे...। अकबर को मन ही मन इस बात का अफ़सोस होने लगा कि उसने उस समय के हालातों का वास्ता देकर उसे उस समय अबुल फ़ज़ल को क्यूँ अकेले में मिलने से मना किया था, क्योंकि उसके बाद तो फिर मौका ही नहीं मिला? इसके बाद ही सलीम की बगावत से सियासी हालात बदलने और उलझने लगे थे–उसके पास आगरा लौटने की मजबूरी थी और जब अबुल फ़ज़ल आने भी लगा तब क्यूँकर सलीम ने उसकी हत्या करा दी थी? ऐसी कौन-सी जानकारी थी जो वाकिया

नवीस खुद अबुल फ़ज़ल को बताने गया था? क्या इस वाकिया-नवीस की मौत स्वाभाविक नहीं थी? क्या कोई शाही राज़ छिपाने के लिए ही अबुल फ़ज़ल ने ऐसा किया था? उसे इतना तो याद आया कि उसी समय अबुल फ़ज़ल ने दो बहुत ही साधारण सिपाहियों को सौ-सौ का मंसब दिये जाने की सिफ़ारिश अकबर से की थी, जो उसने तुरन्त दे भी दिया था? क्या इसी में कुछ गहरा राज़ है? क्या इन दोनों से ही वाकिया-नवीस का राज़ छिपाने के लिए उसकी भी हत्या करानी पड़ी थी? अबुल फ़ज़ल जैसा नमकहलाल और कोई था भी तो नहीं? और थोड़ा भी होश में आकर मरियम अपने प्रिय पोते सलीम को नाम क्यूँकर ले रही थी? ज्यों-ज्यों वह इस मुद्दे को समझने के लिए उसके बारे में सोचता था, उसका गुस्सा सलीम पर बढ़ता जा रहा था...

बादशाह अकबर को यह जानकारी तो हो चुकी थी कि गुमसुम-सी फ़ातिमा को कैसे उसके गाँव से बुलाया गया था और उस शाम तक मरियम मकानी अच्छी सेहत में नज़र आ रहीं थीं–वह शाम को खुद उनसे मिला था फिर फ़ातिमा के साथ देर रात तक उनकी बिल्कुल अकेले खुफ़िया सी बैठक...उसने फ़ैसला किया और बस सलीमा सुल्तान को मौजूद रहने की इजाज़त दी, क्योंकि मरियम-उज्ज़-ज़मानी भी अपने बेटे के बारे में कुछ सुन न सके? उसने सलीम को इलाहाबाद से दरबार में लाने के लिए सलीमा सुल्तान को ही इसीलिए भी भेजा था? चूँकि, मरियम होश में थी, इसीलिए उस कमरे में बस बिस्तर पर लेटी मरियम मकानी, एक कोने में खड़ी फ़ातिमा, बादशाह अकबर और सलीमा सुल्तान...अकबर ने वाकिया नवीस का हवाला देते हुए कहना शुरू किया 'ज़ियारत पर अनारकली बेगम ख़्वाजा जी के दरबार में हाज़िर होने पहुँची थीं, सलीम ने कायदे के हिसाब से उनका इस्तकबाल किया फिर अपने ही शिविर में लिवा लाया...उसके बाद ऐसा क्या हुआ? ये बाँदी और एक और नाज़नीन ही तो सलीम पर नज़र रखने के लिए आपने ही तैनात की थीं? इसको तो कुछ पता होगा?'[11]

उसने दोनों की तरफ बड़ी कातर दृष्टि से देखा जैसे वह बादशाह न होकर कोई आम सा बन्दा हो जो बात या राज़ ही तह तक जाने को बेकरार हो...उसने कहा, 'आप दोनों ही समझदार हैं जो अपने होंठ सिली हुई हैं...मगर बादशाह होने के नाते हमें अपनी सुल्तनत की परवाह है और एक बाप होने के नाते अपने बेटे की भी...इसीलिए हमारे लिए यह जानना ज़रूरी और अहम् है कि ऐसा क्या हुआ

---

11 सलीम-अनारकली प्रकरण पर आंग्ल यात्रियों ने प्रकाश डाला है, देखें, हेरम्ब चतुर्वेदी, दास्तान मुग़ल महिलाओं की, इलाहाबाद, 2014, पृष्ठ-141-148।

जो सलीम बगावत पर उतर आया? और हर बार माफ़ी माँगने के बाद भी उसी राह पर जा लगता है? आप, सलीमा सुल्तान और उसकी माँ के चलते हम हर बार उसे माफ़ करते हैं, मगर ऐसा क्या है जो अदावत को आदत बनाये हुए है? जैसे उससे कोई बड़ा अपराध हुआ हो और वह उस एक गलती को छिपाने के लिए मुसलसल गलतियों-पर-गलतियाँ कर रहा है?'

शायद बादशाह ने सही जगह तीर मारा था। मरियम ने उससे फ़ातिमा और सलीम की जान की हिफाज़त का वादा कराया और साथ ही अनारकली को बेकसूर औरत कहकर उसके साथ भी इंसाफ़ करने की बात की! बादशाह के कान एकदम से खड़े हो गये। उसने अपनी माँ को पानी पिलाया और फिर पूरी बात बताने के लिए कहा। तब मरियम मकानी के इशारे पर बादशाह से माफ़ी पाकर फ़ातिमा ने वही सब कह डाला जो उसने उस रात मरियम मकानी को बताया था। अब अकबर के समझ आया कि क्यूँ फ़ातिमा खामोश और गुमसुम हुई थी और उससे मिलने के बाद क्यूँ मरियम मकानी की यह हालत हुई थी...अकबर ने खामोश रहकर मरियम मकानी से इजाज़त ली और वह अपने कमरे की तरफ चला बस सलीमा सुल्तान को वहीं मरियम मकानी के पास उनकी देख-रेख के लिए छोड़ गया...

X

अपने कमरे में पहुँचते ही वह मीर बख्शी, दारोगा-ए-जिन्दान और दारोगा-ए-डाक चौकी वगैरह को दीवान-ए-खास में बुलाने का हुक्म दे चुका था। रात ही को उसने अनारकली के साथ फ़ातिमा को भी लाहौर के किले के तहखाने में बन्द करने के लिए रवाना कर दिया था। माँ की बात रखने के लिए उसने उन्हें फौरन ही मौत के घाट नहीं उतारा था। लाहौर सरहद का ही एक शहर था गंगा-जमुना दोआब, मालवा, गुजरात और दक्खन से दूर जिसको एक किले के निर्माण के साथ एक अलग रूप बादशाह अकबर ने दिया था। वह 1584 से 1598 तक लाहौर में रहा था और वहाँ एक-एक अधिकारी और अमीर उसी के द्वारा तैनात किये गये थे। उसके महत्त्व को समझते हुए ही अकबर ने अपने सबसे ज़्यादा वफ़ादार आदमियों को वहाँ पर नियुक्त किया था—तभी तो जहाँ सलीम के लिए आगरा पर कब्ज़ा करना मुश्किल हुआ था वहीं पंजाब की तरफ कूच करने का इरादा भी बदलना ही नहीं, छोड़ना ही पड़ा था! अकबर ने इसीलिए फ़ौज के एक बख्शी और उसकी टुकड़ी

के साथ दारोगा-ए-डाक चौकी को भेजा था, ताकि वह लाहौर किले के तहखाने में इन दोनों औरतों को खुद कैद कर, वहाँ पूरा इन्तज़ाम कर के बादशाह को खबर करे जिससे वह बेफिक्र हो सके कि न तो इनसे कोई मिले और न ही कोई बात या राज़ कानों-कान कहीं पहुँचे–बाकी तो उसका खौफ़ तो सब पर तारी था ही!

मरियम मकानी ने तीसरे दिन फिर से फ़ातिमा की तहकीकात की तब आखिर में उसने अकबर से ही पूछा। बादशाह ने बेटे की तरह जवाब दिया कि राज़ को रखने की गरज़ से उसने अनारकली के साथ ही फ़ातिमा को भी लाहौर के किले में सुरक्षित पहुँचा दिया है। उधर उसने उन दोनों औरतों को रवाना किया था। इधर अब चार दिन बाद उसने दारोगा-ए-ज़िन्दान को खास मकसद से वहीं रवाना किया और उसने वहाँ पहुँचते ही दोनों कैद औरतों को खाने में ज़हर मिला कर उसी तहखाने में मौत के घाट उतार कर अकबर को खबर कर दी। अकबर के हुक्म का उसने इस तरह से अनुपालन किया कि किसी को शक़ भी नहीं हुआ। इसीलिए अकबर ने इस दारोगा-ए-जिन्दान, सादिक खान को भी फ़ौज का एक बख्शी नियुक्त कर दिया था। शहज़ादे सलीम ने बादशाह बनते ही उसे शायद इसीलिए बर्ख़ास्त कर दिया था।[12] इसके बाद अगस्त के महीने में अकबर ने शहजादे सलीम के खिलाफ़ जंग का एलान करते हुए कूच किया[13]...यानी उसने अपनी माँ से किये हुए वादे से राज्य की एकता और सुरक्षा को ज़्यादा तवज्जो देना बेहतर समझा। बर्लास या चगताई तुर्क भी बलबन के तुर्की राजत्व के सिद्धान्त पर ही राज्य करते थे। इस सिद्धान्त के अनुसार 'राजत्व बन्धुत्व को नहीं स्वीकारता/मानता' यानी सुल्तान या बादशाह के कोई सम्बन्धी या रिश्तेदार नहीं होता, सभी उसके सामने प्रजा के ही अंग हैं! वैसे यह भी सच है कि ये कोई पहले दफ़ा नहीं था, जब अकबर बेटे से भी ज़्यादा बादशाहत को महत्त्व दे रहा था। एक बार पहले भी अपनी माँ के कहने पर एक अमीर नियाबत खान को मृत्यु-दण्ड तो नहीं दिया, मगर अर्धरात्रि को अपने खास चेले सिकन्दर कल्माक़ से उसकी हत्या ऐसे करा दी जैसे कि मरियम मकानी के सामने वह खुद को बेकसूर ही साबित कर सके?[14]

---

12 इस व्यक्ति का नाम सादिक खान था और सलीम ने शक़ के आधार पर बख्शी के पद से बर्खाश्त कर दिया था, देखें इब्न हसन, सेंट्रल स्ट्रक्चर ऑफ़ मुग़ल एम्पायर, 1936 (1970), पृष्ठ 233।

13 अगस्त 1604, देखें डॉ. बेनी प्रसाद कृत हिस्ट्री ऑफ़ जहाँगीर, पृष्ठ 61।

14 देखें, तबकात-ए-अकबरी, पूर्वोद्धृत, वॉल्यूम II, पृष्ठ 553। वस्तुतः, पृष्ठ 544 से ही निज़ामुद्दीन अहमद अकबर के शासन के 27वें साल का हाल लिखना शुरू करता है और

कल्माक को इसके लिए बड़ा जागीरदार बना दिया था जैसे अब सादिक खान को फ़ौज का बख्शी बनाया गया!

खैर, अकबर की कई रातें करवटों में कटीं थीं–गजब कशमकश थी–मुराद और दानियाल दो बेटे जाते रहे थे और सलीम का बेटा, शहजादा खसरू अभी सत्रह साल का हो रहा था। मगर क्या इतने फैली हुई सुल्तनत को वह सम्हाल पायेगा? उसका मामा, मान सिंह और श्वसुर मिर्ज़ा अज़ीज़ कोका था जो खुद बादशाह का दूध भाई था और सलीम को दोनों ही उतना ही नापसन्द करते थे जितना सलीम उन्हें? मगर सलीम की ये जो हरकत सामने आयी है अपराध भी है और चूँकि सौतेली माँ के साथ का मामला था इसीलिए पाप भी! अकबर को समझ नहीं आ रहा था कि वह कैसे अपनी माँ, मरियम मकानी के कहने पर इस जघन्य अपराध के लिए माफ़ी दे दे? उसका ज़मीर, उसकी बादशाहत, उसका मन-मस्तिष्क, उसका विवेक सब बड़े फ़ैसले की माँग कर रहे थे–इस पाप को छिपाने के लिए ही शहज़ादा सलीम हर बार बगावत पर उतारू रहता था और इसी को छिपाने के लिए उसने बेकसूर अबुल फ़ज़ल की हत्या कराने में भी संकोच नहीं किया था? बस इसीलिए कि वह बादशाह से न मिल पाये? अगर उसके अलावा किसी और को खबर भी हो तब भी बादशाह को और कोई बताने की हिम्मत भी नहीं कर पायेगा? वैसे तो मरियम मकानी खुद भी कितनी आहत हुई थी? वह अब समझ पायी थी कि क्यूँकर उससे नज़र बचाकर उसका प्रिय पौत्र आगरा से इलाहाबाद भाग गया था? और कैसी गुमसुम और बेहोश रहने लगी थी? भले ही अब वह सतहत्तर (77) साल की हो गयी थी, फिर भी इस मुद्दे से पहले तक वह चुस्त तन्दुरुस्त थी? एक ही रात को उसको बीमारी और बुढ़ापे दोनों ने आ घेरा था? अकबर को यह भी समझ आ रहा था कि वह खुद 62 साल के होने पर थकान महसूस करता है और इस सदमे से उबर ही नहीं पा रहा है, तब मरियम मकानी की हालत वह बेहतर ढंग से समझ पा रहा था? ये तो सलीमा सुल्तान का सहारा था वरना मरियम मकानी हों या सलीम की माँ, मरियम-उज्ज़-ज़मानी या वह खुद–सब की हालत अजब-सी थी। वे सब साँप-छछून्दर वाली हालत में ही जी रहे थे...।

ऊपर से उमस भरे दिन और रात ने हालात बद से बदतर कर दिये थे। ऐसे में अकबर ने फ़ैसला किया राजधर्म निभाने के लिए उसने सलीम के खिलाफ़ कूच

वह बताता है कि कैसे मरियम मकानी के बीच-बचाव से वह बादशाही गुस्सा से तो बच गया मगर उसमें सुधार नहीं आया बल्कि, उलटे उसे गुरूर हो गया कि वह गलती करके भी मरियम मकानी की वजह से बच सकता है।

करना मुनासिब समझा और इसीलिए उसने नाविक-बेड़ा तैयार किया और एक बहुत बड़ी फ़ौज लेकर वह यमुना के रास्ते इलाहाबाद को चलने को हुआ, जबकि उसकी फ़ौज को नदी के किनारे-किनारे चलना था। जैसे ही उसने कूच करने की तैयारी पूरी की वैसे ही बूँदाबाँदी शुरू हो गयी। उसने इसे अच्छा इशारा माना और सच भी है सबकी उम्मीद जगी कि उमस से राहत मिलेगी? मगर जैसे ही मरियम मकानी को यह एहसास हुआ तब वह यह सोचकर सिहर उठी कि अकबर ने उसकी बात नहीं मानी? उसने अपने इकलौते ज़िन्दा बेटे के खिलाफ़ कूच कर दिया? सलीम ने हद्द की थी इसमें तो उसे कोई शक़ नहीं था? मगर बाप-बेटे के बीच खूनी रंजिश और खुला जंग? क्या आफत मचेगी? सियासी तूफ़ान से कहीं सब कुछ खत्म तो नहीं हो जायेगा? कैसे हुमायूँ के समय सब कुछ लुटने की वह गवाह रही है और फिर कैसे तिनका-तिनका जुड़ा और एक बड़ा-सा राज्य बनकर तैयार था? उसका दिल बैठा जा रहा था? एक तो उम्र ऊपर से दिल की यह हालत–जिस्म और ज़ेहन दोनों से वह अब मात खा रही थी?

जैसे ही अकबर कुछ आगे बढ़ा ही था कि बहुत तेज बारिश शुरू हो गयी थी मगर बादशाही हुक्म के बिना कैसे चप्पू का चलना बन्द हो जाये? लिहाज़ा शाही बेड़ा बढ़ता चला और साथ में फ़ौज भी बढ़ती गयी। इसी बीच सलीमा सुल्तान का खास दूत मरियम मकानी की बिगड़ती हालत की खबर लेकर अकबर के पास अपना घोड़ा दौड़ाते हुए पहुँचा। उसने अकबर को यह खबर दी तब अकबर ने यही समझा कि सलीमा सुल्तान ने यह खबर सलीम के साथ मुग़लिया सुल्तनत को बचाने की नियत से भिजवायी है? इसीलिए उसने बढ़ते रहने का ही फ़ैसला लिया और वह बढ़ता गया? मगर मूसलधार बारिश ने जमुना को समन्दर में तब्दील कर दिया था और इसी सब में उसकी नाव एक जगह धँस-सी गयी; उसने फौरन ही दूसरी नाव में सवारी की और अब तक बारिश ने कहर ढाना शुरू कर दिया था? उसने सलीमा सुल्तान की खबर के जवाब में अपने जो दूत भेजे थे। उन्होंने भीगते हुए आकर बादशाह को खबरदार किया कि जो खबर भेजी गयी थी वह बिल्कुल सच थी? मरियम मकानी बस कुछ ही समय की मेहमान हैं? वह सलीम के दुःसाहस के सदमे से उबर भी नहीं पायी थी कि पिता-पुत्र के आसन्न गृह-युद्ध से बिल्कुल ही उम्मीद खो चुकी थी और उसके और जीने की भी इच्छा ख़त्म-सी हो गयी थी?

अकबर ने ऐसे में मौसम की मार के साथ, माँ की गिरती हालत पर गौर करते हुए आगरा लौटने का फ़ैसला किया और उसके वापस आने के कुछ समय के बाद ही मरियम मकानी ने दुनिया से रुखसती की। बादशाह के साथ ही उसके सभी

दरबारियों ने आम हिन्दुओं के प्रचलन के अनुसार ही दाढ़ी-बाल मुड़ाये और ताबूत को कन्धा देते हुए दिल्ली में हुमायूँ के मकबरे में हुमायूँ की कब्र के बगल में मरियम को दफ़नाया गया। पूरा दरबार और राज्य शोक में डूब गया। जो काम मरियम मकानी जीते जी नहीं कर पायी थी, वह उसकी मौत ने सहज कर दिया? अपनी अकेली संरक्षिका और बचाने वाली के यूँ जाने के बाद और उससे पहले अकबर के कूच से हिले हुए सलीम ने बिना शर्त माफ़ी माँगने और आगरा आकर दादी के गुज़र जाने पर अपनी शोक-संवेदना प्रकट करने की इच्छा बादशाह को प्रेषित की...

मरियम मकानी के जाते ही न जाने क्यूँ अकबर को एक नजूमी की बात याद आ गयी, जिसने उससे सीकरी में कहा था कि अपनी माँ के जाने के बाद आप भी बहुत दिन नहीं रह पायेंगे, वही आपका साया हैं–उसको अपना भी आखिरी समय नज़दीक आता लगने लगा। इतना ही नहीं वह इस सब के लिए खुद को ज़िम्मेदार मानने लगा था? शायद वह सलीम के खिलाफ़ कूच न करता और मरियम मकानी को इस उम्र में दूसरा सदमा नहीं लगता जबकि हकीमों, वैद्यों और पुर्तगाली डॉक्टरों ने उसे ऐसा न करने की सख़्त हिदायत दे रखी थी। अकबर के साथ ही राजपूत अमीरों ने जब बाल और दाढ़ी-मूँछ मुड़वाये तब बाद में देखा-देखी एक-एक कर बाकी अमीरों ने भी बाल-दाढ़ी-मूँछ मुडवा लिए![15] वैसे तो बादशाह की माँ थी, मगर मरियम मकानी का निश्छल व्यक्तित्व, उदार स्वभाव और निष्पक्ष व्यवहार ने उसे वाकई में राजमाता का रुतबा प्रदान कर दिया था। जिस तरह उसने एक दौर में हुमायूँ का साथ दिया था उसी तरह साये की तरह बेटे अकबर के साथ भी रही, मगर परदे के पीछे रही–कभी कोई खुदगर्ज़ी नहीं बस बेटे को बढ़ते देखने और मुग़लिया सुल्तनत को मजबूत देखने की ख्वाहिश।

सलीम ने इलाहाबाद शरीफ़ के हवाले किया और अपने बेटे परवेज़ के साथ आगरा के लिए चल दिया और 9 नवम्बर, 1604 को आगरा पहुँचा। बादशाह ने उसे भरे दरबार में सस्नेह और शहज़ादे के अनुसार तौर-तरीक़े के साथ स्वागत किया। मगर जब दरबार से बाहर अपने महल में बादशाह पहुँचा तो सलीम को जी भर के फटकार लगायी; उसे दस दिनों की कैद की सज़ा देते हुए उसको राजा सालिवाहन की निगरानी में रखा; उसकी सेवा के लिए अर्जुन नाम के नाऊ और रूप खवास जैसे सेवक भी तैनात किये गये। उसका पीना-पिलाना बिल्कुल ही बन्द हो गया था। बादशाह ने उसके दोस्तों को कैद कर उससे दूर कर दिया था, बस

15 देखें, तकमील-ए-अकबरनामा, इलियट एंड डाउसन, वॉल्यूम VI, पृष्ठ 247-248

उनमें से एक दोस्त, राजा बसु भागने में कामयाब हो गया था। दस दिन की हिरासत के बाद सलीम को न सिर्फ़ आज़ाद किया गया था, बल्कि उसे अतिरिक्त पद और सम्मान से भी नवाज़ा गया था। अकबर ने उसे कोई इल्म ही नहीं होने दिया गया जैसे उसे उसके पाप के बारे में कुछ पता है और न ही उसने सलीम की बगावत के बारे में कुछ कहा। उसने ऐसा ही प्रतीत होने दिया जैसे उसके और सलीम के बीच कोई मतभेद या विवाद कभी हुआ नहीं? उसे अब मुग़लिया तख़्त और ताज की फ़िक्र होने लगी थी और वह उसे किसी जटिलता या उलझन में नहीं डालना चाहता था–भले मान सिंह और अज़ीज़ कोका सलीम की जगह उसी सलीम के बेटे खुसरू की पक्षधरता कर रहे हों?

उसने तो उन दोनों बाप-बेटे के विवाद और आपसी कटुता को खत्म करने के लिए सितम्बर 1605 में दोनों के हाथियों की लड़ाई भी आयोजित करायी थी, ताकि बीच की कड़वाहट इसी लड़ाई में निकल जाये और बाप-बेटे एक ही नज़र से देखने लगें? मगर उन दोनों के हाथियों की उस लड़ाई ने जिस तरह से उनके साथियों और आश्रितों ने उसे एक रक्त-रंजित संघर्ष में बदल दिया था। ऐसा लगने लगा जैसे यह हाथियों की लड़ाई का खेल जो अकबर को सबसे अधिक अच्छा लगता था वही इन दोनों के हाथियों की लड़ाई एक गृह-युद्ध की शक्ल अख्तियार कर लेगा। इन बदले हालात में अकबर और भी ज़्यादा दुखी और किंकर्तव्यविमूढ़ हो गया! जैसे बादशाह की माँ, मरियम मकानी सलीम-अनारकली के मुद्दे को जानने के बाद सदमे में चली गयी थी और अन्ततः उसका इन्तकाल हुआ था[16] बिल्कुल वैसी ही हालत अकबर की इस हाथियों की लड़ाई के बाद हो गयी–जितने भी उपचार और उपाय किये गये सब नाकाफी साबित हुए और अकबर न सदमे से न अपनी बेहोशी से ही उबर पाया और राजमाता मरियम मकानी के गुजरने के साल-भर के कुछ बाद उसका भी इन्तकाल हो गया![17]

जितने भी दिन अकबर को सदमे और मौत के बीच गुज़ारने पड़े वे एक तरफ तो मुग़लिया राज्य की बे-इतिहाँ फ़िक्र में और दूसरे माँ, मरियम मकानी की याद में ही गुज़रे। उसे बार-बार अफ़सोस होता था कि क्यूँ न उनका कहा मानकर सबको माफ़ कर देता तो शायद यह नौबत न आती। फिर उसे याद आती कैसे उसने ही अकबर को राजपूत नीति का विचार दिया था? कैसे उसने अकबर को ईरान के

---

16 देखें, पाद-टिप्पणी 8 (ऊपर)।

17 अक्टूबर 17, 1605, देखें, डॉ. बेनी प्रसाद, पूर्वोधृत, पृष्ठ 68-70, पाद-टिप्पणी 47।

शाह तहमास्प की उस सलाह के बारे में बताया था जो उसने अपने यहाँ ठहरे हुए हुमायूँ को दी थी। और उसी को आधार बनाकर अकबर ने क्षेत्रीय शक्ति या राजपूत शासकों के साथ वैवाहिक गठबन्धन के जरिये अपना आधार मजबूत किया था– जैसा शाह तहमास्प ने बादशाह हुमायूँ से कहा था और वह बात मरियम मकानी ने अकबर को बड़े हो जाने के बाद–खासतौर से बैरम खान के पतन के बाद बतायी थी! अकबर ने राजपूतों से सम्बन्ध स्थापित करने के बाद स्थानीय जड़ों को और भी ज़्यादा मजबूत करने के लिए ज़मींदारों के प्रति अपने राज्य की नीति अख्तियार की थी, जिसमें उन्हें 'मालिकाना' हक़ के रूप में उनकी ज़मींदारी-क्षेत्र से प्राप्त कुल भू-राजस्व का 10 प्रतिशत और उस राजस्व की वसूली कर राज्य के खज़ाने में जमा करने के एवज़ में अलग से 5 प्रतिशत 'नानकार' के रूप में दिया जाना निर्धारित कर दिया था! यानी वे राज्य द्वारा ग्रामीण आभिजात्य या उमरा के रूप में स्वीकृत हो गये थे। इतना ही नहीं राजपूतों को तो उनके राज्य–'वतन जागीर' के रूप में दिये जाने के बाद राज्य के कई इलाकों में जागीरें भी प्रदान की गयी थीं!

वह पाँच दिन जिसमें अकबर सदमे और दिल के बैठने के चलते अपनी आवाज़ तक खो चुका था और बस बिस्तर पर पड़े रहने दवाइयों के भरोसे चल रहा था और अपने आखिरी समय का इन्तज़ार कर रहा था उसमें एक तरफ उसे अपने राज्य की फ़िक्र थी जिसे उसने खून-पसीने से सींच कर बनाया था तो दूसरी तरफ अपनी माँ के योगदान की। राजपूत नीति के अलावा भी उसके प्रशासन में परदे के पीछे से अगर किसी ने सबसे ज़्यादा मदद की थी तो वह उसकी माँ राजमाता मरियम मकानी ही थी। जिस तरह कम उम्र के बाबर की नानी ने उसकी सत्ता सम्हाली थी उसी तरह अकबर की माँ ने परदे के पीछे रहते हुए बिना किसी हल्ले के बस अपने बेटे के हित में हर तरह की सहायता दी थी मगर उसका श्रेय कभी भी नहीं लिया! चाहें बैरम खान का पतन हो; या महम अंगाह और उसके छोटे बेटे अधम खान का मुद्दा हो, वह सब में अकबर के हित में ही काम करती रही।

अकबर ने जब अपने राज्य का प्रशासन चुस्त-दुरुस्त करने की ठानी तब 'हरम' का इन्तज़ाम कैसे पुख्ता होना चाहिए यह मरियम मकानी की ही देन थी! उसने जिस तरह से मुग़ल 'हरम' को छोटे से हिन्दुस्तान में परिवर्तित कर दिया था वह भी काबिले-तारीफ़ था। वहाँ धार्मिक आज़ादी तो थी, सामाजिक एकता का ताना-बाना भी उसी ने तैयार कर एक मिसाल कायम की थी। मुग़ल हरम में इस्लामी और स्थानीय त्योहारों को बढ़-चढ़कर मनाया जाने लगा था। सूफ़ी-भक्ति प्रभाव भी बढ़-चढ़कर यहाँ सहज दिखने लगा था और उसी का विस्तार फिर राज्य

में भी दिखना स्वाभाविक था! मुग़ल हरम शिक्षा, शस्त्र-प्रशिक्षण से लेकर शिकार और युद्ध के साथ कलाओं के कौशल को बढ़ावा देने का बड़ा केन्द्र बन गया था! वहाँ गीत-संगीत से लेकर कढ़ाई-बुनाई, चित्रकला सभी कुछ सिखाया जाता और दक्ष महिला कलाकारों को प्रोत्साहित भी किया जाता। गुलबदन बेगम और सलीमा सुल्तान बेगम ने मरियम मकानी के उत्साहवर्धन से इतिहास-लेखन और साहित्य में क्रमश: न केवल अपना योगदान दिया, बल्कि औरों को भी इसके लिए प्रेरित किया।

जहाँ तक मुग़ल 'हरम' का सवाल है, मरियम मकानी ने उसे एक निश्चित स्वरूप प्रदान किया था। अकबर को पिता के भाइयों, बहनों, रिश्तेदारों का एक बड़ा आश्रित खानदान मिला था और उन सबको इज़्ज़त की जगह देना और उनका इन्तज़ाम करना कोई हँसी-खेल नहीं था और अकबर जानता था मरियम मकानी ने इसे बखूबी अंजाम दिया था! इसमें सबसे ज़्यादा मेहनत और पूरे समय नज़र रखने की ज़रूरत थी उन तमाम महिला रिश्तेदारों की जो अब उसके हरम में पल रही थीं? मरियम मकानी ने सूझ-बूझ से 'हरम' का पुख्ता इन्तज़ाम किया और इसीलिए उसमें रह रही पाँच हज़ार के करीब महिलाओं को सम्हालना कोई मज़ाक नहीं था। उसने 'हरम' के महलों, कक्षों, कमरों और दालानों का कुछ ऐसा इन्तज़ाम किया था कि वे बादशाह के महल से कुछ पीछे दक्षिण और दक्षिण पश्चिम की ओर एक मिले हुए संकुल या घेरे में ही रहें। एक बड़े गलियारे के दायरे में बादशाह और 'हरम' स्थित किये गये थे। इस गलियारे में महिला फ़ौजी ही तैनात रहती थीं जो 'हरम' और बादशाह के महल की सुरक्षा के लिए ज़िम्मेदार होती थीं। ये महिलाएँ हृष्ट-पुष्ट तो थीं ही इन्हें एक सैनिक के रूप में पूरी तरह से प्रशिक्षित किया जाता था।

इन पाँच हज़ार महिलाओं में राजमाता के अलावा बादशाह की बेगमों (चालीस के आसपास) और महिला रिश्तेदारों के साथ ही सेविकाओं, कनीज़ों, लौंड़ियों, बाँदियों, महिला लेखा अधिकारी, महिला लेखा-परीक्षक, महिला हकीम, प्रशिक्षित दाइयाँ, महिला सिपाही, दूतिनी, सब रहती थीं। इनके प्रबन्धन के लिए 'हरम' को कई खण्डों में बाँट दिया गया और हरेक पर एक दारोगा और एक तहवीलदार (खजांची) तैनात किया गया। अन्दर के गलियारे के बाद बाहर वाले बड़े गलियारे में हट्टे-कट्टे ख़्वाजासरा तैनात रहते थे; उसके बाद सिपाही और राजपूत राजाओं की फ़ौजी टुकड़ी तैनात होती थी।[18] अकबर खुद ताज्जुब करता था कि उसकी माँ ने कैसे सब सोचा और बादशाह की संस्तुति पर ही इसको अमली जामा पहनाया। वह हर बात का श्रेय अपने बेटे को ही देने की इच्छुक रहती थी।

---

18 आईन-ए-अकबरी, वॉल्यूम II, पृष्ठ 46-47।

'हरम' की सारी ज़रूरतों के मद्देनज़र साल भर के खर्चे का ब्योरा पहले ही तैयार होता था और बादशाह की स्वीकृति के बाद यह 'हरम' के मद में चला जाता था और जैसे-जैसे ज़रूरत होती तहवीलदार, लेखा लिपिक और लेखा परीक्षक के दस्तखतों से यह पैसा हिसाब से निकलता था। अकबर को याद आया कि कैसे उसने एक बार टोडरमल से इसका ज़िक्र भी किया था और उसने मरियम मकानी की बहुत तारीफ़ की थी और वहाँ के बन्दोबस्त को खुद देखा भी था। वह तो कुशल लेखकों की मण्डली देखकर भी चौंक गया जो 'हरम' के पूरे विवरण को दर्ज़ करती थीं। 'हरम' की व्यवस्था बनाये रखने के लिए ही उसने राजमाता मरियम मकानी को 'पादशाह बेगम' के खिताब से नवाज़ा था और उनके बाद ही यह ओहदा उसने सुल्तान सलीमा बेगम को दिया था। मरियम मकानी ने अपनी मदद के लिए एक 'महलदार' भी तैनात करायी थी जो पादशाह बेगम के बाद हरम के पूरे प्रशासन का सबसे ऊँचे ओहदा था। उसको भी एक-दो सहायक महालदार दिये गये थे जो हरम के सारे काम-काज में उसकी मदद करते थे। एक-एक बारीक बात पर मरियम मकानी की नज़र के चलते ही अकबर राज्य को अपना समय और ऊर्जा दे सका क्योंकि वह हरम की तरफ से बेफ़िक्र हो गया था।

मुग़ल 'हरम' का मुख्य दरवाज़ा आफ़ताब ढलने के साथ बन्द कर दिया जाता था और मशालें तथा झाड़-फानूश रोशन कर दिये जाते। महिला लेखकों को यह सख़्त हिदायत थी कि वे रात से पहले पिछले चौबीस घण्टों में जो कुछ भी घटता था उसकी पूरी खबर 'नाज़िर' के ओहदे पर तैनात ख़्वाजासरा को भेज दें और इसकी एक प्रति सरकारी अभिलेखागार को चली जाती थी, ताकि जो तारीख या इतिहास लिखे जा रहा है उसमें दर्ज़ हो सके। इसकी एक प्रति सीधे बादशाह को भी भेजने का पुख्ता इन्तज़ाम मरयम मकानी द्वारा किया गया था, ताकि उसे हर चीज़/बात की जानकारी रहे। 'वाकियानवीसों' की भेजी गयी रिपोर्ट भी ज़्यादातर बादशाह के सामने 'हरम' की कोई महिला लिपिक ही रात को पढ़कर सुनाती थी। इतना ही नहीं, 'हरम' में भी वाकियानवीस तैनात किये गये थे। उनके लिखे को 'पादशाह बेगम' पढ़कर जो बादशाह को जानने लायक समझती थी वही महिला लिपिक को बादशाह को पढ़कर सुनाने के लिए दिया जाता था। हरम की 'वाकियानवीस' के ऊपर भी एक महिला को मरियम मकानी ने तैनात कर रखा था, ताकि उसकी और वाकियानवीस दो अलग-अलग सूत्रों से उसके पास खबरें आयें। आगा-ए-सर्वकद नाम की यह महिला अधिकारी, मरियम मकानी की बहुत भरोसेमन्द और करीबी थी।[19]

19 बयाज़िद बयात, तज़्किरा-ए-हुमायूँ-वा-अकबर, पृष्ठ 290।

उस समय हिन्दुस्तान भर में जितने बाग लगाये गये उसमें सबसे बड़ा योगदान अगर किसी का था, तो वह मरियम मकानी का ही था। मुग़ल इतिहास में बाबर के बाद उसके स्थान सबसे ज़्यादा था–उसे हुमायूँ के साथ निर्वासन काल ईरान में बिताने का भी मौका मिला था। वहाँ से फूलों के साथ ही फलों के बाग लगाने की तरफ उसकी दिलचस्पी और बढ़ गयी थी और उसका असर अकबर के समय में राजस्व की वृद्धि से लेकर स्थापत्य की खूबसूरती में भी चार चाँद लगाने में रहा! मुग़ल हम्मामों को भी बिल्कुल ही नया स्वरूप प्रदान करने में मरियम ने बढ़-चढ़कर भूमिका निभायी! इसीलिए लेटे-लेटे, चेतन-अवचेतन में जब वह माँ के बारे में नहीं भी सोच रहा होता और बस राज्य के बारे में भी सोचता तब भी उसे माँ मरियम मकानी और उसकी देन की याद आती...उसे समझ में आ गया था कि उसका भी आखिरी समय आ गया है...। उस मजूमी की बात बार-बार दिमाग में कौंध जाती– उसने कहा था कि जब तक तुम्हारी माँ का साया तुम्हारे ऊपर है तब तक तुम्हारी किस्मत तुम्हारा साथ देती रहेगी और वाकई माँ के जाने के साल भर बीते नहीं और उसकी हालत भी वही हो गयी? खैर, उसको लगता था कि जिस तरह उसकी माँ उसके साए की तरह रही कम से कम अब सुकून से सो सकेगी कि अब बेटा भी 'कयामत के रोज़' तक इन्तज़ार करने अपनी माँ के पास आ ही रहा है...!!

□□